本书得到安徽省高校人文社科重点研究基地项目（编号：SK2015A094）、安徽省高等学校教学研究项目（编号：2015jyxm158）、淮北师范大学青年科研项目（编号：2014xq040）的资助。

Conflict

徐祖迎 著

以互联网为媒介的冲突管理

基于网络动员的视角

上海三联书店

摘　要

近年来中国的社会冲突事件频繁发生，在很多情况下，网络动员都成为推动冲突扩散和升级的重要机制。本书主要研究了以下两个问题：第一，网络动员自身的规律性研究，即网络动员是如何成功发起的。第二，当冲突的主体为强势群体和弱势群体的成员时，网络动员对冲突双方的不同影响。

网络动员是“少数人的大努力”驱动“多数人的小努力”过程，这是网络动员的杠杆作用。认知、情绪、评价和意志等主观因素都会影响民众的网络参与。概括地说，影响公民卷入网络动员的因素既包括判断相似、价值相同、情绪共振和目标趋同等主观因素，也包括上网条件和网络技能等客观因素以及参与的成本收益计算、动员者的信誉与影响力、公民兴趣和公民的参与经历等调节因素。

同时网络动员也是一个意义建构的过程，它需要建立一个行动框架。框架动员方式主要分为高层动员、中层动员和低层动员。高层动员规定了动员的主题；中层动员涉及需要处理的具体任务，它主要包括热场、归因、吁求和释疑等阶段；低层动员方式是网络动员的具体技巧和策略，它主要表现为具象化叙事、草根式表达和苦难式叙事。

当前中国社会的冲突以强势群体和弱势群体之间的博弈为主。网络动员可以迅速地改变冲突双方的博弈格局，它对强势群体和弱势群体双方的影响是不同的。网络动员使得冲突双方的支持力量呈现一种非均衡性增长，它大大地削弱了强势群体对冲突结果的控制。具体地说，网络动员通过影响民众的认知、评价、情绪和意志等主观因素对冲突双方产生了不同影响。认知变化对强弱双方的影响表现为隐瞒与公开、理智与盲信；判断的改变对强弱双方的影响表现为污化与美化、憎恨与同情；情绪感染对强弱双方的影响表现为隐忍与传染、反思与发泄；共同意志对强弱双方的影响表现为着急与不急、让步与提价。

网络动员是一把“双刃剑”，在现实生活中具有双重效应。网络动员的积极作用主要表现为保护弱者权利、推动更广泛的民主参与和监督、释放社会的深层压力以及为改革提供动力和契机。网络动员的负面作用表现为冲击社会秩序、“人肉搜索”侵犯了公民权利、网络暴力引发了民众的不安全感、“媒体审判”形成对公正审判的干扰。

网络动员也使得传统的冲突管理有了一定的难度，它对我国的冲突管理带来了一定的挑战，主要表现为网络动员对信息管理、情绪管理、评价管理和行为管理的挑战。具体地说，就信息管理挑战而言，信源的多元化导致真相难以辨认、信息的快速扩散加大了政府回应和管理的难度、信息的匿名发表使得政府很难找到谈判和协商的对象；就情绪管理挑战而言，情绪升温阻碍了有效沟通、情绪感染加剧了观点的偏激和极化；就评价管理而言，简单化思维导致了评价的二元对立；就行为管理而言，网络动员降低了人们参与的成本、增强了人们的“赋权感”、加剧了网络行为的失范以及加大了责任追究的难度。

面对着网络动员对传统的冲突管理带来的挑战，应该加强网络冲突管理的制度与机制建设，这主要从三个方面着手：第一，要尊重和保障民众的网络表达权，并对其进行合理的限制；第二，要建立网络的自我约束机制，即加强网络的交流平台建设、网络交流规范建设以及网络交流道德建设；第三，要合理发挥政府在网络冲突管理中的积极作用，即及时地进行信息的发布和回应、有效疏导负面情绪、树立政府诚信形象、抑制破坏性的行动意志等。

关键词： 网络动员　集体行动　网络管理

Abstract

Social conflicts occur frequently in china, and Internet mobilization has become the important mechanism leading to the diffusion and escalation of conflict. This paper studies on two questions, the one is about the law of internet mobilization, which is the reason of internet mobilization. Anther is about the study on powerful groups and vulnerable groups when it refers to the conflict members.

Internet mobilization is the process of great efforts for the minority driving few efforts for the majority. Many subjective factors, such as cognitive, emotion, evaluation and volition, will affect the participation by internet for the people. In a word, it includes similar judgment, same evaluation, emotional resonance and the same objection. It also includes the access to internet and internet skills. What's more, some adjustment factors, such as the calculation of cost-benefit, the higher credibility, civic interests and the previous experience of participation, also affect the participation of people.

Meanwhile, Internet mobilization is also a process of meaning construction, it needs build a frame. The frame mobilization includes high-level mobilization, middle-level mobilization and the low-level mobilization. For the high-level mobilization, it defines the subject of mobilization. For the middle-level mobilization, it refers to the specific tasks and it includes four stages which are the stages of making the event known, finding the reason, seeking for help and questioning others. For the low-level mobilization, it refers to the specific strategies such as figurative narration, grass-roots expression and suffering narration.

At present, the conflict is mainly concentered on the people between the superiority group and the disadvantaged group. Internet mobilization can change the game pattern, and it is different between the superiority group and the disadvantaged group. Internet mobilization makes the support forces unbalanced growth, and the superiority group loses the control of conflict results. It mainly influences the cognitive, emotion, evaluation and volition, leading to the different results for the both sides of conflict. In a word, for the superiority group, they tend to be withholding information, rational judgment, patience, reflection, anxious and compromise. what's more, they are considered bad and boring. For the disadvantaged group, they tend to be making the information public, fanaticism, contagion, abreaction, no hurry and charging more. what's more, they are considered to be sympathy.

Internet mobilization has a dual effect. First, it is helpful to protect the rights of disadvantaged group, promote broader democratic participation and democratic supervision, release the deeper social pressure, provide the dynamic and chance for the reform. Second, internet mobilization may destroy the social order, infringe on the rights of people and make people unsafe as well as interfere with a fair trial.

Internet mobilization also challenges the traditional conflict management which includes information management, emotion management, evaluation management and behavior management. For the information management, it makes difficult to find the truth, respond to others immediately and look for people of negotiation. For emotion management, it leads to difficulty for effective communication and enforces the polarization of opinion. For the evaluation management, it leads to the simple thinking of considering things opposition of two sides. For behavior management, it reduces the cost of participation, improves the empowerment, and leads to the difficulty of responsibility investigation.

For the challenge, we should strength system and mechanism construction for conflict management by internet. Firstly, we should respect and protect the rights of expression by internet, and we also need reasonable restrictions. Secondly, we should build self-restraint mechanism of internet, which is the construction of communication platform, communication specifications and communication moral for internet. Thirdly, we should make full use of the positive role in publishing information, easing the negative emotion, establishing the trustworthiness image for government and inhibiting the destructive action will.

Keywords: Internet Mobilization; Collective Action; Internet Management

目　录

第一章　导论

第四章　网络动员对社会冲突的影响

第五章　网络动员的社会作用及其对冲突管理的挑战

第七章　网络管理的相应建议

第一章　导　论

第一节　问题的提出及研究的意义

一　问题的提出

近年来，中国社会的冲突事件日益增多。这些冲突事件在得到人们广泛关注的同时，也吸引了不少的群众的参与。一般地说，集体行动的产生都需要一个组织和动员的过程。在互联网时代，互联网成为社会动员的最便捷的工具，它可以在极短的时间内凝聚大量的人气，并推动人们参与行动。网络动员对社会冲突发展态势究竟有何种影响，这是一个必须面对的新课题。

目前，我国已经进入了网络社会。互联网技术的迅猛发展，不但改变了人类社会的生活方式，促进了社会生产关系的调整，也赋予了社会冲突许多新的含义。同时，互联网作为一种全新的传播媒介，改变了冲突发生的场域以及冲突的走向。人类发展的每一步都伴随着传播技术的进步。从口传到书写和印刷，再从书写和印刷到电子传播，每一次传播方式的出现都给社会、文化和人的思维方式带来巨大变化。正是在此意义上，人们提出“传媒方式本身就是信息”。麦克卢汉（E. McLuhan）认为：“正是媒介塑造和控制着人类交往和行为的尺度和形式，社会的形成在更大程度上总是决定于人们相互交流所使用的传播媒介的性质而不是传播内容。”①在“信息高速公路”的时代，互联网正把社会冲突推进到一个新的层面，赋予其新的特点和形态，这无疑为麦氏的上述言论作了最好的注脚。

互联网在给人们带来“数字化生存”美好图景的同时，也给人们带来了种种困扰和不安。目前，中国正处于社会转型的关键时期，各种社会冲突事件层出不穷，它突出地表现为各种群体性事件的爆发。据统计，全国发生的群体性事件已经由 1994 年的 1 万起增加到 2003 年的 6 万起，增长了 5 倍。同时群体性事件的规模也在不断地扩大，参与群体性事件的人数平均增长 12％，由 1994 年的 73 万多人，增加到了 2003 年的 307 万人，其中百人以上的群体性事件由 400 起增加到 7000 多起。② 另据《瞭望》新闻周刊报道，有关部门统计显示，2005 年全国发生社会群体性事件 8.7 万件，2006 年更是超过了 9 万起，群体性事件的频率一直处于上升势头。③ 事实上，在许多社会冲突的背后，我们都能看到网络的身影，正是通过网络舆论的广泛动员，许多

---

① 麦克卢汉，秦格龙. 麦克卢汉精粹. 何道宽译. 南京：南京大学出版社，2000，82.

② 汝信，陆学艺，李培林. 2005 年中国社会形势分析与预测. 北京：社会科学文献出版社，2004，8.

③ 赵鹏. “典型群体性事件”的警号. 瞭望，2008(36).

社会冲突事件才逐渐被人们所熟知。据人民网舆情监测室对2009年77件影响力较大的社会热点事件的分析，由网络爆料而引起公众关注的有23件，约占全部事件的30%。许多事件或者是通过网络而曝光，才被人们所认知；或者是大量网民被动员起来直接参与事件的过程，推动了冲突的升级或者实现了冲突的化解。互联网对事件的关注程度和方式决定了公众的态度和事件的发展。网络在潜移默化地影响着人们生活世界的各个角落，在反映世界的同时也在塑造世界。

网络动员有可能会导致冲突的扩散和升级。在冲突爆发之后，作为一种新兴的动员工具，互联网可以在极短的时间内吸引人们对事件的关注和参与，从而实现了冲突的社会化。但是在互联网的匿名状态下，“没有人知道你是一只狗”，各种不负责任的声音和行为都有可能在互联网上呈现，互联网上出现着各种骚动和不安。特别是随着谣言的广泛传播，人们情绪激昂并相互感染，这无疑增加了冲突管理的难度。如果此时冲突双方缺乏有效的理解和沟通，随着人群的聚集，就有可能导致冲突的升级。在2011年8月的伦敦骚乱中，正是互联网向人们传递着社会不公、社区贫困化等负面信息，越来越多的人群被动员起来参与抢劫，使得原本十分普通和偶然的社会治安事件最终发展为一场社会动乱。

网络动员也可能有助于实现冲突的化解。在冲突爆发之后，如果冲突双方的力量过于悬殊，事件的发展往往要么以弱势的一方通过妥协和让步而解决，但这时冲突的根源依然存在；要么是弱势的一方以极端的方式，诸如城市拆迁中业主的自焚、自虐等悲情方式解决冲突。但随着网络技术的迅猛发展，网络动员日益成为弱者抵抗强者的武器。弱者可以在网络上通过呼吁、请求等方式吸引别人的同情和支持，最终以结盟的方式形成集体同强者进行博弈和谈判，从而迫使强者仔细地考虑弱者的诉求，并以创造性的方式来化解冲突。在2007年的厦门PX事件中，关于PX的帖子总会成为热门。有市民通过互联网倡议到市政府集体“散步”，公开表达对PX项目的不满，这最终迫使厦门市政府作出停建PX项目的决定，并避免一场有可能引发的群体性事件。网络动员在冲突化解中的作用由此可见一斑。

网络动员是把“双刃剑”。网络在对冲突事件进行了“聚焦”和“放大”的同时，有可能提升了冲突对抗的强度，也给政府提供了一个冲突化解的有效工具。危机从来都是“危”与“机”并存，关键的是我们如何应对其“危”的一面，而把握其“机”的一面。“冲突产生能量，问题是如何建设性地引导能量”。① 然而令人遗憾的是，许多官员并不是总能正确地认识网络动员的作用，甚至对其贴以“污名化”的标签。不可否认，随着互联网技术的发展，网络动员在冲突管理中都将发挥着越来越重要的作用。如何把握网络动员的规律，使之在冲突化解中发挥积极作用，不仅是中国政府面临的重大任务，也是学界必须面对和解决的现实重要课题。

因此，本文主要研究了以下两个问题：第一，网络动员自身的规律性研究，即网络动员是如何成功发起的。第二，当冲突的主体为强势群体和弱势群体的成员时，网络动员对冲突双方的

---

① 约翰·加尔通. 和平论. 陈祖洲等译. 南京：南京出版社，2006，103.

不同影响。

二 研究的意义

（一）理论意义

冲突管理研究在西方学术界是一个跨学科的热点研究领域，迄今为止有关社会冲突的研究成果可谓汗牛充栋。在网络社会，社会冲突的表现尤为激烈。我国许多学者也开始了对网络冲突（主要是网络群体性事件）事件研究的热潮，这无疑丰富和深化了我们对网络社会背景下冲突管理的认识。而本研究试图在综合吸收前人研究的基础上，对网络动员在冲突管理中的作用和机制等进行具体研究，提出自己的看法和见解。概括地说，本文主要有以下两个方面的理论意义。

第一，随着互联网的广泛运用和网络时代的来临，传统的社会动员方式、手段和机制等都发生了变化。在前网络社会，传统的动员方式主要是一种政治动员，即“对社会的动员”，动员的方向主要是自上而下的。而网络动员则极大地改变了动员的方向，它更多的是一种自下而上的“由社会进行的动员”。因此，本文在对网络动员研究的基础上，总结出了网络动员的三层方式，深化了对社会动员的认识。

第二，目前的网络事件或网络群体性事件频繁发生，本文特别强调网络动员机制在推动冲突的发生、扩散和升级方面的重要作用。尤为重要的是，本文指出了网络动员对弱势群体和强势群体的不同意义。

（二）实践意义

目前，中国正处于一个急剧变化的社会转型期。随着“数字化生存”时代的到来，中国的社会冲突呈现了一些新的特点。网络时代呈现出来的这些新的矛盾和冲突如果处理不好将会破坏社会的稳定，也将威胁到我国和谐社会的构建。网络动员是把“双刃剑“，它一方面有可能导致冲突的升级，提升了冲突对抗的烈度和强度；另一方面网络动员也可以充当冲突化解的利器。总的来说，本文的实践意义在于：

第一，通过本研究，为政府的相关政策制定者展示了一幅网络社会冲突的真实画面，使其能够对网络动员进行积极的引导和利用，以发挥其在冲突管理中的积极作用。

第二，本研究的对象是以互联网为媒介的社会冲突问题，这也给政府在网络时代如何“管网”、“治网”提供了相关的参考意见。

第二节　文献及理论综述

动员是发动和引导人们参与某种集体行动的过程。无论是组织性较弱的群体性事件，还是目标、组织都比较明确的社会运动，都有一个组织和动员的过程。在某种情况下，动员过程甚至可以成为影响到行动和运动成败的关键因素。网络动员以互联网为媒介引导和激励人们参与集体行动，但这种集体行动并不必然地导致冲突。但是在一定条件下，网络动员会导致冲突的爆发，或者使原来的冲突开始大规模的扩散和升级，如以互联网为媒介的各种维权活动以及各种网络群体性事件等。也就是说，网络动员是引导人们参与集体行动的过程，这种集体行动既有可能导致冲突的扩散和升级，也有可能并没有导致冲突的发生。本文主要围绕冲突性集体行动和网络动员的相关性进行文献的搜集和整理。

一　三种基本的研究视角

网络动员是以互联网为媒介，围绕某个特定事项（或事件）引导人们参与集体行动的过程。对于人们为什么会被动员起来参与集体行动，主要有工具理性视角、情感视角和社会认同视角三种解释。

（一）工具理性视角

马克思曾经说过："人们所奋斗的一切，都同他们的利益有关"。[①] 所有的网络动员最初都有着明显的利益诉求，都是动员主体借以实现其利益的工具。在网络时代，人们之所以能够被动员起来参与社会冲突事件或集体行动也都和他们的利益息息相关。[②]

---

① 马克思恩格斯选集（第 1 卷）．北京：人民出版社，1972，82．

② 公共冲突是一种具有一定对抗性的集体抗争行为。在网络时代，即使是一场起因很小的冲突事件，在网络的渲染之下，都有可能引起很多网民的旁观和介入，这本身就是一个网络动员的过程。网络动员的结果就是很多人在网上甚至蔓延到现实生活中，以集体的力量关注和参与冲突事件。因此集群行为或者集体行动以及社会运动的研究对于理解互联网和冲突管理的关系具有启发性，其研究发现对于解释互联网如何影响社会冲突具有参考和借鉴意义。

在网络动员的研究中，工具理性是一种最有解释力的分析工具，它是人们参与集体行动的直接动力。理性的视角往往把人们是否进行社会动员或者参与到社会动员的过程，取决于其对参与这种集体行动的理性思考和算计。这种“理性”就在于，一个人是否参与集体行动，参与到何种程度，都取决于他在该行动中所获取的收益和付出的代价的权衡。

1. 选择性激励理论

选择性激励理论认为，人们之所以被动员起来参与集体行动，是由于有某种现实的因素激励着人们选择这种行为，如果他不参加行动，就不能得到或者失去某种利益或收益。

奥尔森的集体行动理论为我们理解集体行为中的个人决策提供了一个简单而清晰的理论框架。奥尔森认为，大多数的组织成员都处于理性的个人计算之中，追求利益最大化，因此，“搭便车”困境是集体行动无法克服的障碍。总之，组织成员是否参与集体行动都和他们的利益权衡密切相关，当他们参与集体行动的收益大于成本时，就会参与集体行动，反之则会退出集体行动。在以后的研究中，许多学者开始用利益和机会等词汇来代替以为的怨恨和剥夺感等词汇。如塔洛克(Gordon Tullock)就利用成本——收益分析来衡量人们是否参与革命、镇压革命或者不参与革命行动，并认为集体行动过程中的“选择性激励”仍然起着重要作用。①

我国的许多学者或者是对奥尔森的集体行动的理论直接

---

① Gordon Tullock. The Paradox of Revolution . *Public Choice*, 1997(11), 89.

照搬或者是加以修正和补充来研究中国的维权抗争行为。如有研究者就认为奥尔森集体行动中的“选择性激励”机制仍然适合用来解释中国的农民上访等集体行为。而于建嵘则对奥尔森的理论进行了修正，认为农民基于利益衡量的“压迫性反映”是集体行动的原动力。① 国内学者关于网络动员的研究特别是维权式的网络动员研究中，我们都能看到精英基于利益的考量而决定是否参与动员以及参与动员的程度在一定程度上直接影响了动员的效果。如韩恒则以山东曲阜的祭孔为例，指出社会认同以及利益动机是如何生成网下聚会机制的。② 高恩新通过对三个网络个案研究，指出网络集体行动的积极分子是如何借由媒体和互联网的包装而形成网络共意动员的。③ 黄荣贵和桂勇通过研究表明，正是业主的利益受到了损害，才是业主积极分子通过互联网进行抗争的主要动力。④ 应星的研究表明，在动员的不同阶段，维权积极分子会进行利益的衡量而决定是否退出集体行动，以及把集体行动引领到何处。⑤

---

① 于建嵘. 集体行动的原动力机制研究——基于 H 县农民维权抗争的考察. 学海，2006(2).

② 韩恒. 网下聚会：一种新型的集体行动——以曲阜的民间祭孔为例. 青年研究，2009(6).

③ 高恩新. 互联网公共事件的议题建构与共意动员——以几起网络公共事件为例. 公共管理学报，2009(4).

④ 黄荣贵，桂勇. 互联网与业主集体抗争：一项基于定性比较分析方法的研究. 社会学研究，2009(5).

⑤ 应星. 草根动员与农民群体利益的表达机制——四个个案的比较研究. 社会学研究，2007(2).

2. 资源动员理论

资源动员理论认为,集体行动组织所能利用的内部和外部各种资源的总和才是人们能够参与各种集体行动的基础。一个社会中能够为各种集体行动组织提供的资源越多,集体行动发生的可能性越大。因此,集体行动所能利用的资源的多少才是集体行动产生与否的关键。

20世纪70年代麦卡锡(John D. McCarthy)和左尔德(Mayer N. Zald)发表了《社会运动在美国的发展趋势:专业化和资源动员》以及《资源动员和社会运动:一个局部理论》奠定了资源动员理论的基础。资源动员理论来自奥尔森理论的一个核心命题——利益计算是集体行动的固有逻辑。资源动员理论是对集体行动乃非理性假设的一种反动。原先的社会运动理论更强调剥夺感和怨恨等各种情感是集体行动爆发的根本原因。而资源动员理论则认为,人们之所以能够参与集体行动,也是人们深思熟虑选择的结果。资源动员理论认为,社会运动的增多并不意味着社会矛盾的加大或者社会上人们所具有的相对剥夺感或者怨恨感的增加,而是社会上可供社会运动参与者利用的资源大大增加了。此后,众多学者开始了资源动员理论研究的热潮,并对资源动员理论进行了进一步的拓展和深化。

有的学者开始研究组织内外的各种资源对社会运动的重要性。① 斯诺(David A. Snow)指出了运动组织和社会网络对资

---

① Oberschall. *Social Conflict and Social Movements*. NI:Prentice-Hall,1973.

源动员的极端重要性。[①] 顾尔德(Roger M. Gould)探讨了1871年巴黎公社革命时社会网络对巴黎公社动员的作用:即人群的空间分布、居住及其活动形式,以及对某一空间赋予的意义,在社会网络形成和社会运动动员中的作用。[②] 总之,资源动员理论认为,人们之所以能够参与集体行动,并取得成功,是人们审时度势,进行权衡的理性结果。

我国许多学者也从资源动员的视角对社会动员进行了研究。目前有关资源动员的研究主要集中在社会维权和社会援助两个方面。如张磊认为,正是业主积极分子的有效领导以及业委会的动员,才是业主维权活动能够顺利进行并且取得成功的关键资源。[③] 孟伟也在对业主维权的个案研究中,社区的精英人物、业主大会以及业主委员会既是组织动员的核心力量,也是业主进行维权的重要资源。[④] 另外黄荣桂和桂勇通过15个业主集体抗争的案例,说明了当小区内业主的利益受到损害时,业主是如何利用互联网进行动员形成集体的力量来进行抗争的。[⑤] 此外,他们还对广州市118家业主论坛间抗争信息的传播结构进行了实证分析,对业主抗争信息在互联网上的传播进行了探讨,

---

① David A. Snow, Louis A. Zurcher. Social Networks and Social Movements: A Microstructural Approach to Differential Recruitment. *American Sociological Review*, 1985(10).

② 赵鼎新. 社会与政治运动讲义. 北京:社会科学文献出版社, 2006. 247—248.

③ 张磊. 业主维权运动:产生原因及动员机制——对北京市几个小区个案的考察. 社会科学研究, 2005(6).

④ 孟伟. 建构公民政治:业主集体行动策略及其逻辑. 华中师范大学学报, 2005(5).

⑤ 黄荣贵, 桂勇. 互联网与业主集体抗争:一项基于定性比较分析方法的研究. 社会学研究, 2009(5).

指出了不同的业主论坛及其结构在网络动员中为什么起着不同的作用。[①] 此外，还有的学者研究了作为一种资源动员方式，网络动员在抗震救灾以及社会援助方面的重要作用。如有的学者就互联网在地震和暴风雨等自然灾害中，互联网是如何作为资源动员的工具来应付危机的。[②] 另外刘威认为在社会转型期，以政府的民政部门以及共青联的准政府组织作为慈善活动的主体，是如何运用互联网进行公益资源动员的。[③] 章友德和周青松以“小雪玲救助”个案中，指出互联网作为呼吁援助和组织救援的工具，是如何进行动员人们参与救助的，并指出了网络动员的结构和模式以及相当于传统动员的优势和不足。[④]

总之，不管是奥尔森的集体行动理论还是资源动员理论，都有一个一以贯之的逻辑，即集体行动的参与者都是权衡成本和收益的理性“经济人”。人们是否进行网络动员以及人们参与网络动员过程中的程度，取决于他们的利益权衡与利益计算。

一般地说，工具理性是人们之所以参与集体行动的直接动力，但是这种视角也遇到了解释上的困境，即集体行动的参与者并不是完全追求自身的利益。有的集体行动参与者常常背负着极端艰难的社会和经济负担，并且他们清楚地知道即使行动获得

---

① 黄荣贵，张涛甫，桂勇. 抗争信息在互联网上的传播结构及其影响因素：基于业主论坛的经验研究. 新闻与传播研究，2011(2).

② 参见孙晓晖. 中国应对自然灾害的社会动员问题刍议. 江西社会科学，2009(11)；杨渝南. 公共危机中的社会动员战略研究：以汶川大地震为例. 电子科技大学学报(社科版)，2010(2)；朱力. 暴雨下的中国式社会动员. 人民论坛，2008(4)；朱力，谭贤楚. 我国救灾的社会动员机制探讨. 东岳论丛，2011(6).

③ 刘威. 慈善资源动员的权力边界意识：国家的视角. 东南学术，2010(4).

④ 章友德，周青松. 资源动员和网络中的民间救助. 社会，2007(3).

了成功,他们获得的收益依然很少,但他们仍然坚持参与集体行动,集体行动的工具理性视角对此的解释是贫乏无力的,因此,除了利益的考量之外,还有其他的因素影响着人们参与集体行动。

(二) 情感的视角

事实上,人并不是完全纯粹理性的,在某种程度上,人是理性和感性的综合体。正如拉尔夫(Turner Ralph)认为的那样,“一个人是理性和感性的综合体,在其行动中不可避免地掺杂着情感的因素,除非这个人是冷血动物。人们在社会中的行动过程同时也是一个社会认知逐渐深化的过程,在这个过程中,个人行为不可避免地要受到某种神经系统和内分泌系统控制的情感影响。”[①]那种“企图把个体行动分解成‘理性’和‘感性’这对立的两大类,是对人类行为的复杂性的否认”。[②] 因此,网络动员并不完全遵循理性的逻辑,在很大程度上往往受到情感的支配。

在网络动员的过程中,人们处于一种群体非理性的状态,往往受到情感的支配。法国社会学家勒庞(Gustave Le Bon)首先对人们参与集群行为时这种心理状态进行了详细描述。勒庞的整个理论的核心是所谓的“心智归一”原则。勒庞认为人在加入群体时有着和平时个人独处时不一样的心理状态。“一个心理群体表现出来的最惊人的特点如下:构成这个群体的个人不管

---

① Turner Ralph, Lewis M. Killian. *Collective Behavior*. Englewood Cliffs: Prentice-Hall, 1987, 65.

② 艾尔东·莫里斯,卡洛尔·麦克拉吉·缪勒. 社会运动理论的前沿领域. 刘能译. 北京:北京大学出版社, 2002, 61.

是谁，他们的生活方式、职业或智力不管相同还是不同，他们变成了一个群体这个事实，便使他们的感情、思想和行为变得与他们单独一人时的感情、思想和行为颇为不同。”[①]随着聚众的密度增大，个体行为变得越来越受到脑下垂体的控制，表现出野蛮和非理性的一面。勒庞的理论为我们解释人们在互联网的动员过程中群体心理的研究奠定了理论基础。

受勒庞理论的启发，布鲁姆提出了符号互动理论。这个理论可以解释从集体行为到社会运动乃至革命的所有聚众现象。布鲁姆认为聚众的形成过程是一个人与人之间的符号互动过程。他把这一过程称为循环反应，包括集体磨合、集体兴奋和社会感染三个阶段。在这个循环反应的过程中，人们之间的情绪会相互感染并形成共同的愤怒情绪，最终爆发集体行为。[②]

人们对社会公平的感知会决定他们是否会参与社会冲突事件。亚当斯(J. S. Adams)在1963年提出了公平理论。[③] 亚当斯认为，当一人所从事的活动和工作与他们从这种工作和活动所得到的，与其他人所从事和所得到的大体相当，就会达到一种满意的状态。公平理论关注的是投入相对于获得的公平性。不公平的感觉会造成一种紧张状态，一种要求改变现状的内在压力。与此类似，格尔(Ted Robert Gurr)提出了相对剥夺感概念。[④] 格尔

---

① 勒庞.乌合之众——大众心理研究.冯克利译.北京：中央编译出版社，2004，14.

② 赵鼎新.社会与政治运动讲义.北京：社会科学文献出版社，2006，63.

③ J. S. Adams. Toward an Understanding of Inequity. *Journal of Abnormal and Social Psychology*，1963(5).

④ 参见 Ted Guur. *Why Men Rebel*. Princeton University，1970.

认为，每个人都有某种期望，而社会则有某种价值能力。当社会变迁导致社会的价值能力小于个人的价值期望时，人们就会产生相对剥夺感。相对剥夺感越大，人们造反的可能性就越大，破坏性也就越强，他把这个过程称为挫折——反抗机制。

斯梅尔塞(Neil J. Smelser)提出的加值累加理论，有助于解释人们为什么会参与集群行为。[①] 斯梅尔塞认为，结构性诱导因素、结构性的怨恨和剥夺感、一般化信念的产生、触发集体行动的因素或时间、有效的动员以及社会控制能力的下降是导致集体行动产生的五个关键要素。其中，结构性的怨恨和剥夺感以及一般化信念的产生在动员人们人们参与集体行动中起着重要作用。人们之所以参与集体行动，在很大程度上是由于人们的相对剥夺感和由此而产生的怨恨的增加，而一般化信念从某种意义上说是再造了、深化了甚至是扩大了人们的怨恨、剥夺感和压迫感，从而使得人们能够轻易地被动员起来参与集体行动。

西方的集体行动理论认为，集体行动往往遵循情感的逻辑。受此影响，我国的许多学者的研究也表明，情感在中国的社会动员和集体行动中同样发挥重要作用。代表性的研究有，于建嵘认为，中国的群体性事件主要表现为一种社会泄愤事件，它没有明确的利益诉求，纯粹是一种感情的宣泄。[②] 应星强调了“气”在抗争政治中的作用，它与被伤害和压抑的情感密切相关。[③] 刘能

---

① 参见 Neil J. Smelser, *Theory of Collective Behavior*. NY: Free Press, 2006.

② 于建嵘.当前我国群体性事件的主要类型及其基本特征.中国政法大学学报，2009(6).

③ 应星.“气场”与群体性事件的发生机制——两个个案的比较.社会学研究，2009(6).

的研究表明怨恨的生产和累计是集体行动发生的起点。① 总的来说，在对社会动员或者集体行动的研究中，中国的学者大多都是直接借鉴西方的理论。有的学者从群体心理的角度研究了如何被动员起来参与网络群体性事件等集体行动。② 如孙静认为，人在聚集成群时容易形成网络心理群体，这种心理与勒庞的所谓集体非理性心理并没两样。③

还有的学者从相对剥夺感的角度对人们为何会参与社会冲突事件做出了解释。根据他们的研究，在对社会冲突事件中，特别是网络群体性事件的研究中，利益的分配不公而导致的相对剥夺感或者怨恨感的增加，往往成为集体行动发生的宏观情境。④ 如《瞭望》新闻周刊记者提出了“无直接利益冲突”概念，他们指出许多群众与事件本身并没有直接的利益诉求，而是长期

---

① 刘能. 怨恨解释、动员结构和理性选择——有关中国都市地区集体行动发生可能性的分析. 开放时代，2004(4).

② 参见乐国安，薛婷，陈浩. 网络集群行为的定义和分类框架初探. 中国人民公安大学学报(社会科学版)，2010(6)；杜骏飞. 网络群体事件的类型辨析. 国际新闻界，2009(7)；孙静. 网络群体性事件参与者心理特点与疏导. 中国人民公安大学学报(社会科学版)，2010(2)；杨斌艳. 网络群体事件中网民的心理分析. 网络传播，2009(9)；李苏鸣. 快闪族行动与群体突发事件. 公安研究，2005(6)；娄成武，刘力锐. 论网络政治动员：一种非对称态势. 政治学研究，2010(2)；高芸. 网络场域中的青年动员研究. 中国青年研究，2010(8).

③ 孙静. 网络群体性事件参与者心理特点与疏导. 中国人民公安大学学报(社会科学版)，2010(2).

④ 参见曾鹏. 社区网络与集体行动. 北京：社会科学文献出版社，2008；蔡前. 以互联网为媒介的集体行动研究. 南昌：江西人民出版社，2009；师曾志. 沟通与对话：公民社会与媒体公共空间——网络群体性事件形成机制的理论基础. 国际新闻界，2009(12)；王扩建. 网络群体性事件：特性、成因及对策. 中共南京市委党校学报，2009(5)；孙晓晖. 网络群体性事件中执政公信力的流失及其防范——基于社会动员的分析视角. 理论与改革，2010(4).

的社会不公和积累的不满情绪，使他们参与到事件中来并借机发泄。[①] 师曾志通过对网络群体性事件的形成机制的研究，指出市场机制造成的公平和效率的失衡，是各类泄愤群体性事件爆发的重要原因。[②]

有的学者直接利用斯梅尔塞的价值累加理论来解释中国的网络动员过程。[③] 代表性的研究有，刘勇用斯梅尔塞六个累加的流程来分析群体冲突，为我们把握由于利益差异的效能累加而引发的群体冲突的发生机理提供了清晰的解释框架。[④] 宛恬伊则通过四起网络案例的过程分析，指出斯梅尔塞的理论同样对于虚拟社会的集群行为具有较强的解释力。[⑤] 魏娟和杜骏飞通过魔兽事件玩家集群事件的分析，进一步地验证了斯梅尔塞的理论。[⑥] 邓希泉运用斯梅尔塞的加值理论来解释我国网络动员之所以能成为可能的原因。他认为："社会的结构性紧张促使弱势群体通过互联网积极争取话语权以及进行利益诉求和

---

① 钟玉明，郭奔胜. 社会矛盾新警号. 瞭望，2006(42).

② 师曾志. 沟通与对话：公民社会与媒体公共空间——网络群体性事件形成机制的理论基础. 国际新闻界，2009(12).

③ 参见朱力，卢亚楠. 现代集体行为中的新结构要素——网络助燃理论探讨. 江苏社会科学，2009(6)；邓希泉. 网络集群行为的主要特征及其发生机制研究. 社会科学研究，2010(1)；刘勇. 利益差异效能累加：群体冲突的触发根源——以斯梅尔塞的"价值累加理论"为解释框架. 福建论坛(人文社会科学版)，2011(1)；罗龙女. 价值累加理论框架下的群体性事件解析——以石首事件为例. 领导科学，2010(2)；李婷玉. 网络集体行动发生机制的探索性研究——以2008年网络事件为例. 上海行政学院学报，2011(2).

④ 刘勇. 利益差异效能累加：群体冲突的触发根源——以斯梅尔塞的"价值累加理论"为解释框架. 福建论坛(人文社会科学版)，2011(1).

⑤ 宛恬伊. 虚拟社会的集群行为：基于四个网络事件的分析. 青年研究，2010(4).

⑥ 魏娟，杜骏飞. 网络集群事件的社会心理分析. 青年记者，2009(28).

表达”。[①]

集体行动的情感视角同样面临着一个解释上的困境，即如果情感对于人们参与集体行动真的有那么重要的话，那么在相对剥夺感和怨恨普遍存在的社会中，心怀各种不满和怨恨的人们岂不是天天都要被动员参加各种集体行动，事实上，人们只是在很少的情况下才会参与集体行动。除了情感和工具理性的视角之外，人们是否参与集体行动还取决于人们对这种行为选择的认同程度。

（三）社会认同的视角

社会认同被看作一种动员他人参与集体行动的机制，是从“我”到“我们”的自我认知的再定义。研究表明，人们在多大程度上参与集体行动，取决于人们对集体行动的认可程度，个体对某一类别的群体认同感越强，越会参与某种集体行动。

人们之所以被动员起来参与社会冲突事件，存在一个社会认同问题，即把冲突的双方建构为“我们与他们”、“弱势与强势”的对立。集体认同感更多是在建构过程中形成的。建构主义认为人们是根据意义的社会建构来采取行动的。集体认同感的建构是集体行动的核心内容。社会问题并不必然地引起集体行动，这中间需要一个意义建构的中介过程，即关于“我们是谁”之类确切问题的倾向。[②] 在某些情况下，只有人们对行动赋予了一

---

① 邓希泉.网络集群行为的主要特征及其发生机制研究.社会科学研究，2010(1).

② 艾尔东·莫里斯，卡洛尔·麦克拉吉·缪勒.社会运动理论的前沿领域.刘能译.北京：北京大学出版社，2002，64.

定的意义，大规模的社会动员才能成为可能。

目前，国内有关网络动员或者集体行动的研究中，社会建构理论具有更高的解释力，也出现了较多有价值的研究成果。[①] 代表性的研究有，陈映芳把与社会怨恨有关的话语作为影响市民选择的基本要素之一。[②] 沿着同一个研究脉络的还有，刘琼认为敏感话题构建出的“我们”意识是动员发生的心理基础。管勤积以某地区 D 厂成功的集体行动为案例研究，探讨了行动的积极分子是如何构建话语“心齐”，而动员人们参与行动的。[③] 王英以 2008 年南京大学小百合 BBS 反对“汉口路西延工程”为例，研究在动员过程中集体认同感的构建。[④] 在此事件中作者通过文本分析和调查问题描述了“我们”是如何被赋予多层次意义与合法性的，最终取得了抗议的阶段性胜利。孙炜则以厦门 PX 项目事件为例，讨论了包括互联网在内的大众媒介是怎样通过“我们是谁”来构建集体认同感，取得预期的动员效果的。[⑤] 另外，高恩

---

① 参见陈映芳. 行动力与制度限制：都市运动中的中产阶级. 社会学研究，2006(4)；翁定军. 冲突的策略：以 S 市三峡移民的生活适应为例. 社会，2005(2)；计慧慧. 微博呼吁何以引发现实集体行动——以“微博打拐”事件为例. 青年记者，2011(12)；陈虹，朱啸天. 解构公共事件中的微博能量——以“微博打拐”事件为例. 新闻记者，2011(5)；刘琼. 网络动员的作用机制与管理对策. 学术论坛，2010(8)；高恩新. 互联网公共事件的议题建构与共意动员——以几起网络公共事件为例. 公共管理学报，2009(4).

② 陈映芳. 行动力与制度限制：都市运动中的中产阶级. 社会学研究，2006(4).

③ 管勤积. 动员、话语和机遇——以 D 厂为个案分析集体行动成功的核心因素. 中国社会学网：http://www.sociology2010.cass.cn/news/378849.htm.

④ 参见王英. 网络新社会运动中的集体认同感构建. 人民网：http://media.people.com.cn/GB/137684/10595704.html；王英. 网络事件中的符号运作技巧——以“小百合 BBS 汉口路西延事件”为例. 东南传播，2009(10).

⑤ 孙炜. “我们是谁”：大众媒介对于新社会运动的集体认同感构建——厦门 PX 项目事件大众媒介报道的个案研究. 新闻大学，2007(3).

新以躲猫猫事件、罗彩霞事件以及邓玉娇事件三起网络公关事件为例，探讨了是什么因素通过何种作用机制推动那些与特定事件没有直接利益关系的社会成员参与事件的。[①] 高恩新认为，在这三起网络公共事件中，互联网充分发挥了议题建构和共意动员的作用。在这三起网络公共事件中之所以能够实现快速的社会动员，一个重要的原因就是这三起事件都被建构为“社会不公”而引起了人们的共鸣。

总之，人们之所以被动员起来参与以互联网为媒介的集体行动，是工具理性、情感和社会认同等因素共同作用的结果。工具理性的动机是人们参与集体的最直接动力，但这种工具理性的动机并不是完全的理性算计，它还受到情感和社会认同等因素的制约和影响，正是在它们互动的过程中，才推动了集体行动的产生、发展和演变。

二　网络动员的结构、策略、条件和作用

近年来，随着互联网的迅速发展，互联网已经影响到人们生活的方方面面，然而关于网络动员的研究仍然没有得到足够的重视。虽然有的研究已经认识到网络动员在集体行动中的重要作用，但是，互联网对包括社会冲突等在内的社会抗争的影响仍然没有一致的结论。[②] 概括地说，目前有关网络动员的研究主要

---

① 高恩新.互联网公共事件的议题建构与共意动员——以几起网络公共事件为例.公共管理学报，2009(4).

② David A. Snow，Sarah Soule. *The Blackwell Companion to Social Movements*. Oxford：Blackwell Publishing，2000.

集中在网络动员的结构、策略、机会结构和作用研究。

（一）网络动员的结构

网络动员的研究重点是围绕公共事件的行动者是如何被动员起来的这一问题而展开的。动员结构是社会运动研究中的一个重要维度，是指能够促进个人及组织参与集体行动的机制，比如社会结构与抗争手段等。① 在社会运动的研究中，组织和网络在社会动员中发挥着重要作用。后来人们逐渐认识到社会运动的组织形式、动员形态及运动组织间的联系与社会运动发展之间的关系，这些因素被称为动员结构。② 西方的社会运动理论尤其关注组织和社会网络在社会动员中的重要作用。在社会运动动员结构的研究中，西方学者关注的主要有两个问题。第一是探讨组织/网络和围绕人的居住和活动形态而产生的空间环境这两个因素在社会运动动员中的作用；第二是探讨社会运动动员的不同形式，即所谓的内在动员结构和外在动员结构在运动动员中的意义。③ 而在网络社会，物理空间距离在动员中的作用开始下降。目前国内关于网络动员的研究，主要集中在信息流以及精英或者说网络意见领袖在动员中的重要作用。

信息流在网络动员中的作用经常被提及，许多学者的研究

---

① 黄桂荣.互联网与抗争行动：理论模型、中国经验及研究进展.社会，2010(2).

② 赵鼎新.社会与政治运动讲义.北京：社会科学文献出版社，2006，39—40.

③ 同上书，239.

突出了信息流在动员中的重要作用。信息流的核心要点就是互联网的出现降低了信息获取的成本，使得个人参与集体行动成为可能。网络动员相对于其他社会动员的主要特点，就是信息的获取更加便利。宾波(Bruce Bimber)甚至认为，相对于互联网技术本身而言，信息流具有更丰富的政治含义。[①] 鹿皮亚(Arthur Lupia)和森(Osela Sin)认为，信息技术的发展大大地降低了沟通的成本，因此，群体规模不再是集体行动的主要障碍，相对而言，个人的作用大大地提高。[②] 沿着同样的研究脉络，罗斯科兰蒂(Jacob Rosenkrands)把信息分为三类，即以提供事实为导向的信息；以传播思想和观点为导向的信息；以动员为目的的信息。[③] 按照此逻辑，黄荣贵把以信息流为动员机构的模型分为工具型模型和心理学模型。[④] 他进一步认为，互联网的使用将进一步地促进网民参与社会抗争活动。

社会动员的发动和过程同领袖以及精英的作用密切相关。石发勇以一个街区环保运动个案为例，展示了领袖或者精英是如何动员人们参与行动的。[⑤] 刘能、陈映芳、黄桂荣、曾鹏等也都

---

① Bruce Bimber. The Internet and Political Transformation: Populism, Community, and Accelerated Pluralism. *Polity*, 1998(31).

② Arthur Lupia, Osela Sin. Which Public Goods are Endangered: How Evolving Communication Technologies Affect the Logic of Collective Action. *Public Choice*, 2003.

③ Jacob Rosenkrands. Politicizing Homo Economicus: Analysis of Anti-corporate Websites. In W. van de Donk, *Cyberprotest: New Media, Citizens and Social Movements*. NY: Routledge, 2004.

④ 黄荣贵.互联网与抗争行动:理论模型、中国经验及其研究进展.社会,2010(2).

⑤ 石发勇.关系网络与当代中国基层社会运动:以一个街区环保运动个案为例.学海,2005(3).

得出了同样的结论。[①] 还有的学者对精英的产生机制、参与行动的动机以及行为逻辑等展开了研究。如应星以四个个案进行比较研究，指出了“草根行动者”是如何动员人们起来参与集体行动的。[②] 应星认为不管“草根行动者”是主动“站”出来的还是被“推”出来的，都努力地追求代表底层，与此相类似，传统的精英和“草根行动者”在不同的场景下具有相同的行动逻辑。于建嵘通过对几起村民对抗基层政府的案例分析，指出农村的精英之所以愿意冒着风险，充当集体行动的领袖，除了经济利益的考量外，最主要的就是在行动中不断被构建出来的社会声望。[③] 吴廷俊的研究表明了网络意见领袖是如何揭露真相，吸引人们的关注并引起政府部门的重视而使事情得以解决的。[④] 黄桂荣在对业主集体抗争的研究中，则为我们展示了另一幅不同的画面。黄桂荣认为，在线业主论坛是业主集体抗争的新兴动员结构，当小区内业主的集体利益受到损害时，业主中的积极分子利用互联网作为动员的手段发起集体行动。[⑤] 与此不

---

①　参见刘能. 怨恨解释、动员结构和理性选择——有关中国都市地区集体行动发生可能性的分析. 开放时代，2004(4)；陈映芳. 行动者的道德资源动员与中国社会兴起的逻辑. 社会学研究，2010(4)；黄桂荣，桂勇. 互联网与业主集体抗争：一项基于定性比较分析方法的研究. 社会学研究，2009(5)；曾鹏. 社区网络与集体行动. 北京：社会科学文献出版社，2008.

②　应星. 草根动员与农民群体利益的表达机制——四个个案的比较研究. 社会学研究，2007(2).

③　于建嵘. 利益、权威和秩序——对村民对抗基层政府的群体性事件的分析. 中国农村观察，2000(4).

④　吴廷俊. 新媒体时代中国舆论监督的新议题：网络揭黑. 现代传播(中国传媒大学学报)，2011(1).

⑤　黄荣贵. 互联网与业主集体抗争：一项基于定性比较分析方法的研究. 社会学研究，2009(5).

同的是，章友德和周松青在对小雪玲救助案研究的基础上发现了外在动员结构的特征，即主要在运动积极分子之外的人士之中进行动员的动员结构，并且归纳了这种外在动员结构的基本特征。①

（二）网络动员的策略

动员策略是指实施动员者根据动员所要达到的目标，对动员方法、手段进行控制影响的过程。形象地说，动员策略＝动员指导＋调控策略。② 众多文献中，关于网络动员的策略主要集中在对话语的建构上。如高恩新借助"共意社会运动"理论，回答了是何种因素推动与网络公共事件并没有直接利益关系的积极网民参与互联网舆论建构的。他认为，将社会问题转入集体行动需要一个意义建构的过程，要想实现广泛的共意动员，通常可以借助于两种手段：一是借助人们对"不公正"的情感实现动员；另外一种手段是借助媒体、特别是经过媒体放大的"行为表演"实现的舆论动员。③ 刘琼认为网络动员除了要构架出"我们"意识之外，通常要借助于热点平台和富有感染力的表达来聚集人气。刘琼认为，在网络动员的过程中，实施动员者通常都以戏谑的手法吸引眼球。如有网友在天涯论坛上发帖《吃面要吃雪菜肉丝，运动要做俯卧撑！身体倍儿棒》，令"俯

---

① 章友德，周松青．资源动员与网络中的民间救助．社会，2007(3)．

② 同上。

③ 高恩新．互联网公共事件的议题建构与共意动员——以几起网络公共事件为例．公共管理学报，2009(4)．

卧撑”一词成为网络流行语，同时将“瓮安事件”推到了全国舆论的风口浪尖。[①] 沿着同样的研究脉络，有的学者认为，网络动员过程中所发的帖子大都以悲情叙事、苦难叙事、情感叙事和道德谴责等“社会剧场”手段作为话语策略。[②] 章友德和周青松以小雪玲救助的个案为例指出了发帖者“独钓寒江雪”的动员策略。他们认为网络动员过程中，动员发起者的介入策略十分重要。首先“独钓寒江雪”对标题的处理就是一个很好的介入策略。他以“用镜头记录五岁女童走向凋零的全过程”为标题，具有网络轰动性和震撼性；其次“独钓寒江雪”以近乎“白描”的手法以及具有冷血特征的字眼真实地记录了一起灾难事件。这种动员策略在一定程度上增加了事件的可信度。另外，章友德和周松青认为，网络动员的发起者若想获得网民的信任，采取一定的距离策略也是必要的。“独钓寒江雪”在动员初期发帖之后，刻意地与小雪玲保持一定的距离，这种距离策略不仅为事件的真实性正名，也为发起者的廉洁性正名，从而实现了良好的动员效果。[③]

（三）网络动员的机会结构

机会结构是指有利于或者不利于集体行动开展的外部结构性条件的总和。机会结构强调人们是否参与网络公共事件以及

---

① 刘琼．网络动员的作用机制与管理对策．学术论坛，2010(8)．

② 何国平．网络群体事件的动员模式及其舆论引导．思想政治工作研究，2009(9)．

③ 章友德，周松青．资源动员与网络中的民间救助．社会，2007(3)．

在多大程度上参与该事件，既不取决于人们的怨恨，也不取决于所能利用的资源的多少，而取决于机会的多寡。蒂利(Charles Tilly)在其动员模型的设计中就十分重视机会结构的作用。①而真正地把政治机会结构提高到独一无二地位的是泰罗(Sidney Tarrow)。泰罗总结了导致政治机会结构变化的四个因素：原来被政体排除在外的社会群体，由于某种原因对政体的影响力增大；旧的政治平衡被破坏；政治精英的分裂；社会上有势力的团体成了一个社会运动群体的同盟。②

国家和社会关系的变化是我国的网络动员能够频繁发生的首要条件。改革开放三十年来，我国的国家与社会的关系发生了根本性的变化，由国家对社会的全面控制到社会获得了一定的相对自主性。这也就是孙立平先生所谓的我国由总体性社会向后总体性社会的过渡。③ 而这一转变，具有根本性的意义，它为中国公民社会的出现扫除了障碍。公民社会是公民进行自主活动空间，很难想象在一个国家支配和控制一起社会资源的国度中，除非大规模的政治动员，公民会有任何意愿和动力参与大

---

① 参见 Charles Tilly. *From Mobilization to Revolution*. NY：Random House，1978. 蒂利认为，一场社会运动的爆发离不开以下五个因素：参与者的利益驱动(Interest)；参与者的组织能力(Organization)；社会运动的动员能力(Mobilization)；个体加入社会运动的阻碍或推动因素(Repression/ Facilitation)；政治机会或威胁(Opportunity/ Threat)；社会运动所具有的力量(Power)。

② 赵鼎新.社会与政治运动讲义.北京：社会科学文献出版社，2006，196—197.

③ 参见孙立平，晋军，何江穗等.动员与参与——第三部门募捐机制个案研究.杭州：浙江人民出版社，1999. 孙立平认为，在改革开放之前，人们无法摆脱由国家控制的资源和空间，个人对国家有着高度的依赖，这是总体性社会的基本特征。改革开放后，人们逐步步入到后总体性社会，它的基本特征是人们拥有了自由流动的资源和自由活动空间，国家不再垄断一些资源，社会具有了一定的自主性。

规模的集体行动。这一切都在公民社会成为可能，而这都源于国家和社会关系的改变。也有的学者认为，随着国家和社会关系的变化，中国政府的政治合法性基础发生了变化，开始从意识形态合法性到绩效合法性的转变，这一转变很难遏制民众的“改善民生”和“寻求正义”的诉求，从而极大地降低了抗争政治的成本，在一定程度上推动了抗争政治的发展。①

社会转型期内我们以“时空压缩”的方式追求现代化，导致了各种矛盾和冲突集中爆发，这也是网络动员频繁发生的政治机会。从根源上说，网络动员之所以成为可能，是由于社会利益结构的失衡造成的社会紧张状态，在传统的利益表达机制不健全或者不能发挥有效作用的情况之下，互联网为人们进行“意见表达”和“意见综合”提供了便利条件。当前的社会结构存在着要素分化过快而造成的结构整合与要素分化之间的“断裂与失衡”。“不断的社会分化和社会流动，使社会整合困难，社会结构要素变动，社会的不稳定因素大大增加。”②孙立平教授认为，“中国进入了利益博弈时代”。③ 在网络社会，社会利益结构的失衡带来了网民对社会认同感的削弱，“正是这种不认同，才引来大量的网络看客和网络哄客，这种参与实际上是对现实的一种变相反抗”。④ 邓希泉运用斯梅尔塞的加值理论来解释我国网络动员之所以能成为可

---

① 李德满.十年来中国抗争运动研究述评.社会，2009(6).

② 阎志刚.转型时期应加强对社会冲突的认识和调控.江西社会科学，1998(5).

③ 孙立平.博弈——断裂社会的利益冲突与和谐.北京：社会科学文献出版社，2006，3.

④ 谢建芬.论网络群体性事件中的社会建构机制构建.前言，2010(22).

能的原因。他认为:“社会的结构性紧张促使弱势群体通过互联网积极争取话语权以及进行利益诉求和表达”。①

在国内研究集体行动的文献中,刘能最早自觉地运用了政治机会结构概念来研究中国都市地区集体行动的可能性。他认为,政治机会结构代表了有利于或者不利于集体行动发生的所有的外部结构性条件,是解释中国都市集体行动可能性的关键变量。② 沿着同一个研究脉络的还有,陈映芳以都市运动中的中产阶层的维权运动为案例,以“城市”和“阶层”为基本维度研究了都市运动的政治机会机构。就国家和城市间的关系来看,国家和城市的利益分化和立场差异对于都市运动的行动者而言,在某种情况下意味着一定的政治机会结构。而城市党政系统的权力系统及控制力则有可能成为都市运动的阻碍因素。③ 管秦积以某市 D 厂工人集体维权行动为个案,指出了机遇对于成功的集体行动的重要性。④ 席芮芸(Ruiyun Xi)认为,正是由于中国民主进程的加快以及中央政府对网络监管的放松,才使得民众大规模的网上表达成为可能,这在客观上为社会冲突事件的爆发提供了某种机会机构。⑤

---

① 邓希泉.网络集群行为的主要特征及其发生机制研究.社会科学研究,2010(1).

② 刘能.怨恨解释、动员结构和理性选择——有关中国都市地区集体行动发生可能性的分析.开放时代,2004(4).

③ 陈映芳.行动力与制度限制:都市运动中的中产阶层.社会学研究,2006(4).

④ 管勤积.动员、话语和机遇——以 D 厂为个案分析集体行动成功的核心因素.中国社会学网:http://www.sociology2010.cass.cn/news/378849.htm.

⑤ Xi Ruiyun. The Internet, Freedom of Speech, and Social Transformation: A Examination of the Impact of Cyber-Forums on Policy-Making in China. ProQuest Information Learning Company, 2005.

总之，网络动员之所以能够成为可能，首先是由于国家控制的放松和公民社会的成长为网络动员提供了一种机会结构。而转型期利益表达渠道的不通畅，迫使人们以互联网为场域进行动员和参与。正是由于日益觉醒的草根阶层维权意识空前强烈，但发表意见的渠道却不够通畅，网络动员成为常规渠道下个人表达和需求受限的替代性选择，再加上网络的媒介特质和日益强大的影响力使之担当起社会动员的责任。① 从这个意义上说，社会利益结构的断裂与失衡是网络动员之所以成为可能的“结构性诱导因素”。

（四）网络动员的作用

互联网的出现和发展，对社会冲突事件的进程产生了深刻影响。有学者认为，关于互联网如何影响集体抗争事件，最为重要的议题之一是：互联网的出现加速了抗争的扩散。② 有多种因素可以影响到冲突扩散的进程，冲突扩散的渠道可以采取多种方式，既可以是直接的也可以是间接的。③ 冲突扩散主要表现为两个方面：一是冲突事项的增多；二是冲突参与人数的增加。互联网无疑成为动员人们关注和参与事件的最好载体。互联网经常被看作冲突扩散的间接载体，并且推动了冲突扩散的过程。

---

① 刘琼．网络动员的作用机制与管理对策．学术论坛，2010(8)．

② 黄荣贵，桂勇．互联网与业主集体抗争：一项基于定性比较分析方法的研究．社会学研究，2009(5)．

③ Sara A. Soule. Diffusion Processes within and across Movements. In David A. Snow & Sarah A. Soule, *The Blackwell Companion to Social Movements*. Oxford: Blackwell Publishing, 2004.

宾伯(Bruce Bimber)的研究表明，随着网络的出现和发展，互联网在加强了政治沟通的同时，也改变了政府应付冲突的效率，从而改变了冲突方的政治机会结构，从而推动了冲突的扩散。[①] 也有的学者通过经验研究支持了这一结论。如安德鲁(Kenneth T. Andrews)教授通过对美国静坐现象的实证研究表明，相对于社会网络而言，互联网更有利于静坐的跨城市扩散。一个可能的解释就是地理空间对通过互联网进行的扩散的阻碍并没有社会网络那样大。[②]我国学者赵万里和王菲以“华南虎”事件为例，探讨了互联网是如何促使“事件”传播到社会的各个角落的，并在更大的范围内形成了“挺虎派”和“打虎派”的对峙。[③] 陈强和徐晓林也通过“69 圣战事件”的探讨，指出了互联网是如何潜在地扩大该事件的动员范围的。[④] 赵金、徐武生、陈勇等的研究支持了互联网往往充当冲突扩散的载体的结论。[⑤]

网络动员不仅加速冲突的扩散，它往往也会导致冲突的升级。它一方面可以缩短冲突的周期，另一方面则有可能强化冲

---

① Bruce Bimber. The Study of Information Technology and Civic Engagement. *Political Communication*, 2000 (17).

② Kenneth T. Andrews, Michael Biggs. The Dynamics of Protest Diffusion: Movement Organization, Social Networks, and News Media in the 1960 Sit-Ins. *American Sociological Review*, 2006 (5).

③ 赵万里，王菲. 网络事件、网络话语与公共领域的重建. 兰州大学学报(社会科学版)，2009(5).

④ 陈强，徐晓林. 网络群体性事件演化要素研究. 情报杂志，2010(11).

⑤ 参见赵金，叶匡政，张修智. 网络群体性事件之上看下看. 青年记者，2009(19)；徐武生. 政府—社会—公民的良性互动：政府应对网络群体性事件的善治之道. 当代世界与社会主义，2011(1)；陈勇，王剑. 群体性突发事件中的谣言控制——以“瓮安事件”为例. 当代传播，2009(3).

突的激烈程度。[①] 互联网是滋生和培养各种谣言的最好土壤，互联网上在加快了各种信息的传递与沟通的同时，也面临各种虚假信息的困扰，这种虚假信息极有可能增强了冲突的强度和烈度。我国很多学者的研究都指出了谣言对冲突升级的催化作用。如常健教授就对社会冲突过程中谣言的作用、传播和防控进行系统的研究。[②] 做出类似研究的还有黄卫星、康国卿和周裕琼等。[③] 埃尔斯(Jeffrey Ayres)通过对跨国社会运动的研究指出，由于互联网上"把关人"机制的弱化，会导致信息质量的下降，而这极有可能促使一般的社会冲突事件演变成全球性的动乱。[④] "法轮功"组织僵而不死，时而能够在国际舞台上挑战中国的权威，就是因为其成功地采取了网络动员的方式，增加了成员对其的认同感和凝聚力，从而促使了冲突的升级和恶化。[⑤] 在最近的埃及动乱以及利比亚动乱中，反对派都是通过互联网动员群众起来反抗，结果带来了大规模的冲突，并在网络的聚焦和放

---

① Kelly R. Garrett. Protest in an Information Society: A Review of Literature on Social Movements and New ICTs. *Information, Communication and Society*, 2006(2).

② 常健，金瑞. 论公共冲突过程中谣言的作用、传播与防控. 天津社会科学，2010(6).

③ 参见黄卫星，苏国卿. 受众心理视角下的网络谣言生成与治理——以"艾滋女"事件为例. 中州学刊，2011(2)；周裕琼. 网络新谣言研究——以胡斌"替身"说为例. 深圳大学学报(人文社会科学版)，2010(4).

④ Jeffrey M. Ayres. From the Streets to the Internet: The Cyber-Diffusion of Contention. *The Annals of the American Academy of Political and Social Science*, 1999(1).

⑤ Bi Yun Huang. Analyzing a Social Movement's Use of Internet: Resource Mobilization, New Social Movement Theories and the Case of Falun Gong, ProQuest LLC, 2009.

大之下，促进了冲突的进一步升级。

互联网作为一种资源动员的选择性工具，它不仅有可能促进冲突的扩散和升级，还有可能实现冲突的化解。目前已经由学者认识到了网络动员在冲突化解中的积极作用。有的学者认为互联网之所以有利于冲突的控制和化解，是因为“信息流”机制的存在。“信息流”的核心要点就是互联网的出现降低了信息获取的成本，便利了人们信息的获取。鹿皮亚(Arthur Lupia)和森(Osela Sin)认为，信息技术的发展大大地降低了沟通的成本，从而也提高了政府应对社会冲突的效率。① 王英以2008年南京大学小百合BBS反对“汉口路西延工程”为例，研究了人们是如何通过集体共同感的构建，从而形成统一的群体意识，并最终迫使政府进行干预，避免了冲突的恶化和升级。② 孙炜则以厦门PX项目事件为例，讨论了包括互联网在内的大众媒介是怎样通过“我们是谁”来构建集体认同感，促使事件得到近乎完美的解决。③

总之，网络动员是把双刃剑，它既拓展了公民意见表达的渠道，释放了社会的深层压力，同时网络动员也会对社会的秩序形成一定的挑战，特别是在互联网虚拟空间充斥着网络暴力，这种

---

① Arthur Lupia, Osela Sin. Which Public Goods are Endangered: How Evolving Communication Technologies Affect the Logic of Collective Action. *Public Choice*, 2003.

② 参见王英. 网络新社会运动中的集体认同感构建. 人民网：http://media.people.com.cn/GB/137684/10595704.html；王英. 网络事件中的符号运作技巧——以“小百合BBS汉口路西延事件”为例. 东南传播，2009(10).

③ 孙炜. “我们是谁”：大众媒介对于新社会运动的集体认同感构建——厦门PX项目事件大众媒介报道的个案研究. 新闻大学，2007(3).

网络暴力甚至会从网上走到网下，直接地干扰公民正常的生活。因此我们要辩证地看待网络动员的作用，既要利用网络动员的正面作用，又要加强网络冲突管理，努力地消除网络动员的负面作用带来的影响。

三 对既有研究的评价

（一）既有研究的贡献

1. 确立了多元化的研究视角

众多学者在对网络动员的研究过程中，确立了多元化的研究视角，即情感、理性和社会认同的视角。可以说，各种“不满”等情感因素是网络动员之所以能够成为可能并取得成功的初始条件。网络动员的对象往往是一群愤愤不平的人，他们的不满通常是一场网络动员过程的开端，同时，个人在参与网络动员的过程中也掺杂着各种利益考量和利益计算，真实的行动者是一个情感和理性的综合体，不能将两者割裂。同时人们参与集体行动的过程也是一个社会建构的过程，这种建构对于社会认同的形成具有重要意义，而社会认同则是人们参与集体行动的必要条件。在网络动员冲突管理的研究中，情感、理性和社会认同的视角可以作为一个有效的切入点。

2. 突出了认知和情感在网络动员中的作用

一般地说，动员的成功发起既涉及到物质利益等客观因素，也会涉及到认知、情感和意志等主观因素。在转型期的中国，由于社会压力的加大，非直接利益性的社会冲突日益增加，认知、情感和意愿等主观因素在动员人们参与集体行动以及冲突的升级方面发挥着重要作用。特别是在网络社会，由于互联网信息迅速传播的特征，许多网民可以轻易地跨越时间和空间的障碍，而在全国范围内响应和参与某些集体行动，推动他们的动力往往与利益因素无关，而更多地是认知和情感等主观方面的因素。

许多学者通过网络集体行动的研究，特别强调认知和情感在网络动员中的重要作用。例如，网络动员的情感视角就特别强调作为主观因素的情感，是网络动员能够成功发起的重要条件。社会建构理论也强调认知因素是人们建立社会认同、参与集体行动的重要因素。网络动员对情感和认知等主观因素的重视和强调，有助于我们理解在网络社会促使人们响应动员、推动人们参与集体行动背后的重要因素。

（二）既有研究的不足

1. 重视网络动员的负面作用而忽视了其正面作用

众多的研究者都把研究的关注点放在网络动员和冲突升级关系的研究上，认为网络动员的结果往往带来社会秩序的失控和社会冲突的升级。某些研究者甚至存有一种基本的价值判断和价值预设，即网络动员是负面的，要加强对互联网的管理和控制。而网络动员对冲突化解的正面功能没有得到人们的足够重视。目前有关网络动员的研究主要集中在互联网作为一种传播媒介，是如何导致冲突升级并引发网络群体性事件的。只有诸如业主维权、网络救助等有限的案例支持了网络动员的积极效果，并且这种支持往往都是建立在对案例分析的经验基础之上，缺少理论的厚度。

2. 网络动员对不同群体的影响研究不足

网络动员是推动许多大规模的公共冲突产生、扩散、升级的重要机制，这一点已经取得了人们的共识。但是网络动员对于不同的群体诸如强势群体和弱势群体而言有着何种不同的影响和作用，这点却很少得到人们的关注。例如在西方发达国家，由于存在着各种实质性的意见表达渠道，当不同群体或成员之间发生冲突时，他们一般都可以通过制度化的渠道来解决这些冲突，因此网络动员对于化解冲突的作用就不如中国如此明显。在我国，由于利益表达渠道的受阻，许多弱势群体不得不借助互联网来吸引人们的注意并通过社会舆论压力来倒逼政府解决问题。这就意味着网络动员对于弱势群体和强势群体的影响截然不同，而以往的研究在这方面的关注度明显不足。

3. 网络动员对行动者或者冲突双方主观因素的影响研究不足

网络动员的研究特别强调认知和情感等主观因素在动员人们参与集体行动方面的重要作用，而网络动员对行动者或者冲突双方的主观因素方面是否存在影响以及存在何种影响，明显研究不足。我们不仅要研究认知和情感等主观因素是如何影响人们响应动员，参与集体行动的，同时，我们还应该研究网络动员对于行动者或者冲突双方的认知、情绪、评价和意愿等主观方面的影响，因为只有通过行动者这些主观因素的变化，我们才能深刻地把握住冲突升级和扩散的全过程。而目前有关网络动员的研究中，网络动员从整体上对行动者的认知、情绪、意愿和评价的影响研究依旧十分缺乏。

第三节 基本概念与理论基础

一 基本概念阐述

（一）网络动员

“动员”一词最初用于军事领域，是与战争相伴而生的一种军事行动，主要指战争动员，其本质是国家资源由民用向军用的转化。[①] 依据相关资料，“动员”一词最早出自 18 世纪后期的法国，一战以后，这一概念被普遍采用，并不断被赋予新的含义，泛指：“发动人们参加某些活动”。[②] 动员按照动员方式和主体主要可以分为“对社会进行的动员”和“由社会进行的动员”。

本文所讲的网络动员是在狭义意义上使用的，即一种“由社会进行的动员”或者说是一种“自下而上”的动员方式，它强调这种动员方式对普通成员的赋权作用。

许多学者从不同的角度对网络动员进行了定义和研究，如章友德和周松青认为，网络动员是社会动员的一种类型，它以

---

① 谭东生.战争动员学.北京：军事科学出版社，1997，20.

② 吴景亭.战争动员.北京：解放军出版社，1988，2.

网络为媒介，发布和传播信息，对网络参与者施加影响，已达到预期的目标。[①] 刘琼认为，网络动员是以互联网作为工具而进行的社会动员，依靠网络、手机等现代科技手段，互相沟通、组织串联，在无组织、无领袖的状态下，集体开展的特定群体活动，并采取实际行动的组织过程。[②] 丁慧民等人认为，网络动员是以互联网为媒介，在缺乏专业领导者的弱组织化状态下所进行的一种社会运动，行为人在动员中一般需要有“实际”的付出（金钱或者行为主体的物理集结与在场），大部分动员活动以网下规模不等的群众活动为终点，实现网络动员与现实动员的对接。[③]

总的来说，这些研究者都认为，网络动员具有如下基本特征：

第一，网络动员是社会动员的一种重要方式。

第二，网络动员主要以博客、论坛、QQ（群）、电子邮件等作为动员的载体。

第三，网络动员是引导人们参与集体行动的过程。

此外，网络动员之所以能够成功发起，在很大程度上是由于它引起了人们的认同和感情共鸣。具体地说，网络动员通过改变影响人们的认知、情绪、价值判断和意志形成了某种“认同”或者是“意义的建构”。因此，网络动员过程常常包

---

① 章友德，周松青. 资源动员与网络中的民间救助. 社会，2007(3).

② 丁慧民，韦沐，杨丽. 网络动员及其对高校政治稳定的冲击与挑战. 北京青年政治学院学报，2006(2).

③ 刘琼. 网络动员的作用机制与管理对策. 学术论坛，2010(8).

括信息的传播、情绪的感染、评价的趋同以及共同意志的形成。

根据以上的分析，本文认为，网络动员是社会成员以互联网为媒介而引导人们关注和参与集体行动的过程，这种过程常常推动了信息的传播、情绪的感染、评价的趋同以及共同意志的形成。

网络动员的核心依然是思想动员，通过在网络上发布信息引起人们的态度、价值观和期望等发生变化，而其最终的目的是希望人们支持并参与行动。这样网络动员就主要分为初始动员和二次动员。初始动员主要是一种思想动员，通过信息的发布，希望事情引起人们的关注。二次动员是在初始动员的基础上，希望不仅在思想观念上发生变化，更要参与行动。这种行动既有可能发生在纯粹的互联网虚拟场域，也有可能由网上走到网下，直接在现实生活中采取行动。

根据动员的指向不同，网络动员主要分为网络救助、网络维权、网络娱乐、网络消费和网络异议等，本文主要是在社会冲突的框架内研究动员是如何影响社会冲突的发展，因此网络维权、网络抗议或网络抗争现象是本文的主要研究对象。

（二）集体行动

目前，有关转型期的社会冲突问题成为社会研究的热点。在这类文献中，社会冲突、集体行动、集群行为、集合（聚合）行为以及维权行动等有关概念都是一组具有家族相似性的概念。本文把集体行动概念作为研究网络时代我国社会矛盾和冲突的一个统摄性概念，在网络动员的过程中，人们参与社会冲突的过程就表现为一种集体行动，在运用这些概念的过程中，本文并不打算做严格意义上的区分。

目前有关集体行动的界定，主要集中在两个方面：一是广义的集体行动，是指由一定群体参与的、具备多种形式的社会冲突的共同属性行为。[①] 事实上，布鲁姆(Herbet G. Blumer)教授也是在此意义上定义集体行动的，他认为，广义的集体行动就是泛指不特定的多数人参与的群体集体行为。二是狭义的集体行动，是指多数人参与的体制外的群体行为。代表性的研究如赵鼎新认为，"所谓的集体行动，就是指有许多个体参加的、具有很大自发性的制度外政治行为"。[②] 这种界定在很大程度上类似于我国的"群体性事件"研究的范畴。

本书所研究的集体行动，主要采用广义上的含义，但是，我国当前的集体行动又具有明显的狭义集体行动特征。概括地说，我国的集体行动主要具有以下几个方面的特征：第一，这种集体行动表现为有不特定的多数人参与的群体行为；第二，这种集体行动主要表现为一种制度外的政治行为，在我国突出地表现为各种各样的群体性事件，同时也可能是一种体制性行为，如政府通过网络动员号召人们参与社会抗灾和社会救助等；第三，集体行动往往是弱组织化的，有的集体行动根本就缺乏专业的组织和领导者。

---

① Bert Useem. Breakdown Theories of Collective Action, *Annual Review Social*, 1998(5).

② 赵鼎新. 社会与政治运动讲义. 北京：社会科学文献出版社，2006，2.

（三）社会运动

在现有的文献中，对社会运动的研究主要是从运动组织化程度、运动行为、运动持续时间和运动目标等角度展开研究的。最典型的研究如赵鼎新认为，“所谓的社会运动，就是由许多个体参加的、高度组织化的、寻求或反对特定社会变革的制度外政治行为”。[①] 赫伯（Rudolf Heberle）概括了社会运动必须具备的两个基本条件：“社会运动必然是一群人有组织的行动，一般人所说的时代潮流或时代风尚，因其为无组织的行动，故不得称为社会运动；社会运动必然有其目标，而且大体上说它的目标总是要求改变当时的现状。在上述两个条件之下，社会运动是以普遍利益为对象，而其活动范围可广及一洲，甚至可遍及世界。”[②]我国学者单光鼐认为：“对于‘自下而上’的体制外行为，若依其诉求、组织化程度、持续时间和对制度的扰乱程度四个维度，可以将其排成一个谱系，即集体行动、适合运动和革命”。[③]

总的来说，社会运动具有以下基本特点：(1)从组织化程度上看，相对于集体行动而言，社会运动具有较高的组织化程度。而相对于革命而言，其组织化程度偏低。社会运动的组织化程度介于集体行动和革命之间。(2)从运动目标来看，社会运动

① 赵鼎新.社会与政治运动讲义.北京：社会科学文献出版社，2006，2.

② 转引自陈国钧.中外社会运动比较研究.台北：中央文物供应社，1951，2.

③ 覃爱玲.“散步”是为了避免暴力——中国社会科学院社会学所研究员单光鼐专访.南方周末，2009—01—14.

一般具有明确的目标和诉求，他们寻求某种程度的变革，但并不反对现行的社会制度，从而得以与革命相区别。(3)从运动持续时间来看，社会运动的发起和成功往往会持续一段较长的时间，从而与突发性的群体性事件相区别。(4)从运动行为来看，起初的社会运动往往都是一种制度外的政治行为，但随着社会的发展，现代的社会运动往往被纳入体制的轨道。(5)从运动的理念来看，大多数的社会运动都有一种话语和意识形态的支持。

由上可知，我国目前的社会冲突，大多数都不是一种社会运动，一般性的社会冲突和社会运动在组织化程度、持续的时间以及意识形态的支持等方面都相去甚远。中国目前真正意义上的社会运动极其有限，但本文依然借鉴了社会运动理论的相关研究成果，主要基于这样的考虑：目前社会运动的研究成果比较成熟，其对于社会冲突的研究具有一定的借鉴意义。特别是有关社会冲突或者网络群体性事件的情感因素和非理性因素都曾经是社会运动研究的重点。随着社会的变迁，中国出现了各种形式的个体或集体性社会抗争行为，西方的社会运动理论对于转型期社会冲突的研究依然具有一定的解释力。

(四) 冲突管理

顾名思义，冲突管理是一种基本的管理方法，是指对社会冲突进行干预和处理的各种策略和手段的总和。冲突管理具有广义和狭义之分。广义的冲突管理包括冲突预防(Conflict Prevention)、冲突处置(Conflict Settlement)、冲突化解(Conflict

Resolution)和冲突转化(Conflict Transformation)。[①] 在此意义上，冲突管理囊括了冲突发展的整个周期，从冲突的预防、冲突爆发到冲突化解和冲突转化的整个过程，都需要加强对冲突的管理。科多拉·莱曼(Cordula Reimann)也是在此意义上展开研究的。他认为冲突管理有三种路径，即冲突处置、冲突化解和冲突转化。[②] 在此研究基础上，常健教授和许尧对冲突管理的三个层次进行了研究和区分，并对当代中国的冲突治理的状况进行了层次分析和评价。[③] 狭义的冲突管理是指冲突控制(Conflict Regulation)或者冲突调解(Conflict Mitigation)，是指在冲突爆发之后，如何对冲突中的暴力进行削弱和控制的行为。所以有的学者认为，冲突管理主要关注的是冲突过程中的暴力因素，并对冲突进行必要的调解和控制，防止冲突中暴力的运用，但并不一定要解决冲突。[④] 因此，冲突管理是在冲突预防和冲突化解之间的一个中间环节，处在冲突发展的中期。大多数的冲突管理都将限制暴力的使用作为管理的中心，并将冲突置于政治层面予以解决。[⑤] 可以说，狭义的冲突管理主要是指将冲突维

---

① Niklas Swanstrom. Regional Cooperation and Conflict Management：Lessons from the Pacific Rim. ProQuest LLC，2006.

② Reimann C. Assessing the State of the Art in the Transformation—Reflection from a Theoretical Perspective，http：//www. berghof-handbook. com.

③ 参见常健，许尧. 论公共冲突治理的三个层次及其相互关系. 学习与探索，2011(2).

④ Fred Tanner. Conflict Prevention and Conflict Resolution：Limits of Multilateralism. *International Review of the Red Cross*，2000(8).

⑤ William I. Zartman. Towards the Resolution of International Conflict. *Conflict Resolution Review*，2003(10).

持在一个适当的水平，以防止冲突的升级和暴力的使用。

本文主要是从冲突管理的广义含义上展开研究的。概括地说，冲突管理主要具有几个方面的特征：(1)从过程上看，冲突管理囊括了从冲突预防到冲突处置、冲突化解和冲突转化的整个周期。(2)从重点上看，冲突管理的过程尤其注重消除各种暴力以及与暴力相关方式的运用。(3)从对冲突的认识上看，冲突管理理论认为冲突是普遍存在的，但并不是所有冲突的后果都是有害的，有时候冲突也能发挥建设性的作用。(4)从目标上看，冲突管理的目标可以从质和量两个方面加以规定。[①] 从质上说，公共冲突管理的目标，是充分利用和积极引导公共冲突的正面功能，努力抑制和设法转化公共冲突的负面作用。从量上来说，公共冲突管理的目标是控制冲突的升级，将公共冲突限制在适当的程度、范围和时间段内，以便使其正面的功能得到更充分的发挥，负面作用得到更有效的抑制。冲突水平过高或者过低都具有同样的危害性，冲突管理的目标就是要适当地、合理地控制冲突，对破坏性冲突加以正确的引导，使之变成强大的、具有建设性的动力。同时也要适当地诱发建设性冲突，发挥冲突的正面功能。

二　相关理论支撑

如前文所述，网络动员是引导人们关注和参与集体行动的过程。关于网络动员过程中社会冲突的研究和集体行动有很大

---

① 常健.公共冲突管理.北京：中国人民大学出版社，2011，14.

的相关性，因此，本文借鉴了集体行动理论作为本文的理论支撑。具体地说，主要包括以下几种理论：

（一）社会怨恨理论

社会怨恨理论着重强调社会怨恨是民众动员起来的根源，动员是人们迫切要求改变现状造成的。社会怨恨理论把集体行为与社会功能紧密地联系在一起，认为社会功能的紊乱会造成各种不同形式的集体行为，其中一些采取了利益群体的形式。

社会怨恨理论有两个基本假设：一是认为行动的参与者是非理性的；二是认为情感在集体行动中起着关键作用。社会怨恨理论以勒庞、布鲁姆、斯梅尔塞等为代表。

勒庞整个理论的核心是"心智归一"法则，即个人在加入集体时有着和个人独处是不一样的心理状态。有理性的个人一旦加入到集体行动中去，就会成为一群非理性的"乌合之众"。勒庞的理论对于解释网络动员过程中，人们为何会被动员起来参与社会冲突事件，特别是对于那些与事件本身没有直接利益关系的个体的加入仍然具有较强的解释力。

受勒庞的影响，布鲁姆提出了符号互动理论。布鲁姆认为，人们的聚众行为会与个人独处时表现的有所不同，这种聚众行为经常会相互感染，并相互模仿。布鲁姆把聚众行为的相互感染和相互模仿称为循环反应，它往往要经历三个阶段，即集体磨合、集体兴奋和群体感染三个阶段。在第一个阶段，这时候往往谣言开始出现并且被人们逐渐接受。在第二个阶段，人们的愤怒情绪增强。在第三个阶段，人们寻找情绪爆发的出口，并在情绪的支配下推动集体行动的发生。

斯梅尔塞的加值理论认为,集体行动的发生需要六个基本条件,即结构性诱导因素、结构性的怨恨和剥夺感、一般化信念的产生、触发集体行动的因素或条件、有效的动员以及社会控制能力的下降。其中,怨恨感和剥夺感是人们参与集体行动的助燃剂和推动器。

(二) 资源动员理论

资源动员是对社会怨恨理论的反动。社会怨恨理论强调情感和非理性的作用,资源动员理论则重新认识到理性的价值。资源的动员理论认为,社会矛盾的增加或者说相对剥夺感的增强并不一定会导致集体行动的发生,而是由于行动者所能够控制和利用资源的增加。资源动员理论认为,潜藏在人们心中的“怨恨”和“不满”,并不必然地促使人们参与集体行动。这种“怨恨”和“不满”仅仅是一种个体的心理状态,它要转换为集体行动,就必须经过一个“资源动员”的过程。资源动员理论有一个基本的假设,即人们参与集体行动并不是非理性的,而是人们进行利益考量和理性权衡后的结果。

麦卡锡和扎尔德是资源动员理论的奠基人,他们于1973年发表的《社会运动在美国的发展趋势:专业化和资源动员》宣布了集体行动研究者开始关注了资源的作用。他们认为,相对剥夺感和挫折感等因素的增加并不一定会导致集体行动,而且在一定的历史时期,这些因素经常保持不变。与此同时,集体行动和社会运动发生的数量和频率都大大增加了,因此社会怨恨理论无法对此做出解释,一个可能的解释就是行动者能够控制和利用的资源大大增加了。此后许多学者开始了资源动员的研究。如D.斯诺(David A. Snow)把组织和网络作为一种重要的资源，探讨其在资源动员中的重要作用。顾尔德(Roger V. Gould)则通过对1848年法兰西内战和1871年巴黎公社的动员过程的研究，指出非正式网络和正式网络在资源动员中都起着重要作用。

总之，资源动员理论认为，随着社会的发展，诸如时间资源以及互联网等物资资源对集体行动的重要性越来越高，大量的集体行动越来越依赖于这些外来资源而得以存在。

（三）社会建构理论

资源动员理论强调理性在集体行动中的重要作用，但与此同时，也走向了另一个极端，即忽略情感等微观机制的作用。社会建构理论是对资源动员理论反思的结果，它认为仅仅考虑结构、组织、策略和工具主义等因素是远远不够的，还必须考虑身份、符号、认同、文化、意义等因素在集体行动中的作用。正如克兰德尔曼斯(Bert Klandermans)认为："只有当社会问题被人们感知并赋予其以意义时才会成为问题，许多原本可以被视为严重的社会问题的状况并未成为公众讨论的话题，甚至未被察觉，所以也不可能激发集体行动……，在有关社会抗议的文献中，有一个见解正在赢得广泛的支持，即人们对现实的解释，而非现实本身，引发了集体行动。"①因此，人们参与集体的过程，首先是一个意义建构和身份认同的过程，即把冲突的双方建构为"我们与

① Bert Klandermans, Drik Oegama. Potential, Networks, Motivations and Barriers. *American Sociological Review*, 1987(52).

他们”、“弱势与强势”的对立。

社会建构的过程同时也是一个框架整合的过程。斯诺(David A. Snow)和他的学生提出了框架整合理论。所谓的框架整合可以是把若干具有相近(但是不同)的意识形态、价值或目标的组织通过运动目标和策略的改造而联合起来的过程,也可以是指一个运动目标和策略的转换从而把社会运动组织的意识形态、目标和价值与动员对象的利益和怨恨联系起来的过程。[①] 框架整合的过程就是从框架架桥(Frame Bridge)到框架扩大(Frame Amplification)、框架延伸(Frame Extension)和框架转换(Frame Transformation)的过程。除此以外,赵鼎新教授也提出了框架借用的解释框架。

(四) 冲突管理理论

冲突管理理论的目标并不是要消除目标,而是要把冲突控制在一个合理、适当的范围之内,以抑制冲突的负面作用,而对其正面作用加以引导和利用。冲突管理就是要通过各种技巧性方式和手段让冲突的发展和扩散不偏离正常的轨道和超过人们的心理接受度和容忍度。

美国学者布朗(L. Dave Brown)曾经对冲突水平与绩效之间关系,进行了研究,即冲突的水平过高或者过低都会导致绩效的低下,只有适度的冲突水平才有利于提升组织的绩效,如图 1.1 所示:

总的来说,为了发挥冲突的正面功能,抑制其负面功能,冲突管理主要侧重于以下几个方面的研究:第一,有关冲突管理的

---

① 赵鼎新.社会与政治运动讲义.北京:社会科学文献出版社,2006,212.

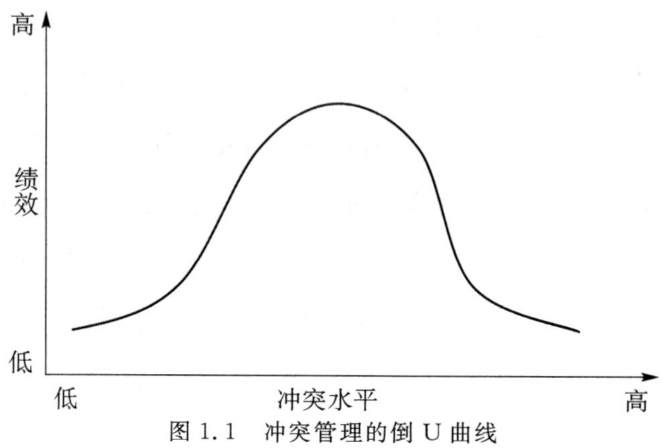

图 1.1　冲突管理的倒 U 曲线

具体策略和技巧的研究，如倾听、有效沟通、谈判和第三方干预等。第二，有关冲突过程或者冲突升级的研究，比如路易斯·庞蒂（Louis R. Pondy）的冲突五阶段研究、格拉斯（Friedrich Glasl）的冲突升级九阶段模型以及“结构转化”模型等。第三，有关冲突管理的机制和制度建设研究，如冲突管理的不同意见表达机制、对立观点的交流机制、冲突利益的整合机制、争议事项的裁决机制和对抗行动的制动机制。[①]

（五）扩大化模式理论

菲利普·艾格瑞（Philip E. Agre）是扩大化模式（Amplification Model）理论的主要代表。扩大化模式理论认为，“以互联网为代表的新媒介提升了公民的赋权感，使得他们感觉自己的能力和力量突然增强，因此提高了他们自主行动的能力”。[②] 扩

① 常健，许尧. 论公共冲突管理的五大机制建设. 中国行政管理，2010(9).

② Philip E. Agre. Real-Time Politics: The Internet and the Political Process. *The Information Society*, 2002(8): 317—320.

大化模式理论认为，互联网虽然提高了公民的赋权感和自主行动能力，但是它并不能独自地从根本上改变现存的力量，仅仅是增强了公民的力量而已。

具体地说，艾格瑞的扩大化模式主要有以下两层意义：①

第一，通过降低信息分享的成本，互联网增强了现存的聚集行动社群的力量。互联网降低了信息传播的成本，使民众能够轻易地获得有关集体行动信息，从而大大地降低了人们参与集体行动的门槛，增强了民众的自主行动能力。

第二，互联网使每个人能够与其社会网络中的任何人保持更为频繁的联系。集体行动的发起和进行需要进行信息的沟通和协调，而互联网则更方便于行动者协调其策略和行动。互联网对于协调人们之间关系最为重要的特征，就是互联网起到信息流的作用，成为信息传播的重要通道。互联网不仅使得民众在原有社会网络的交流更为便捷，它也大大地拓宽了民众的社会网络。互联网打破了人们交往的时间和空间的障碍，这对于协调集体行动，促使行动者之间的对话起到重要作用。

第四节　研究思路与研究方法

一　研究思路

目前，各种网络群体性事件频繁发生，在很大程度上，网络

① 许玲.网络行动：互联网时代的新媒介与对抗政治.武汉：华中师范大学出版社，2011，132.

动员都成为推动群体性事件发生和发展或者社会冲突爆发和升级的重要机制。因此,网络动员的研究就成为一种现实的选择,这就需要首先找出网络动员的规律性,如影响网民卷入网络动员的因素有哪些?什么样的网络动员策略更容易取得成功等。其次,网络动员作为一种改变冲突双方博弈格局的工具,它对冲突双方有何不同的影响?针对于网络动员对冲突管理的挑战,应该如何加强网络管理?这就是本文的研究思路。如图 1.2 所示:

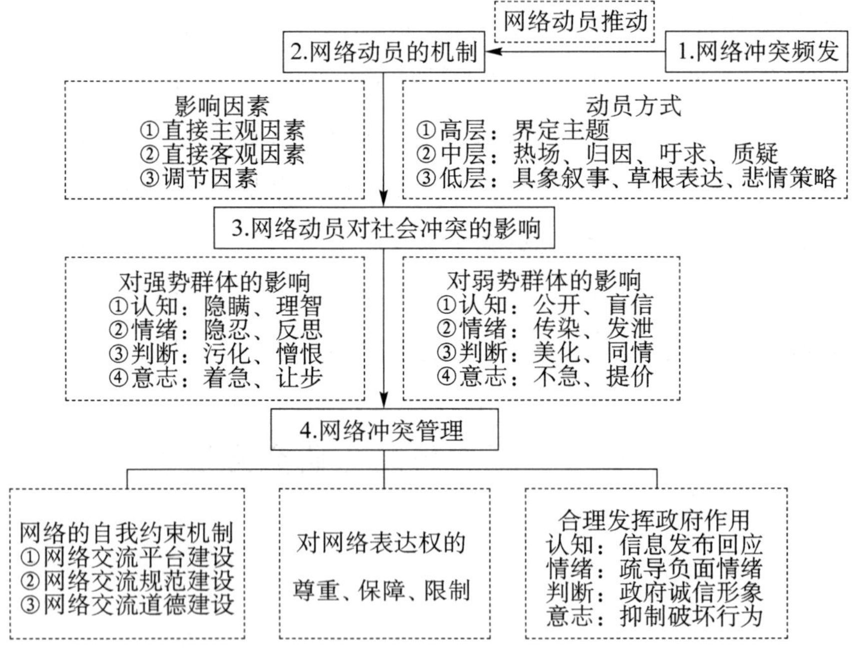

图 1.2　论文研究思路图

二　研究方法

（一）文献研究法

学者对于网络动员的研究起步于20世纪90年代，虽然这种研究的历史不长，但是由于网络动员与集体行动的密切相关性，对网络动员的研究离不开对集体行动的回顾和借鉴。因此，文献分析法就成为本文的主要研究方法。具体地说，本文主要通过国家图书馆、南开大学图书馆、CNKI和维普等各种文献数据库以及各种网站，对有关集体行动和网络动员的文献进行搜集、整理和归纳，从而搭建整体的研究框架。

（二）虚拟民族志

为了获取网络动员的最新资料以及捕捉网络动员的全过程，作者深入到互联网的虚拟场域，进行田野考察。具体地说，作者自从选定论题以来，几乎每天都会登录新浪微博、搜狐微博、天涯论坛、强国社区和西祠胡同等全国性的论坛，对有关动员的议题进行实时跟踪。例如为了更清晰、近距离地了解2010年“宜黄事件”的全过程以及网民是如何被动员起来进行回应的，作者不仅每天都深入天涯论坛和强国社区等全国性的论坛对事件的进展进行全程跟踪，作者也尤其关注当事人女儿钟如九以及网络意见领袖邓飞的微博，获取事件的最新进展情况以及有关动员的具体过程。

（三）案例研究法

针对本文特殊研究对象，案例研究方法必不可少。本文网络动员过程中社会冲突为研究对象，通过对大量网络冲突案例的分析和归纳，总结了网络动员的一般性规律，并且这种规律是否具有解释力，仍然需要回到具体的案例中寻求验证。具体地说，本文主要以近10年来的网络群体性事件作为研究的基本起点。此外，一些具有一定对抗性的网络热点事件，但是还没有演变成网络群体性事件，也是本文案例部分的重要来源。在对这些案例收集和整理的基础之上，概括出网络动员是如何生成的？并且网络动员导致冲突升级或者冲突化解的微观机制各是什么？因此，案例的搜集和分析是本文研究的重要基础和前提。

第二章　网络动员的基础、载体和特征

社会动员是一种常见的社会现象，人们依靠集体的力量来参与行动，克服冲突和危机，都需要一个动员的过程。互联网的出现把社会动员推进到一个新的层面，赋予社会动员新的特点和形态。网络动员之所以成为可能，从宏观上说是由于互联网革命为其提供了技术基础，同时大量网民的出现为其提供了庞大的人力基础。互联网主要依托于QQ群、网络论坛和博客等载体进行组织和动员，与传统动员相比，网络动员有自己的明显特征。

第一节　网络动员的基础

技术决定论者认为技术的变迁会导致整个社会的变迁，他们片面强调了社会发展的技术特征，认为“技术发展是内生动力的唯一结果而不被其他因素所影响”①。与此相对应，社会决定

---

①　安德鲁·查德威克.互联网政治学：国家、公民与新传播技术.任孟山译.北京：华夏出版社，22.

论者坚决反对技术决定论者的“技术中心主义”价值观，认为正是社会塑造了技术，技术是一种中立工具。在很多学者眼中，技术并没有什么特殊之处，他们更关注催生技术的社会力量，比如有影响力的团体、阶层和个人等。尽管技术决定论者和社会决定论者的主张都过于偏执，无疑，技术变迁始终是社会发展的重要动力，人则是社会发展过程中的核心因素。互联网革命的爆发以及由此而带来的结果就是“舆论导向”逐渐由精英走向大众，这都为大规模的网络动员的发生创造了条件。

一　技术基础：互联网革命

互联网的出现是人类科技史上一场伟大的革命。如果说，蒸汽机是18世纪最伟大的发明，把人类带进了“蒸汽时代”；发电机是19世纪最伟大的发明，把人类带进了“电汽时代”；那么，互联网无疑是20世纪最伟大的发明，并由此开启了“知识经济时代”。互联网的诞生加快了信息的生产、更新和传递，降低了信息获取的成本，加快了社会动员的节奏和步伐，为大规模的社会动员提供了技术基础。

（一）媒介的变迁

现代社会是一个技术社会，人类发展的每一步都伴随着传播技术的进步。从口传到书写和印刷，再从书写和印刷到电子传播，每一次传播方式的出现都给社会、文化和人的思维方式带来巨大变化。从媒介演化的角度去解读历史，有四种基本的技术革命，一是拼音文字的发明，它打破了原始部落人感官的平衡，突出了视觉的作用；二是16世纪后印刷机械的推广，加快了感官失衡的进程。印刷机械的推广，使得人们更加开始依赖视觉，从而加剧了听觉和视角的失衡；三是1844年电报的发明，预告了电子时代的来临，因为电子技术要恢复人的感官平衡，因此促使人重新部落化；四是网络时代，也就是所谓的新“部落人”时代。① 互联网打破了时间和空间上的差异，更能实现人的视觉、听觉乃至整个中枢神经的延伸。正如著名的传播学者麦克卢汉教授所言，“电子媒介造成的重新部落化，正在使这颗行星变成一个环球村落”。②

这种传播方式的变革首先是一种媒介革命，它大大地丰富了信息传递的方式，拓宽了信息交流的通道。从人类社会的发展史来看，信息的生产和消费是人类生存和发展的基础。在大众媒介出现之前，人们往往是通过身体的接触和暗示，如微笑和打手势等方式来传递信息。受到自身禀赋的限制，这种信息的传递方式极为有限，并给人们带来了诸多不便。由此人类便有了突破人体器官这种内生性媒介的限制和束缚的内在要求，于是一些辅助性的工作开始作为中间介质传递信息，文字的发明使得人们步入了大众媒介时代，信息的流动速度由此加强。这也就是麦克卢汉所言的“媒介即人的延伸”。他认为：“正是媒介

① 参见胡泳.众声喧哗：网络时代的个人表达与公共讨论.桂林：广西师范大学出版社，2008.

② 马歇尔·麦克卢汉.理解媒介：人的延伸.何道宽译.北京：商务印书馆，2000，76.

塑造和控制着人类交往和行为的尺度和形式，社会的形成在更大程度上总是决定于人们相互交流所使用的传播媒介的性质而不是传播内容。”[①]

以图书、期刊、报纸和电视等为代表的传播媒介预示着大众媒介1.0时代的到来。[②]“大众媒介1.0时代的大众媒介功能属性是单一化的，即仅仅承担着信息传播载体的功能。”[③]但随着人们交往的广度和频次的增加，大众媒介1.0时代的信息交流方式远远不能满足人们的要求，这种信息的生产和消费方式具有僵化性和滞后性等特点。最主要的是大众媒介1.0时代的大众媒介缺乏多人的即时互动性，读者（或观众）之间的信息交流往往是线性、单向和单维度的。图书、报刊、杂志、电视等大众媒介采用两分法的世界观来看待世界，把世界划分为生产者和消费者两大阵营，我们不是作者就是读者，不是表演者就是观众等，这是一种一对多的传播方式。与大众媒介1.0时代的信息传播方式相反，互联网是一种多对多的传播。在网络上，我们每个人不仅被动地消费信息，也可以主动地生产信息。互联网有着一个与传统媒体截

---

① 麦克卢汉·秦格龙.麦克卢汉精粹.何道宽译.南京：南京大学出版社，2000，82.

② 参见喻国明.中国社会舆情报告(2011).北京：人民日报出版社，2011.喻国明教授根据人类媒介的发展史，把大众媒介的发展分为前大众媒介时代，大众媒介时代和大众媒介2.0时代。其中在前大众媒介时代，人们主要依靠内生性的媒介即人体器官来进行交流，在大众媒介1.0时代，图书、报纸、期刊、杂志、电视等作为人体的延伸，成为大众媒介1.0时代来临的标志。但在大众媒介1.0时代，信息的交流较为僵化和滞后，人们无法进行即时的双向沟通和互动。以博客（微博）、QQ、论坛等为代表的介质预示着人类进入了大众媒介2.0时代，即时的交流和互动成为可能，人类社会步入了网络媒介时期。

③ 喻国明.中国社会舆情报告(2011).北京：人民日报出版社，2011，1.

然不同的性质，即具有较强的多人互动性。① 特别是博客、论坛、QQ 群等的兴起将人们推进了大众媒介 2.0 时代。在大众媒介2.0时代，在某种程度上，互联网将信息的生产和消费推向了一个"高浓缩"时代，这不仅表现为信息传播速度的加快，也表现为互联网可以快速集中相同或相似的意见。

互联网把人们带进了大众媒介 2.0 时代，是一场伟大的媒介革命。在大众媒介 2.0 时代之前，特别是在互联网出现之前，大众媒介主要是由媒体组织操纵和控制的，大部分普通民众缺乏在大众媒体上"发声"和进行意见表达的能力。而互联网则使得这一切有所改变，特别是随着博客、微博和轻博客等的兴起，民众的话语权得到了极大提升，互联网也开始成为一种真正的"共和媒体"(Republic Media)或者"参与性媒体"(Participatory Media)。

互联网的兴起和发展在颠覆传统的动员方式的同时，也为社会动员增加了新的因素。互联网往往能够即时报道某个突发事件，将地区性、局部性和带有某种偶然性的问题，变成全民"围观"的公共话题。人人都可以充当某种事件的见证者和参与人，"公民记者"的时代已经悄然来临。正如有的学者所指出的那样，在大众媒介 2.0 时代，"当今年轻读者在获取信息方式上的多样性，正是新型报道方式的催化剂。他们能够熟练地运用互联网的搜索引擎，从各个角度不同深度了解他们想知道的问题，他们也可以通过互联网的论坛，就某些问题和别人进行交流，他们也可以

① 虽然电话也有着较强的互动性，与互联网相比，这种互动性往往更加直接和深入。但是，这种活动性往往发生在两人之间，诸如互联网的那种大规模的现场互动并不现实。

通过电子邮件的方式和他们需要了解的当事人进行一对一的接触，而不受时间和空间的限制。这就使我们的传统媒体面临着一个严峻的挑战。我们的读者已经不必等着报纸和杂志为他们做好的半生不熟的新闻产品，他们完全可以自己下厨。”①

（二）媒介生态环境的变化

互联网的出现改变了我国的媒介生态环境，网络开始成为人们进行信息生产和消费主要载体之一。媒介格局的改变是互联网与不同的大众传媒竞争的结果，正如曼纽尔·卡斯特所言：“互联网展现了有史以来最快速的沟通媒介穿透率：在美国，收音机广播花了30年才涵盖了6000万人；电视在15年内达到了这个传散水准，全球信息网发展以后，互联网只花了3年就达到了。”②传统的以图书、报纸和杂志等为代表的传播介质虽然仍然发挥着重要作用，但是互联网正日益成为人们了解信息的重要窗口。正如2005年中国社会科学院调查的那样，“在被访网民中，平均每天使用网络的时间已经是其他媒体的至少一倍。在满足人们日常的交流需要中，网民不仅在双向的交互式的交流中首先选择网络，而且在了解国内外新闻、获得生活信息、求知和娱乐等传统媒介占有优势的领域全面超越传统媒介而选择使用网络。”③

---

① Dan Gillmor. Here Comes “We Media”. Columbia Journalism Review，2003(6).

② 曼纽尔·卡斯特.网络社会的崛起.夏铸九等译.北京：社会科学文献出版社，2003，21.

③ 郭良.2005年中国5城市互联网使用现状及影响调查报告.新华网：http://news.xinhuanet.com/ec/2005—07/07/content_3186829.htm.

在获取信息途径方面，互联网是网民获取信息的主要来源，网民选择互联网来获取信息的比例高达85.0%，接着是电视和报纸，分别占66.1%和61.1%。此外，杂志、书籍和广播等也是网民获取信息的重要途径。总体来说，中国的媒介生态格局已经发生了重要变化，对于网民这个特定群体来说，互联网已经成为网民获取信息最主要的途径，如图2.1所示：

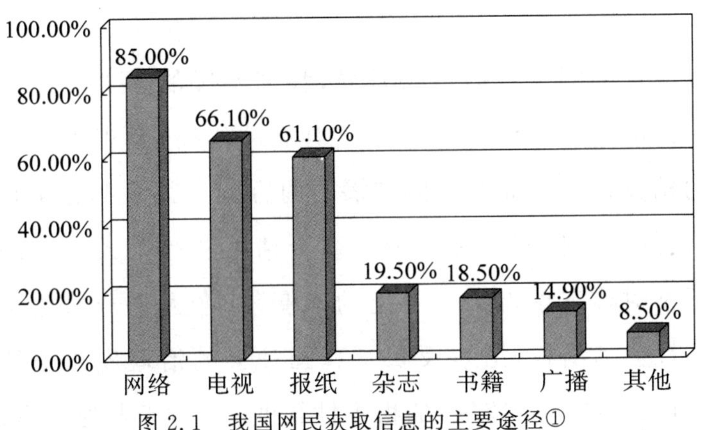

图2.1　我国网民获取信息的主要途径①

数据来源：第19次中国互联网发展统计报告。

① “网民”的概念目前尚未形成统一的认识。“网民”最早是由米歇尔·霍本(Michael Huben)提出来的。他认为网民是指非以地理区域为依据所形成的，具有社区意识的、相互发生行为联系的一群网络使用者。虽然也有的学者指出并不是所有使用过互联网的人都被称作网民，应该用网络使用者的行为效果的角度来衡量网民，而是必须在个体自我意识上、对网络使用的态度上以及网络行为的效果特征上来定义网民，即强调网民的正面作用。但是，目前国际上通用的标准是把单位时间内人们上网的时间作为界定网民的标准。国际上通常把“半年内上过网的人”定义为网民。中国互联网络信息中心(CNNIC)也曾经给“网民”下过定义，在第19次以前的中国互联网发展统计报告中，认为网民是指互联网网民，指平均每周使用互联网至少1小时的公民。但是随着互联网用户的迅速增长，特别是为了实现国际接轨，CNNIC也开始对网民的界定标准进行了更新。2007年1月，CNNIC把网民的统计口径从“平均每周至少1小时”调整为“半年内使用过互联网”，本文也是在此意义上定义网民的。详见郑傲.网络互动中的网民自我意识研究.成都：电子科技大学出版社，2007；中国互联网信息中心.中国互联网发展统计报告各卷等。

总之,互联网的出现是一场伟大的媒介革命,它加快了信息生产和消费的步伐,并且改变了我国的媒介生态环境。互联网为新时期的社会动员提供了技术支持,为社会动员增加了许多新的要素,并使得社会动员在短时期内大规模的发生成为可能。

二　人力基础:从精英到平民

随着互联网技术的日新月异,我国网民的主力经历了由精英到平民的蜕变。传统媒体是点对面的传播,代表了一种层层把关的精英话语。而互联网传播的内容则有很大部分来自于草根,平民的发言权相对更充分。社会精英和社会大众之间的信息分配不对称现象得到了一定的改变,社会大众开始逐步获得一定的社会话语权,这也反映了我国社会的治理模式正经历由"全景监狱"到"共景监狱"的根本性转变。① 对于普通公众而言,互联网不仅拓展了民众意见表达的空间,也在一定程度上推动了我国"公共领域"的形成。

① "全景监狱"是福柯对人类社会控制方式的一个比喻。福柯认为,在传统社会,社会管理者主要是通过信息不对称而实现社会管理的。这种管理结构与古罗马人的金字塔式的监狱十分相似:犯人被监禁在不同的牢房中,而狱卒则站在牢房顶端的观测室,这样,狱卒就可以轻松地监测到犯人的一言一行,犯人则看不到狱卒,即使是狱卒在偶尔缺席的情况下,犯人也一无所知,并且遵守着同样的规则。它用来比喻在网络社会之前,普通公民与社会精英由于信息占有的不平衡,而处于一种不对称的社会地位。社会精英牢牢地掌握着社会话语权,通过信息的不对称而实现有效的管理和控制。与此相对应,"共景监狱"则是一种围观结构,它是对信息资源垄断的"全景监狱"的一种反动。在这种结构之下,普通公民和社会精英之间的信息占有和分配实现了相对的平衡,普通网民也逐步成为信息生产的主力,并设置着社会的公共议程。

(一)网民推动了我国“公共话语领域”的形成

近年来,随着网络技术的发展,互联网逐渐成为人们进行意见表达和意见综合的场所。人们开始就感兴趣的话题在互联网上展开讨论,“在网络中,一个针对社会问题的公共讨论空间,即公共领域正在形成。”①

公共领域的概念最早由美籍德裔女思想家汉娜·阿伦特提出。阿伦特特别强调公共空间对于公共领域的重要意义。她认为:“世界若欲包含一个公共空间,它就不能是为某一代人而建立起来的,也不能只是为活着的人设计出来的,它必须超越凡人的生命大限。没有这种向着潜在的尘世永生的超越,任何政治,严格说来,任何共同世界和公共领域都是不可能存在的。”②阿伦特认为公共领域是专供个人施展个性的。这是一个证明自己真实的和不可替代的价值的唯一场所。在她看来,人只有超越私人利益,才有可能真正地构筑起公共领域。

哈贝马斯是公共领域研究的集大成者。在他看来,“所谓的‘公共领域’,我们首先意指我们生活的一个领域,在这个领域中,能够形成像公共意见这样的事务。公共领域原则上向所有公民开放。公共领域的一部分由各种对话构成,在这些对话中,作为私人的人们来到一起,形成了公众。……他们可以自由地

---

① 黄丽娜.论正在形成的网络公共领域.西南交通大学学报(社会科学版),2008(5).

② 参见汉娜·阿伦特.公共领域和私人领域.见:汪晖,陈燕谷译.文化与公共性.北京:三联书店,1998,86.

集合和组合，可以自由地表达和公开他们的意见。……今天，报纸和期刊就是这种公共领域的媒介。”[①]在哈贝马斯看来，公共领域是一个向所有公民开放、由自由和对话组成的、旨在形成公共舆论、体现公共理性精神的公共空间，在这个空间中，以报纸和杂志等大众媒介作为公共领域的媒介。不仅如此，哈贝马斯认为公共性是公共领域的核心概念，而批判性则是公共领域的本质特征。“本来意义上的公共性是一种民主原则，这倒不是因为有了公共性，每一个人一般都能有平等的机会表达其个人倾向、愿望和信念——即意见；只有当这些个人意见通过公众批判而变成公共舆论时，公共性才能实现。”[②]在哈贝马斯看来，公共领域不仅是介于公共权力领域与私人领域之间，公共性和批判性是公共领域的基本原则，公共领域的功能是“让公开事实接受具有批判意识的公众监督”。[③]

正是由于强调公共领域的批判性特征，有些学者认为，网络空间经常充斥着各种非理性声音和众声喧哗，因此否认网络公共领域的存在。[④] 但是随着网络技术的进步，互联网逐渐成为现

---

①　参见哈贝马斯.公共领域.见：汪晖，陈燕谷译.文化与公共性.北京：三联书店，1998.

②　哈贝马斯.公共领域的结构转型.曹卫东等译.上海：学林出版社，1990，152.

③　同上书，121.

④　持此观点的学者还认为公共领域是哈贝马斯针对西方的历史发展阶段提出来的学说，有一种“以西方为中心”的倾向，如果盲目地运用于中国的互联网空间，会出现一种“水土不服”，对于我国来说，公共领域是一种非常理想化的概念。参见郑萍.中国传媒公共领域探究——基于学界的争论.中国行政管理，2010(1)；李怀.哈贝马斯的“公共领域”及其现代启示.西北师大学报(社会科学版)，2002(6)；陈洁.BBS：中国公共领域的曙光.中国青年研究，1999(5).

代社会中最具有哈贝马斯“公共领域”精神实质的反驳。沙哈(Dhavan V. Shah)教授就认为,互联网促进了在线网络的讨论,因此推动了公共舆论的形成,并促使网民对讨论的事件再次框架化(Reframing),因此可以被视为新生的公共领域。[①] 公共领域的活动空间由实体的咖啡馆、茶馆等变成了网络上的虚拟空间,从形式上看,各种网络论坛、微博(博客)、MSN 以及 QQ(群)等即时通讯方式共同构筑了一个网络公共话语领域。同时,公共性和批判性依然是网络虚拟领域的主要特征。由于互联网的匿名性和隐蔽性的特点,为人们提供了开放、平等的沟通互动环境,人们可以自由地参与到对公共事务的讨论中来,可以提出并质疑任何言论,并发表批判性意见。“网络空间的形成和发展已经超越哈贝马斯公共领域理论的设想,已经成为公众自由进行话语交流的新型公共领域,形成多元化的交往特征。”[②]由此,正是互联网的匿名性、交互性和开放性等特点,成为“保障公众话语权,就公共问题、公共事务进行自由讨论辩论,形成公共舆论的新型传媒公共领域”。[③] 从“孙志刚事件”引发的网络公共领域的大讨论,到“华南虎事件”中的挺虎和拍虎之争,再到“厦门 PX 事件”在互联网中的讨论、传播和动员等,都说明了由互联网所构筑的“公共话语领域”在整合公共舆论的同时,也在一定程度

① Dhavan V. Shavan, Jack M. Mcleod, Hyang Yoon. Communication, Context, and Community: An Exploration of Print, Broadcast, and Internet Influences. *Communication Research*, 2001(28).

② 罗艳. 网络时代的多元化公共领域. 青年记者, 2007(10).

③ 郑萍. 中国传媒公共领域探究——基于学界的争论. 中国行政管理, 2010(1).

上实现了对政府权力的约束和驯化。

互联网的出现导致了网络“公共话语领域”的形成，这一点对于网络动员和集体行动来说尤为重要。网络动员的成功发起固然需要对人们进行情感的激发，如果在互联网公共空间里缺失理性的思考和有建设性的批判和反思，网络动员极有可能会造成秩序的混乱，并把人们拖进黑暗的深渊。

（二）网民成为信息传播的主体

社会是由人构成的，网民是网络社会的基本构成要素。随着互联网技术的发展，网民逐渐成为信息交流和传播的重要主体。“网民在网络空间是以去中心化的方式连联和组织起来的，这彻底改变了传统工业社会从中心向边缘的信息传播模式与人际互动模式。在网络空间，即使处于最边缘、最底层的人，也可以同网络中的其他人一样，有着同样的表达意见的机会，也都处在一种自由、平等和直接的交流之中。”①特别是随着 QQ 群、MSN 和微博等新媒体的兴起，网民开始成为异常活跃的爆料者和信息桥，互联网也成为“民意直达高层的直通车”。

2013 年 1 月 15 日，中国互联网络信息中心（CNNIC）发布的《第 31 次中国互联网络发展状况统计报告》显示，中国的网民规模总体上依然呈稳定上升的态势，截至 2012 年 12 月底，中国网民的规模已经达到 5.64 亿人，互联网普及率攀升至 42.1%

---

① 黄少华，翟本瑞．网络社会学——学科定位与议题．北京：中国社会科学出版社，2006，24.

（如图 2.2 所示）。互联网为中国民众的民意表达开创了极其宽广的天地，5.64 亿的中国网民成为信息传播的主体，中国网民正在成为一支不可忽视的独立的媒体力量。

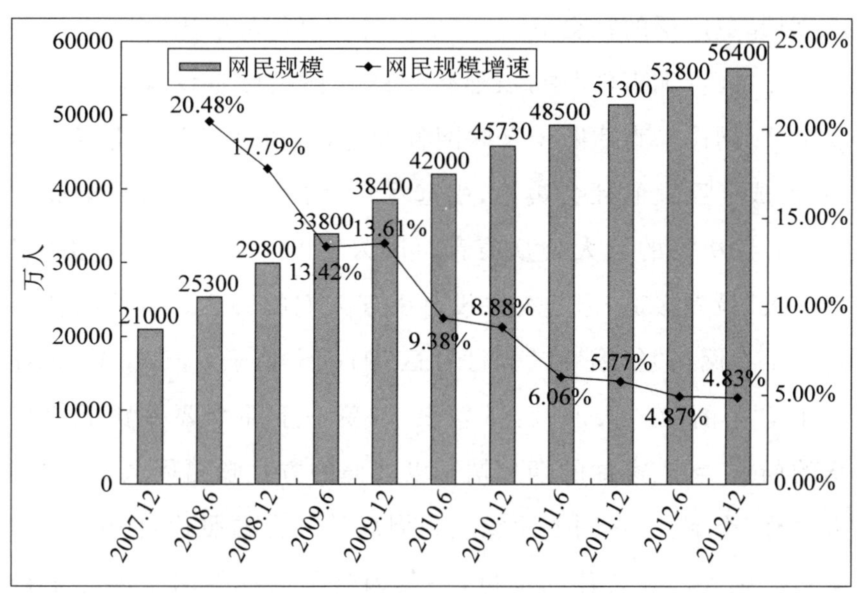

图 2.2 中国网民规模及其增长速度

数据来源：该图由笔者所绘。主要数据来源是中国互联网信息中心（CNNIC）发布的中国互联网网络发展状态统计报告。这些统计报告包括从 2008 年 1 月 17 日发布的“第 21 次中国互联网网络发展状况统计报告”一直到 2013 年 1 月 15 日发布的“第 31 次中国互联网网络发展统计报告”间的所有年份的统计报告。

互联网为公民的意见表达和意见综合提供了一个无限广阔的平台，为一个民主平等的公民社会的产生创造了前提条件。以发生于 2008 年的南京“天价烟事件”为例，不同地区、不同职业、不同年龄的网民的质疑和坚持不懈地追求事件真相成为这一事件的最大特点，各个层次的网民发布的信息成为推动事件进展的动力。互联网因其匿名性、开放性、互动性等特点，成为网民进行信息交流的重要平台。网民进行意见表达时，不再受到地域的限制，他们可以轻而易举地与远隔天涯的人实现舆情互动。在网络公共领域中，任何人都可以轻易地传播自己的观点，通过对事件的“加粗”和“细描”，最大限度地对事件进行还原，引起更广泛的社会关注，并最终推动事件的解决。

在“天价烟事件”中，虽然传统的媒体仍然是议程设置的重要主体，网民一直活跃于互联网各大论坛，通过信息的交流和沟通，形成了巨大的社会舆论，引起了广泛的社会关注，甚至成为影响有关决策的巨大公众声音。周久耕的不当言论虽然由《现代快报》最先报道，但起初并没有引起人们的关注。事情的转折点发生在网民“华阁”在“天涯社区”的一个帖子。2008 年 12 月 14 日，“华阁”在“天涯社区”发表了《赞一下那个要处罚低价售房的局长，看人家抽的烟》，帖子以戏谑的方式曝出周久耕吸“九五之尊”香烟。“在网上无意搜到周局长开会的照片，仔细一看，果然看到了这位公仆的本色，一条烟就可以抵下岗工人三个月的低保了。”[①]并且在配发的照片中，注明“这是南京卷烟厂出产的顶级‘九五之尊’烟，一条就要 1500 元!”[②]特别是这个帖子被版主加红、置顶作为重点推荐的帖子之后，受到了网民的热捧并迅速走红。网民纷纷进行转帖和跟帖，互联网成为人们了解周久耕事件的最初和最主要的信息来源。

网民的影响力正从虚拟空间拓展到现实世界中。网民构筑的互联网公共领域凸显了信息传播主体和渠道的发展状况。

---

① 华阁.赞一下那个要处罚低价售房的局长，看人家抽的烟. 天涯社区：http://www.tianya.cn/publicforum/content/develop/1/212539.shtml.

② 同上。

"联网构建的公共领域拓展了人们的交流平台,延伸了人们的表达能力,放大了人们的交流欲望,为更广泛意义上的平等提供了现实可能性。"[①]随着互联网技术的迅速发展,网民队伍的异军突起正在改变着我国的网络生态环境,成为信息生产和消费的重要主体。网民以互联网为媒介,对某些事关公共利益的事件发出自己的呼声(如"厦门 PX 事件","天价烟事件"等),这些言论汇集成社会舆论,对问题的解决起了积极的推动作用。

(三)"正义卫士"抑或"网络暴民"

由于我国网民素质的参差不齐,网民扮演这两种截然不同的角色。在网民构筑的互联网公共领域中,网民既有可能进行理性的交流和批判,成为社会正义的守护者,也有可能成为暴力的行使者。在社会动员的过程中,这两种不同的角色直接决定了集体行动的走向和冲突的对抗程度。

随着互联网的发展,越来越多的网民开始在网络的公共领域中进行意见表达和民主监督,成为一种"正义的卫士"。代表社会舆论行使对政治权力的监督是互联网的重要功能之一。孟德斯鸠就说过:"一切有权力的人都容易滥用权力,这是万古不变的一条经验。有权力的人们使用权力一直遇到有界限的地方才休止……,要防止滥用权力,就必须以权力制约权力。"[②]为此,孟德斯鸠主张三权分立原则,即权力必须分开行使,彼此独立,

---

① 蒋淑媛.网络媒介社会功能论.北京:新华出版社,2011,157.

② 孟德斯鸠.论法的精神(上册).张雁深译.北京:商务印书馆,1995,154.

相互制约。后来，人们把传媒看作是行政权、立法权、司法权之外的“第四种权力”。而互联网则是一种具有特殊性质的社会公器，为公众的政治参与和民主监督创造了条件，并推动了政治过程的透明化。

在“华南虎事件”、“厦门 PX 事件”和“天价烟事件”等公共事件中，我们可以看出以傅德志、“厦门浪”和“华阁”等为代表的网民为了探究事实真相、维护公共权益，在互联网上进行广泛的社会动员，推动了公共事件的发展，成为社会正义的卫士。正如齐杏发所言：“‘华南虎’事件中体现出的积极公民的身影，具有重要意义。事件表明，在当代中国，积极公民正在体现。本事件中的社会力量，无论是傅德志、郝劲松、国防科大的师生，还是亿万不知名的网民，他们与护照真相并无直接利益关联，他们在本次事件中捍卫的，正是现代民主意义上的积极权利。他们的行为，体现了当代中国积极公民的特征，反映了中国公民社会的发展。”①

同时，互联网也是网民众生喧哗的场所，这里充斥着各种非理性和网络暴力行为。互联网既可以成为民意表达的空间，也可以成为暴虐滋生的温床，既可以成为“民意表达”的直通车，也可以成为一部分人发泄的通道。在互联网的虚拟场域，网民在传播中拥有一定的传播权力，但由此带来的是互联网“把关人”职能的虚化和弱化。“网络带来的是一个没有守门员的信息时代，是一个任何人都可以解释新闻的时代。”②尽管有人认为网民

① 齐杏发. 意义与限度：华南虎照片事件中的公民社会视角. 社会科学家，2008(7).

② 李希光. 新闻学核心. 广州：南方日报出版社，2002，34.

的本质是公民，而非“网络暴民”，认为“‘网络暴力’是伪命题，如果我们把注意力过分集中在这个词汇本身，不但偏离解决问题的方向，而且我们自己也容易陷入以暴制暴的尴尬境地。”[①]但是，我国互联网场域充斥着暴力现象则是不争的事实。

在“死亡博客”事件中，我们见证到了网络暴力的威力。2007 年 12 月 29 日晚，女白领姜岩自杀后，其博客“北飞的候鸟”公布了丈夫王菲的婚外恋情。之后，网民对网民的行为极为愤慨，开始对其进行人肉搜索，并进而由网上的谩骂演化为一场现实中的暴力。更有部分网民到王菲和其父母住处进行骚扰，并在王家门口墙壁上刷写、张贴“无良王家”、“逼死贤妻”、“血债血偿”等标语。王菲父母的身份证号、姓名、照片和联系方式也都被网友公布到了网上，甚至有的网民打电话对其进行威胁和恐吓。网民的行为严重地影响了王菲及其家人的正常生活，构成了对其个人隐私权和名誉权的严重侵犯。

虽然有人认为暴民的存在是一种社会现象，“并不是网络造就了暴民，而是中国社会在转型过程中遇到了道德真空乃至需要道德重建的问题”，[②]但是借助于互联网的迅速传播，网络暴民的危害性更大，在这个每一个人都是一个没有执照的电台的时代，任何人都有可能成为网络暴民的受害者。正义和血性是这个社会所需要的，但正义必须有理性作为后盾，否则这种所谓的正义便只能是一种容易被人利用的冲突。网络暴力的要害是对个人

---

① 李方. 直斥网络暴民相当于以暴易暴. 南方都市报，2006—06—16.

② 谢小亮. 六成多网友认同主观恶意是网络暴民首要特征. 中国青年报，2006—09—18.

权利的侵害，这种侵害表现为一种极端的不宽容。对别人权利的尊重和保护也就是尊重和保护自己的权利，正如阿玛蒂亚·森所言："不论在何种情况下，对他人权利的侵犯都是绝对错误的"。[①] 网民在维护道德正义的同时，必须懂得尊重和保护少数者的权利，懂得分寸和规则，否则就容易演变成"网络暴民"。

网民的素质在一定程度上决定了社会冲突的走向。从积极方面看，网民可以作为"正义的卫士"，通过对社会热点问题的追踪和讨论，推动了民主政治的发展，反映了网民对公平正义的维护以及对伦理道德的坚守。从消极方面看，网民也有可能侵犯他人的权利。因此，网民要学会尊重和保护他人的权利，否则便有可能蜕化为网络暴民，而网络暴民无疑更容易受到情绪感染的刺激，推动冲突的扩散和升级，这也给冲突管理带来了很大的挑战。

第二节　网络动员的载体

大众传媒与集体行动的关系，始终是一个受到关注的课题。在媒介化社会，人们往往是通过媒体来了解情况，并参与行动的。可以说，"直到今天，所有的运动（或许是所有的政治）面临的一个决定性因素便是对大众媒介的依赖。"[②] 在互联网出现之

① Amartya Sen. Rights and Agency. *Philosophy and public affairs*, 1982 (11).

② 托德·吉特林. 新左派运动的媒介镜像. 胡正荣，张锐译. 北京：华夏出版社，2007，6.

前，电视、报纸、广播等传统媒体往往可以动员那些分散的社会大众参与集体行动。作为新兴媒体的互联网诞生后，它不仅改变了信息传播的方式，也实现了人类动员方式的变迁。电视、报纸和广播等传统媒体仍然是社会动员的重要载体，以 QQ 群为代表的共时性互动和以 BBS 为代表的以异时性网络互动正日益成长为社会动员的重要方式。①

一　QQ 群：温情脉脉的咖啡馆

QQ 群是具有中国特色的即时通信工具，它为人们提供了自由交流和讨论的平台，这种讨论类似于熟人之间的私人聊天。由于加入同一个 QQ 群的网民利益基本一致，主张也基本相同，因此在 QQ 上很少看到争执和相互谩骂，网民在其中心平气和地讨论和交流信息，就像在咖啡馆中品尝咖啡一样的安全和惬意。QQ 群由于其私密性较少地受到外界的干涉和控制，特别是当网络论坛和博客被删帖和封杀之后，QQ 群在一些敏感事件的传播和讨论中发挥着特殊的作用。

在厦门 PX 事件中，“还我厦门碧水蓝天”QQ 群为市民提供了一个讨论和议事的舞台。在此之前，“小鱼论坛”成为厦门市

---

①　根据信息的流动与反馈情况，人们把网络互动的方式主要分为两种类型：(1)异时性网络互动，包括电子邮件和各种网络论坛等，其特点是互动信息的不同步，存在信息交流上的“时滞”，类似于日常生活中的写信。(2)共时性网络版互动，包括网络聊天和网络游戏等，其特征是可以进行同步交流，类似于日常生活中的交谈。详见何明升，白淑英. 网络互动：从技术幻境到生活世界. 北京：中国社会科学文献出版社，2008.

民讨论 PX 事件的主要论坛，随后也有网民开始在天涯社区和猫扑等全国性的论坛进行发帖，在网上形成了一边倒的反 PX 舆论。随后，管理员加大了对这些帖子的审查和管理强度，有关 PX 的讨论往往刚发表不久即被删除，人们开始转战 QQ 群进行讨论和动员。2007 年 5 月 27 日，该 QQ 群的主要发言人吴贤在群里呼吁成员带着“反对 PX，保卫厦门”的黄色丝带到厦门世贸商城前集合。其他的 QQ 群也呼吁人们采取行动，抵制 PX，许多厦门市民的 QQ 群中，都会收到类似的通知：①

> 为了子孙后代，行动吧，参加万人 YX。时间六月一日上午八点起，由自己所在地向市政府进发，手绑黄色丝带，如果没有时间参加，请尽量多转发此消息。为了自己的生存，行动起来把！

这些信息在 QQ 上被传播开之后，又被网民转发到其他的群中，这种“病毒式”的扩散方式，迅速地传播，达到一种“直播效应”，许多网民也是通过这种方式来了解有关行动的具体细节，如下面就是厦门市民在市政府“散步”之前，“保卫厦门”群（群号码 25996513）里的一段对话：

> (2007—05—30　09:16)浩然
>
> “台湾陈由豪与翔鹭集团合资已经在海沧动工 PX 化

---

① 谢良兵. 厦门 PX 事件：新媒体时代的民意表达. 中国新闻周刊，2007(20).

工项目，这种化学剧毒产品一旦投入生产，意味着在厦门岛放了一颗定时原子弹，厦门人民的生活以后将在白血病和畸形儿中度过，我们要生活，要健康！国际组织规定这类专案要在距离城市100公里以外才能开发，而厦门最远距此项目才16公里，为了我们的子孙后代，行动吧，参加万人大游行，时间为六月一日八点起，由所在地向市政府进发，手绑黄丝带！一起来吧，为了厦门的明天！”

(2007—05—30　09:22)付诸笑谈中

周一有集会吗？靠不靠谱啊？

(2007—05—30　09:24)二泉映月

应该是真的，手机上也听到游行的短信了

(2007—05—30　09:40)露丝真香

游行？可行吗？违不违法啊？因为这个问题被抓起来啊，可不值啊

(2007—05—30　10:07)蚂蚁啃骨头

没有事，我准备带着老婆一块去，宪法也保障人民的游行示威权，何况我们也没有说去示威，我们到大街上散步谁也抓不到把柄！他们干急没辙！哈哈！

(2007—05—30　10:25)避风堂鼓

坚决支持，让政府看到我们的力量！

(2007—05—30　10:30)无懈可击

好的呀，一号我也散步去！

(2007—05—30　10:32)兰薇

怎么去啊？有人一块去吗？

(2007—05—30 10:41)为你心碎

约我,一起游行

(2007—05—30 11:10)遗忘

期待,憧憬!

(2007—05—30 11:23)彩蝶

坚决反对污染厦门环境的PX项目

(2007—05—30 11:25)白色瓦房

反对有毛用,不采取实际行动,政府还以为我们屈服了哪,我们每一个人都转发给我们的好友,人多力量大,最好这个星期五能相约你们的亲戚、朋友一块游行,让政府知道我们不是好惹的!

(2007—05—30 11:43)雄霸天下

哈哈,好久没有去市政府了

(2007—05—30 12:16)迷惑

坚决支持,有住在丽园小区附近的吗?后天一块去

(2007—05—30 12:25)休息好上班

同去!

(2007—05—30 12:52)枫叶听海

响应浩然的号召,参加游行,为了子孙后代的健康,抗争到底!!!

……

2007年6月1日,上万市民手拿黄丝带自发到厦门市政府集合,以“散步”的方式来表达对厦门市PX项目的不满和抗议。

即使是在"散步"之后，许多网民在QQ群上，仍然能看到这样的信息，动员人们继续用实际行动来抵制PX：

> "连续两天自发的散步已经表明了我们的态度，生产要继续，生活更要继续，没有必要再以激烈的方式让有些唯恐天下不乱的不法分子有机可乘，让我们目光转移到政府如何处理PX项目这个关键问题上。"
>
> "期盼绿色家园的心情永不止步，让我们用润物无声的方式把他它表达出来：只要你表达PX项目，请随时实地系上黄丝巾，在你的交通工具上，在你的办公桌上，在你随身携带的包包上……任何地方任何时候，ANTIPX，黄丝巾，全程轻舞飞扬！"

大多数的QQ群都是基于血缘、业缘、亲缘等社会关系网络而建立起来的，它们是网民线下社交关系在线上的延伸。这些QQ群成立的目的主要是交流信息，沟通感情，平时并没有固定的话题，只要当某一具有刺激性的事件被成员建构起来之后，它才作为一种动员的平台而发挥作用。如作者于2008年4月就曾经在其同学群中收到有关"抵制法货"的信息：

> 各位同胞：奥运圣火不断受到骚扰，尤其在巴黎。巴黎市政府竟把藏独标语挂上市政大厦！欧洲议会通过决议支持藏独为北京抹黑，美国众议院通过决议要抵制中国奥运！

德国总理公开支持藏独，不参加奥运！面对21世纪的中国八国联军想干什么？让全世界看看中国人团结的力量！5月1日，让全国的家乐福冷场！6月1日，让全国的肯德基冷场！每人转发10个，你就是优秀的中国人！每人转发20个，你就是最爱国的中国人！中国人万众一心，团结起来，让西方人、韩国人、日本人，让全世界看看我们现在强盛的国力！！！

但是也有一部分QQ群在创建之初就有明确的主题和诉求，这些QQ群往往是基于共同的危机意识和问题意识而创建起来的，这类QQ群的动员目的十分明确，即希冀成员关注某类事件，并采取相应的行为来支持行动，如前文提到的“保卫厦门”QQ群就是以反PX项目，并以推动PX项目迁出厦门为最终目的。这类QQ群的组织性相对较强，群主往往通过“群规”的形式来限制或者引导话题的构建，这实际上保证了QQ群能始终保证动员问题和抗战诉求的明确性、稳定性和持续性。如为了抗议日本“王子”纸业而成立的绿色启东总群（群号37692266）就始终以抗污为第一要务，这个QQ群的“群规”是这样的：

群友须知：

1. 本群是为抗议南通日本“王子”造纸而成立的抗污总群，和其他抗污群一样以抗污为第一要义；

2. 群友主动进入群空间了解群内动态，积极参与到抵制污染的活动中去；

3. 新进群友，主动向群管理和群友了解抗污最新情况，不得在未了解真相的情况下胡言乱语、动摇群心；为方便联系，群友应尽量自觉更改群名(现所在地区号＋原住地名＋群名)，更改有难度的，向群管理请求协助；

4. 群友之间有互相交流的权利和义务；对于“王子”的最新进展，尽各位所知，相互告知，以便确认核实真假；

5. 凡参与群内支助款的群友请及时通知群管理，以确认到账情况，查看群经费使用情况，主动行使监督权；

6. 涉及到群友间个人隐私的事，请进行私聊；

7. 群内严禁散发黄色淫秽图片，超越界限，踢无赦；

8. 群内允许闲聊、允许适当广告，但禁止专职广告；闲聊内容超出法律许可的范围，文责自负；

9. 群友间不得随意互曝隐私；不要猜测群友身份，如有必须，请联系群管理；

10. 群友间应本着同心同德、共同抗污的原则，文明交流，不得相互冷嘲热讽，更不得互相谩骂；

11. 群友是同一战壕的战友，允许争论，要相互团结，以大局为重。在发生争执时，要学会退让，学会承认错误，以理服人，严禁谩骂。

12. 尽量认真学习群共享中提供的各项法律法规，在抵制污染的同时，用法律手段保护自己；并提供更多有用的法律知识。

13. 对抗污作过一定贡献，因特殊原因长期不在线、不说话而被踢除的群友，请理解管理员的行为，欢迎再次申请加入。

2010.8.4

QQ群是个含情脉脉的咖啡馆，但并不是个可以任意进入的消费场所。一般情况下成员的加入都需要经过群主的认证和审查，只有在得到群主的认证之后，成员才能进入群里进行发言和讨论，这就为规避政府和网站的跟踪和审查提供了便利，当其他的网络论坛由于具有某种敏感词汇而被删帖和过滤时，QQ群在交流信息、协调行动方面发挥着独特的作用。与一般的博客与论坛的嘈杂和众声喧哗不同，QQ群成员本来就具有强关系联系，大多数的成员往往具有类似的观点或一致的意见，因而极易形成动员的合力，增强动员的效果。但是由于协同过滤的影响，QQ群在动员过程中，极易形成极化的观点，容易形成一种“沉默的螺旋”和“舆论一律”，这在增强动员效果的同时也在一定程度上也阻碍了多元化声音的形成。

二　网络论坛：自由的时代广场

与QQ群的私密性不同，网络论坛更像是个开放的时代广场，它的申请程序较为简单，类似于以前的公共集会，它一般直接面向大众，不设访问和介入的身份限制，不同的思想和观点都可以在这里产生正面的交流和碰撞。截至2012年6月，我国的网络论坛用户已经达到15586万人，有29%的网民经常登录各种网络论坛。[①] 网络论坛已经成为网络表达以及舆论生成的重要场域。

我国的网络论坛以 BBS 为主。BBS 是用计算机及软件建立的一种电子数据库。它可以让人们登录，并在上面留下各种各样的信息，通常可以分为若干个话题组。人们可以在这个公共区域里阅读或提交信息。在网络互动中，BBS 的动员效果最为明显。参与 BBS 的人将自己的想法和信息"张贴"到网络上，并就相互关心的问题展开讨论，这样，在 BBS 上就有可能立刻吸引人们的"围观"，这是一种新型的互动关系网络。

从举办者的性质来看，中国的 BBS 大致可以分为四类：一类是传统的媒体主办的站点，如人民网的"强国社区"、新华网的"发展论坛"；一类是由高校主办，依托于高校校园网，主要面向本校师生开放，如南开大学的"我爱南开 BBS"、天津大学的"求实"站、清华大学的"水木清华"站以及南京大学的"小百合"站等；一类是由政府机构主办，如外交部的"中国外交论坛"等；一类是由商业机构主办，如天涯论坛、猫扑、新浪论坛、西祠胡同等。

网络论坛是个开放的时代广场，各种思想和观点在这里交流和碰撞。网络论坛已经成为网民进行信息发布和社会动员的重要平台。中国传媒大学网络舆情（口碑）研究所的研究表明，2010 年，网络论坛已经成为继新闻媒体之后的第二大舆情源。在中国传媒大学网络舆情（口碑）研究所选取的 2010 年 100 个

① 中国互联网络信息中心. 第 30 次中国互联网发展统计报告.

网络热点和突发公共事件中，有十几件都是在网络上曝光的，占总体的 14%。[①] 由于新闻媒体的保守性以及各种“把关人”的存在，新闻媒体中的动员更主要地是一种相对远离现实政治的救助型动员或者是与政府保持一致的政治动员，各种维权型或者泄愤型动员比较少见。而网络论坛则较少地收到这些条件的约束和限制，在这个自由的时代广场中，人们可以通过发帖、跟帖和回帖的方式呼吁人们关注事件的发展并采取相应的行动，以达到动员的目的。无疑，以 BBS 为代表的各种论坛已经成为人们进行网络动员最重要的载体。

据一份民间调查机构的统计显示，截止 2007 年底，中国已经拥有 130 万个 BBS 论坛，规模为全球第一。[②] 以天涯社区为例，2012 年 8 月 20 日 23 点整，天涯社区的网民已经达到 73544556 人，同时在线的网民也达 1015571 人。这些规模庞大的 BBS 论坛及其众多的网民，为网民进行议程设置和网络动员提供了宽广的平台。网络论坛的动员主要是在 BBS 的分类讨论区界面进行的讨论和互动。在这个讨论区中，主贴发布者就所关心的问题进行发帖，以吸引其他网民的关注和互动，主贴是论坛中对话行为发生的前提。为了能够在信息的汪洋大海中，让所发的帖子引起网民的关注，主贴发布者往往在帖子的标题上大做文章，大多数实现成功动员的帖子在标题上都具有轰动效

---

① 中国传媒大学网络舆情(口碑)研究所．2010 网络热点及突发公共事件整体态势研究．http://www.iricn.com/index.php? option = com _ content&view = article&id=144:2010&catid=31:2011—03—31—18—06—25&Itemid=78.

② 祝华新，单学刚，胡江春．2008 年中国互联网舆情分析报告．见：汝信，陆学艺，李培林译．2009 年中国社会形势分析与预测．北京：社会科学文献出版社，2008.

应，让人一看就有种冷艳、悲情、残酷和惊悚等的感觉，以刺激网民的情感，调动他们的行动。主贴发布之后，感兴趣的网民可以对主贴进行点击和浏览。另外，网民还可以就主贴进行跟帖和灌水，这样，通过“发帖—跟帖—回帖”的循环往复，这种帖子像滚雪球一样越传越多。这种网络论坛的动员方式就可以使许多网民在互不见面的情况下，通过发帖和跟帖的互动，成功地吸引众多网民参与讨论并展开行动。如 2007 年 6 月 7 日，网民“Lixy06”在天涯论坛上发表了“谁来救救我们的孩子？——400 位父亲泣血呼救”的帖子：①

> 我们是那些不幸被骗到山西黑窑场做苦工的孩子们的父亲，我们的孩子因为年龄小、涉世未深，只身在郑州火车站、汽车站、立交桥下、马路边等地方被人贩子或诱骗或强行拉上车，以 500 元的价格被卖到山西黑窑场做苦工。自孩子失踪以来，我们放弃了一切，背井离乡，走遍大江南北寻找孩子的下落。在历经艰难的寻找之后，我们终于得到了确切的消息，孩子是被人贩子卖到山西黑窑场做包身工了。
>
> ……
>
> 男儿有泪不轻弹。获救孩子身上的累累伤疤，让我们一次次地落泪，我们不知道这些稚嫩的生命曾经经历了怎

① Lixy06. 谁来救救我们的孩子？——400 位父亲泣血呼救. 天涯社区：http://www.tianya.cn/publicforum/content/free/1/926643.shtml.

样的劫难，我们更不知道我们的孩子正面临着怎样的危险。

……

孩子的生命安全刻不容缓，谁来救救我们的孩子？在被两地政府互相推诿之后，我们又该向谁求助？十万火急，人命关天，谁来帮帮我们？

这种帖子一经发布后，就给网民以强烈的道德震撼和心理冲击，许多网民回帖除了表达愤怒和抗议之外，也主张采取行动来解救孩子，如网民“安静的脸”写道：

这个一定要顶的，咬牙切齿地顶！

每个人都只有一生，某些人衣着光鲜地活在别人的鲜血上。

造成舆论压力是对的，但是这样的话，想帮的或者想提供具体指导的人上哪儿去找你们哪？任何联系方式都没有。

我认为一方面在各大论坛或者博客造成舆论压力，但是同时也要在网络上选择有效的方式找到能够帮助你们的相关专业人士提供思路和方法。没有一个固定的写建议的地址？写消息给你们？嗯，倒是可以。

不管怎么样，一定要咬紧牙关战斗下去，所有的人，这种猖狂之徒的存在，将会危及更多的孩子，包括你我的。太没有安全感了。

无法出力，愿意为此出钱，虽然不能很多，但是如果有需要，愿尽绵薄之力！

在之前的报道中，黑煤窑事件并没有引起人们的注意。在这条帖子发布之后，山西黑煤窑事件迅速成为人们的关注，有的网民开始实地进黑煤窑进行调查和解救。最终，国家领导批示，一场空前轰动的黑砖窑打击风暴就此展开。这场风暴是网络民意的胜利，网络论坛的动员功能可见一斑。

由于市级及以下的论坛主要关注本市发生的重大新闻事件，是本市网民进行信息交流的重要平台，因此往往成为网络动员的首要论坛。例如在厦门反对 PX 项目的行动中，厦门当地的论坛"小鱼论坛"成为动员人们进行抗争的最初来源。起初，虽然厦门 PX 项目受到专家以及外地媒体的质疑，但是由于厦门本地媒体的"集体失语"，厦门当地的"小鱼论坛"成为人们进行有关 PX 项目的商讨并协调进一步行动的首要论坛。

虽然本地论坛往往成为人们进行动员的首发论坛，但是由于关注度不高，特别是这些论坛更容易被当地政府进行删帖和控制，大多数的网络动员场域都经历了一个由地方论坛向全国性论坛转移的过程。地方论坛的动员信息只有经过网络搬运工向主流论坛搬运后，被主流化以后才能成为热点问题，即存在一个信息差序流动和主流化的过程，大致沿着市级及以下论坛—网络搬运工—天涯、猫扑等主流论坛—网络搬运工—各类论坛等传播路径实现影响力和信息流的转移。

在 2010 年的浙江"钱云会事件"中，虽然乐清的当地论坛"乐清上班族论坛"成为民众进行质疑和动员的首发论坛，但是真正地让外界了解并引发网络舆论风暴的是天涯论坛上的发帖。12 月 25 日，昵称为“ZF 公然 sha 人”的帖子《（浙江）蒲岐一苦难的村长，为民办事的好村长今早被杀》帖子被转发到天涯社区：

> 死者是寨桥村的村长，当时有人打电话叫他出去，5 个特警把他抓住按在地上，给车压的，有照片后我将会发上来。明明是 ZF 官员在现场指挥杀人，到现在变成了交通事故了。

这条信息在天涯论坛上发帖之后，立刻在社会上引起了强烈反响，各大网站和论坛也开始纷纷转载。“钱云会事件”随即传播、蔓延、升温，仅一两天就“爆棚”到舆论普遍热议的程度。

网络论坛往往成为网络动员的初始平台，它在动员的初期起着凝聚人气，设置议程的作用。但是，这种动员方式很难能够持续下去，特别是动员的目标指向政府的时候更是如此。网络论坛在动员的初期在迅速凝聚人气的同时，也提高了其被监控和删帖的风险。相对而言，与 MSN 和 QQ 群这类个人化的媒体而言，网络论坛受到较多的限制和约束。因此，当论坛涉及到所谓的“敏感词”时，动员的平台就大多转移到 QQ 群或者开心网、人人网这种较少控制的社交平台。可以说，就特定的议题，特别是当这种议题涉及到政府的时候而言，网络论坛在动员的初期效果比较明显，但难以持续下去。这时候，受到外来控制较少的媒体如 QQ 群、MSN 以及电子邮件等就能在动员的后期发挥更为重要的作用。

三　博客(微博):私人的会客厅

如果说网络论坛是个开放的时代广场,作为个人开辟阵地的博客和微博则更像是一个私人会客厅。会客厅是博主记录自己的心情,宣扬自己的价值,表达自己的观点的舞台。而作为不速之客的网民无需博主的邀请,就可以在此自由地进入并和博主进行交谈。一些经过网民苦心经营的博客和微博,由于选题新颖、评述锐利、制作精美等多种原因,往往拥有大量的粉丝。博客和微博已经成为人们进行网络动员的重要平台,也成为网络舆论的重要发祥地。

博客作为一种个性化的信息记录方式,改变了传统的新闻信息传播的方式。“他们以直接来自新闻源的‘原始素材’为基础……这是对体制官僚化的媒体的报复性破坏……博客改变了‘新闻’从个人传播到公众的信息流动的本性……只要一按‘张贴’键,任何人都可以出版自己的作品,这将改变传统媒体出版模式。”①这种信息生产方式颠覆了主流媒体的话语霸权,也建构了自己在网络世界的话语权。

正如胡春阳所言:“博客是代表新闻行业的一种新类别”②,它已经成为许多重大事件的见证。特别是一些博主由于其深邃

---

① 方兴东,王俊秀.博客——E时代的盗火者.北京:中国方正出版社,2003,21.

② 胡春阳.欧美博客研究综述.现代传播,2006(4).

的思想和锐利的见解而拥有大量的拥趸，他们的倡导往往能够得到更多人的响应。例如在厦门PX事件的初期，虽然一些专家学者和外地媒体也对PX项目有过质疑和批评，但是由于厦门本地媒体对这些报道的封锁，大多数的厦门人并不知晓PX项目的详情。PX项目开始大规模地进入厦门市民眼帘源于专栏作家“连岳”的一条博客。2007年3月18日，“连岳”在自己的博客上转帖了《中国经营报》的一篇有关厦门PX项目的报道，这条博客的标题简单明了却又震撼人心：“厦门自杀”。这条博客使得越来越多的厦门人开始了解厦门PX项目。“连岳”不仅通过积极在博客上转载外地媒体对于厦门PX项目的报道，当厦门市民准备采取某种行动而有所惧怕时，他还动员厦门人民应该这么办：

1. 首先，你不要怕，议论全国政协的头号提案不是罪，你不会被抓的。

2. 如果你有BLOG，上论坛，请转载这篇新闻：《厦门百亿化工项目安危争议》；转载国内合法发行的报纸上的新闻也不是罪，你不会被抓的。

3. 如果还是害怕，就在近期之内多跟你的朋友、家人、同事议论这件事——他们说不定全不知情。

4. 如果你还是怕，那就告诉最好的朋友及家人。

5. 如果你不怕，还应该告诉漳州、泉州的朋友，他们一样处于危险之中。

6. 说清楚下面几句话就可以了：

(1) 这是105位全国政协委员反对的化工项目,他们中包括了最权威的专家。

(2) PX项目至少应该离城市一百公里才安全。

(3) 厦门人至今被剥夺了PX项目的知情权,这反证了它是违反民意的。

(4) 它将使厦门经济倒退,物业贬值、游客减少;而且厦门人还将由此落下软弱与愚蠢的名声。

(5) 你得癌症的可能性大大提高了。

(6) 不需要你有太勇敢的举动,只要你让你身边的人都知道这件事以后,厦门之死你就没有责任了。

此后,"连岳"为了打破厦门当地的信息封锁,展开自救,他继续在其个人博客上转载外地媒体有关PX项目的报道,并以"连十条"的独特形式进行总结。有人做过统计,如果把"连岳"博客上所有关于PX的文字下载下来,用5号字,A4的纸打印出来,将会超过150页,字数则在15万以上。他也因此被市民称为"精神支柱"。①

博客虽然已经成为意见领袖进行信息交流和网络动员的重要平台,但是这种动员方式也存在着诸多的不足和缺陷。首先,在内容上,博客的文章专业性较强,对作者的知识水平、书面表达能力以及写作的时间和资源都有较高的要求;其次,在互动方

① 曾繁旭,蒋志高.厦门市民与PX的PK战.新浪网:http://news.sina.com.cn/c/2007—12—28/173414624557.shtml.

式上，博客更多的是作者的自我表达，与读者的交互性较少。这种缺陷迫使意见领袖开始转战微博作为新的战场。

微博，是微型博客的简称，因发布字数限制在140字以内而得名。与传统的博客相比，微博发布更便捷、传播更迅速，用户可以通过电脑、手机等诸多平台浏览发布，所发信息实时传达，并可一键转发。相对于传统的博客而言，微博由于三个方面的优势可以迅速地凝聚人气。首先，微博的形式虽然简单，但功能强大，支持文字、音频和图片等多种信息；其次，微博具有较好的双向互动性；再次，良好的互动推动了微博上的信息病毒式增长。总之，微博之所以能够迅速地凝聚人气，主要缘于其作为"一句话博客"的简捷和便利，使得信息生产和消费的门槛进一步降低，让网络表达的平权化又向前迈进了一步。

目前微博动员的强大功能已经初见端倪。许多集体行动正是借助于微博的动员才开始成为现实。这其中影响较大的是于建嵘发起的"随手拍解救乞讨儿童"活动、黄健翔和孟非等人在微博上拒绝南京梧桐的"让路"以及邓飞发起的免费午餐活动等。如以于建嵘发起的"随手拍解救乞讨儿童"为例，于建嵘教授于2011年1月25日在微博上开设了"随手拍解救乞讨儿童"，他这样规定了行动的策略和宗旨：

> 见疑似被拐乞讨儿童，先报警！再拍照，注明时间地点发微博并@本账号。随手救助，全民打拐！

这条微博开通之后，在短短的时间内，就得到了网民的大量关注。该微博刚刚才开通 5 天就有 1 万余人关注，300 多条乞讨儿童信息发布在网上。截止 2012 年 8 月 31 日，该微博的粉丝已经有 219012 人。这种倡导得到了网民的热烈响应和支持。

微博因其内容简短而受到人们的追捧，但是受到 140 字的限制，作者往往无法在这有限的字数内还原事件的本来面目并进行充分的理性探讨，网络动员的效果也大打折扣。因此，许多作者就试图实现利用博客的字数不受限制的特点，来弥补微博的不足，实现微博和博客的有效衔接并在两者之间来回穿梭。他们越来越多地采取在微博上贴出博客链接的方式，将完整的观点、意见和行动方案通过博客发布出去，实现两个平台的有效结合。

第三节　网络动员的基本特征

作为一种新兴的第四媒体（继报纸、广播和电视之后的新兴媒体），互联网在信息传递和社会动员方面有着明显的优势。与传统的大众媒体动员和街头动员方式相比，网络动员有以下几个方面的特征。

一　动员成本的低廉

传统的社会运动理论认为，社会动员其实是一种“资源动员”的过程，这里的资源既包括组织、金钱、人力等物质资源，也包括时间资源。资源之所以重要，是因为无论个人或群体在参与过程中会考虑成本的问题。资源的获取需要一定的成本，因此社会动员也需要进行成本—收益分析，高效的社会动员要求利用有限的资源，引领更多的人参与集体行动。与传统的社会动员相比，网络动员“在潜在的意义上”是一种廉价得多的动员方式。

首先，互联网为更多的人参与动员提供了一种技术途径。与传统媒体相比，互联网有着更为强烈的媒介穿透率。“互联网展现了有史以来最快速的沟通媒介穿透率：在美国，收音机广播花了30年才涵盖了6000万人；电视在15年内达到了这个传散水准，全球信息网络发展以后，互联网只花了3年时间就达到了”[①]。这些大规模的网民正是网络动员得以顺利进行的基础。现在，只要你拥有一个连接到网络终端的电脑或手机，轻点鼠标，你就可以成为动员的对象或者信源，极大地降低了动员的成本。“在过去，少数几个动力十足的人和几乎没有动力的大众一起行动，通常导致令人沮丧的结果。那些激情四射的人不明白为什么大众没有更多的关心，大众则不明白这些痴迷者为什么不能闭嘴。而现在，有高度积极性的那些人能够轻易地创造一个环境，让那些不那么积极的人不必成为积极分子而能同样发挥作用。”[②]互联网因其去中心化和全球化特点，不仅可以迅速地动员本国人民参与行动，还在极大范围内打破了地理疆域的限制，使得“全球集体

---

① 曼纽尔·卡斯特.网络社会的崛起.夏铸九等译.北京：社会科学文献出版社，2003，21.

② 克莱·舍基.未来是湿的.胡泳，沈满琳译.北京：中国人民大学出版社，2009，11.

主义行动”成为可能。有的学者就明确指出了互联网跨国社会动员中的便捷性:“互联网有助于跨国界的协调行动,低成本的互动有助于新的虚拟社区的发展,人们想象自己是一个单一小组的成员,而无视他们之间的空间距离多么遥远”。① 网络动员的低门槛不仅意味着人们为了实现“一呼百应”,可以自由地在网络上发布动员信息,也意味着有越来越多的受众,传者和受众的规模都空前提高,这在前网络社会几乎是无法实现的。②

其次,互联网降低了资源获取的成本。在互联网出现之前,传统的动员方式主要是一种自上而下的社会动员,往往只有那些处于权力流或者信息流上端的人才有足够的能力引导人们参与集体行动。这些精英不论在广场上的宣讲还是在报纸上或电视上的辩论和鼓动,都需要一定的技巧和物质资源的投入,而普通民众则受制于资源的短缺,往往只能成为被动的一方。而在互联网时代,由于互联网的开放性,每一个网民都可以在互联网上发布信息,提出自己的行动纲领。网络动员并不需要巨大的物质资源投入,用户只需要一台普通的电脑或手机,就能在互联网上发布各种信息。如伯纳斯·李(Tim Berners Lee)所言:“任何人都是一个没有执照的电视台”。③ 就时间成本而言,资源动

---

① 罗伯特·基欧汉,约瑟夫·奈.权力与相互依赖.门洪华译.北京:北京大学出版社,2002,597.

② 在互联网时代之前,虽然国家也有能力动员大规模的民众参与集体行动,但是这种大规模的聚集往往需要依靠专业化的组织力量进行组织和动员,这种组织和动员的代价是相当昂贵的,耗费了大量的社会成本。同时,从动员的准备工作到动员发动需要相当长的时间,而网络动员几乎可以即刻完成。

③ 郭良.网络创世纪——从阿帕网到互联网.北京:中国人民大学出版社,1997,23.

员理论过分强调领袖和组织的作用，为了实现动员的目的，运动领袖必须要花费大量的时间招募支持者、获得资金以及与目标相似的其他组织发生联系。这就需要动员的发起者必须具备充足的时间进行组织和动员，甚至出现了职业的动员者和领袖。特别是"议题企业家"的出现，意味着动员的发起者需要投入更多的时间参与集体行动。这类企业家事实上就是集体行动的领袖，他们的任务就是主观地定义问题，吸引大家的注意力，让更多的人成为参与集体行动。① 而网络动员则大大地降低了动员的时间成本，提高了动员的效率。在互联网上，普通的网民具有自组织的潜能，网民的自组织特征决定了网民在任何时间任何地点都可以发布信息，组织动员。你在电脑上只要轻点鼠标，信息就可以瞬间传递到其他网民那里，这并不需要消耗网民大量的时间，网民完全可以在工作之外动员，而不必和他们的工作发生冲突。

二　动员主体的身份隐蔽

动员主体是社会动员的启动者、发起方和组织人，他在社会动员活动中居于主导地位，任何集体行动的发起都需要动员主体的积极引导和参与。但是与传统的动员主体相比，网络动员的主体可以自由地隐匿身份，具有较强的隐蔽性。

传统的社会动员中，不管是政府、政党还是社会组织充当集

---

① 蔡前. 以互联网为媒介的集体行动研究. 南昌：江西人民出版社，2009，31.

体行动的发起者时，都有明确的彰显人们身份特征的识别标志，动员者具有相对的明确性和可辨认度。然而在网络时代，网络动员的主体的身份不再是那么清晰可辨，人们可以通过登录网络论坛参与某些行动，却可能始终无法知道行动发起者的真实信息。在互联网中，由于网络的匿名性特点，行动的发起者可以轻易地隐藏其真实身份。动员者的各种身份信息——包括性别、种族、年龄、职业以及兴趣爱好等——全部隐藏在以文本作为主要交流工具的网络世界的背后。正如一个广为流传的时髦语句，“在互联网上，没有人知道你是一条狗”。[①] 正如社会学家吉登斯所言：“在互联网上，没有人可以知道其他人的真正面貌——他们是男性还是女性，或者生活在哪里。”[②]由于身体的不在场和“沙皇权威”的消解，互联网为人们发动社会动员提供了自由隐藏身份的选择和可能。面对面的交流和动员通常要遵守各种文明礼仪准则，而网络环境则可以帮助动员者消除某些规则的约束和限制，他们在传递信息，发动动员的同时，可以用匿名或者假名来隐藏自己的身份，而不必担心受到打击报复。这种身份的隐藏也在一定程度上降低了动员者的恐慌和心理焦虑，使得他们能够轻易地规避各种风险。

动员主体的隐蔽性使得人们在发起行动时能够免于各种恐慌，可以自由地表达自己的观点，同时它也增加了不实信息发布的几率，特别是谣言的广泛传播有可能会激化双方之间的冲突，

---

① 这是漫画家彼得·施泰纳于1993年在著名杂志《纽约客》上对于坐在电脑桌旁的两条狗的描绘，以此说明网络的匿名性导致了许多真实身份的缺失。

② 安东尼·吉登斯．社会学．赵东旭译．北京：北京大学出版社，2003，597.

导致冲突的升级。在传统的社会动员中，由于身份的可辨认性，如果动员者发布不实信息被揭穿之后，其形象会受到极大的损坏，后续的动员就无法继续进行，严重的还会面临着责任追究。在网络时代，由于“把关”机制的虚弱，动员主体的匿名性和隐藏性特征将使得责任追究变得极为困难。这样，一些道听途说或者蓄意歪曲的信息总是能够在互联网发现藏身之所，网络上经常充斥着真假难辨的信息，这也增加了人们鉴定信息的难度。例如在2007年的“后妈虐童事件”中，一些网友被发动对小女孩的后妈进行人肉搜索，并对其进行人身攻击。结果证明，“后妈虐童事件”完全是“专治偏差”自导自演的结果。即便如此，人们还是无法确定“专治偏差”的真实身份，这件事件最后也不了了之。动员主体的强隐蔽性使得网络上谣言横飞，人们在成功地规避各种风险的同时，也增加了信息发布的随意性。

三　动员参与者之间的高水平互动

在网络上，动员的主客体之间可以通过QQ(群)、网络论坛和博客等平台进行直接的双向交流。相对于传统媒体动员的这种状态而言，尼葛洛庞帝认为:“对话时代开始了”。[①] 尽管这种对话的具体结果尚在未卜之中，动员的参与者可以通过QQ(群)、网络论坛和博客等平台进行高度互动，却是不争的事实。高互动性本身就是网络的基本特点之一。正如有的学者所言:

① 胡泳，范海燕. 网络为王. 海口:海南出版社，1997，228.

"'同他人发生联系'——进行跨越时空的互动交往，是网络传播的本质特征"。[①] 比之于传统媒体，网络不是一种单向的信息传播通道，而是一种双向的交互式信息传播通道。这种交互式的信息传播通道就体现为动员参与者之间的强烈互动。

传统的媒体基本都是一种单向的、垂直的、自上而下的传播方式，虽然诸如电视和报纸等媒体也有观众热线和读者来信等互动方式，限于时间、版面和效果等综合方面的考量，这种互动方式受到及大的限制，参与的人数较少。动员者在这些媒体上的动员信息是一种"推送式"的，是动员者自上而下把信息"推"给群众的，人们只有接受或不接受的权利，很难对"推送"过来的信息发生实质影响。而互联网则是一种交互式的双向传播，每一个网上用户既是"信宿"，又成为"信源"。这种信息是网络用户"拉取"过来的，受众不再是被动地接受信息，而能通过交流和互动给信息增添许多新的内容。与传统媒体的那种单向、选择性窄、自由度低的特性相比，互联网提供了更为丰富的互动方式，个人也可以从容地对信息进行选择和吸纳。正如有的学者已经认识的那样，网络使用者可以根据自己的意愿毫不费力地把查找的信息"拉"过来。[②] 例如在网络论坛上，每一个帖子都有回复功能，网民通过发帖、跟帖和回帖，对原贴的内容进行修正和补充。在 2007 年的厦门 PX 事件中，有人在"小鱼论坛"上发帖主张进行"散步"。原帖发出后不久就得到了热烈响应，有人

① 孟威.网络互动：意义诠释与规则探讨.北京：经济管理出版社，2004，4.

② 同上书，5.

质疑“散步”的正当性，也有人发帖商讨“散步”的路线以及“碰到警察该如何面对”等细节问题。这种动员过程的高度互动性是传统的动员方式所不能比拟的。

网络动员参与者之间的这种高度互动性极大地提高了动员的效率，它使得集体行动在很短的时间内成为可能。但是这种高度互动性会给网络中的不同意见带来某种压力，并形成“沉默的螺旋”和“舆论一律”。

四　动员形式的多元选择

与传统的媒体相比，互联网是一个更加综合性的媒介，它是数据、文本、声音及各种图像的综合，因此动员参与者拥有更多的选择。

传统的媒介形式具有排他性。如果人们选择报纸作为动员的媒介，就只能看到静态的文字或者图片；如果选择广播，只能听到声音，无法看到具体的内容；如果选择电视，能听能看，但频道有限，缺乏详细的文字说明。与这些媒体相比，互联网最大的一个特性是其综合性，而不是新颖性。[①] 互联网综合了电视、广播和报纸的优点，集视频、声音和文本为一体，而且可以方便地使得动员信息“定格化”，对其进行寻找和跟踪。虽然从总的方面来说，互联网所能做的一切，传统媒体也能做到。但就某一媒体而言，它永远无法做到互联网所做的那样好。与传统媒体的

---

① 赵鼎新.社会与政治运动讲义.北京：社会科学文献出版社，2006，272.

排他性特征相比,互联网具有更多的兼容性。在互联网上,你可以通过浏览网页,登录论坛等方式来阅读新闻和信息,如果你厌倦了文字,你也可以通过切换视频的方式来看形象化的内容,甚至你也可以远离电脑,躺在沙发上倾听广播。更为重要的是,如果你对某些信息特别感兴趣,你也可以把它下载并存储到你的电脑中,这样你就可以随时对其进行咀嚼和欣赏。

网络媒介的表现形式具有多元选择性,这个特征被动员者所捕捉并加以利用。为了招募更多的支持者并取得最佳的动员效果,动员者往往选择多种表现形式来进行宣传和引导。如在2011年的"淘宝伤城事件"中,为了抗议对淘宝商场提价的不满,2011年10月10日,近五万名淘宝小商家聚集于YY176885语音维权频道表达对淘宝商场的不满,并成功地动员了7000名小卖家对淘宝网进行围攻。因为YY176885频道主要是卖家维权的语音频道,外界登录的人并不多。为了获取更多的支持,他们还在猫扑、西祠胡同和天涯社区等论坛发帖进行动员,并需求支持。

网络动员的多元选择性并不仅仅是指人们在网络媒介表现形式上有不同的选择,也指人们可以选择不同的网络平台作为动员的载体。如前文所说,网络动员的载体形式多种多样,既有诸如电子邮件、MSN以及QQ这样点对点的信息传播方式,也有诸如网络论坛和微博等点对面的信息传播方式。也就是说动员者可以自由地选择点对点或点对面式的平台,这除了和他们个人的爱好和兴趣有关,也和他们动员的议题有关。一般来说,点对面式的信息传播平台较为开放,可以在较短的时间内凝聚人气,但是容易受到监控和约束。点对点的信息传播平台私密性较强，可以较好地规避外界的审查，但是动员的效率不如点对面式的信息传播平台。

五　动员信息的快速传播

动员信息的传播速度直接决定着动员的效果。与传统媒体相比，网络动员信息传播速度极快，几乎可以瞬时传输给网络用户。

传统的媒体有着各种严格的审查制度，只有相关的信息在经过多重“把关”之后才能传输到消费者那里，信息从获取到审查到最后发布都需要遵循严格的程序。另外传统的媒体还需要考虑播出时间、版面、篇幅等具体内容，这些因素都导致了信息无法以最快的速度传递给消费者。而互联网的“把关”功能虽然尚在，但无疑受到了极大削弱，并且这种“把关”主要采取的是一种事后审查的方式。同时，互联网不受版面、篇幅、时间、编辑个人意识和鉴赏水平的限制，可以随时随地发布信息。互联网最大的特点就是信息关联的无中心化和全球化以及信息传播结构的平等性。任何社会成员都可以在互联网上发表就自己感兴趣的话题和观点，而这些信息几乎可以瞬间传递到其他网民那里。正如有的学者所言：“任何人只要拥有一台计算机和网络账号都可以成为出版商。在网络上，你可以接触到成千上万的潜在读者而无需花多大成本；并且，你不需要说服编辑、出版商或制作人，你的思想值得暴露在光天化日之下”。①

---

① 胡泳，范海燕. 网络为王. 海口：海南出版社，1997，228.

互联网为个人或组织发布信息提供了很多便利条件。一方面，个人或组织只要轻轻敲击电脑键盘，就可以将自己了解的新鲜事告知于他人，或者通过网络论坛进行网上闲谈自行发布文字信息，或者通过发送图像、使用网络电话等声音方式发送；另一方面，他们也可以将从网上其他人或媒体上获得的信息进行“下载”，加上自己的感受和心得，再发到网页上为更多的人所共享。网络信息传输的这种特点使得“在新闻事实正在发生时”就使网络用户耳闻目睹的“即时新闻”报道成为一种最为亮丽的景观。例如“萨帕塔运动”被称为第一个信息化的游击战争，就是因为萨帕塔民族解放组织利用互联网成功地获取了人们的同情和支持。互联网的快速信息传播特点，显示了新的在线环境下事件形成的速度。人们几乎是在几天的时间内就知晓了这场运动，并给予支持。互联网把海量的信息即时复制并传输给消费者，“在大众传播史上第一次你将体验不必是有大资本的个人就能接触广大的视听群。互联网把所有人都变成了出版发行人。这是革命性的转变”①。

互联网信息的快速传播性有利于提升信息的新闻价值，但是面临着网络“把关”功能的弱化，网络动员中掺杂着某些不实消息，甚至伴随着某些谣言，这就给某些网络动员打上了深深的“污名化”烙印。

---

①　约翰·布洛克曼.未来英雄：33位网络时代精英预言未来文明的特质.汪仲，邱家成，韩世芳译.海口：海南出版社，2003，108.

第三章　网络动员的作用机制及其意义建构

第一节　网络动员的杠杆作用

“互联网具有一种能够被用来推动大多数人参与集体行动的特性”，[①]这种特性被怀特赫德(Steven D. Whitehead)称为互联网的杠杆作用。简单地说，“少数人的大努力”和“多数人的小努力”是网络动员最突出的特征。就网络集体行动而言，社会公共事件能够成为人们的关注和围观，离不开少数积极分子的组织和策划，这是一种“少数人的大努力”。同时，网络集体行动的持续展开离不开大多数网民贡献自己的力量，这是一种“多数人的小努力”。从某种程度上说，网络动员是“少数人的大努力”驱动“多数人的小努力”的过程，这就是网络动员的杠杆作用。

① Steven D. Whitehead. Auto-FAQ: An Experiment in Cyberspace Leveraging. *Computer Networks and ISDN Systems*, 1995, 137.

一　“少数人的大努力”

传统集体行动需要积极分子或意见领袖的领导，他们“在影响人们如何作出他们（集体行动中动员的对象）的决定上，个人影响比其他任何因素都远为有效”。[①] 因此，意见领袖在集体行动中的重要职责就是招募成员、提供资源以及组织行动，这主要是靠运动积极分子“少数人的大努力”来推动的。特别是互联网打破了时间和空间距离的限制，没有“少数人的大努力”，全国性的网络集体行动的爆发几无可能。因此，“少数人的大努力”是网络动员杠杆的首层意义所在。从与利益的关联度而言，这些“少数人”或者承担着利益相关者的角色，或者作为一种无直接利益的第三方介入而存在。

（一）以当事方身份进行动员的行动者

在集体行动的研究中，利益因素是一种最具有解释力的分析工具，它是许多人之所以参与集体行动的动力所在。奥尔森尤其注重集体行动中的利益因素，他的集体行动的逻辑“打开了通向正式研究集体行动之门”，[②]其中，利益因素贯穿着集体行动逻辑的始终，也是导致“搭便车”困境的问题所在。正如马克思所说，“人们所奋斗的一切，都同他们的利益有关”。[③]

---

① 奥利弗・博伊德-巴雷特，克里斯・纽博尔德．媒介研究的进路．汪凯，刘晓红译．北京：新华出版社，2004，154.

② Alt James. Thoughts on Mancur Oslen's contribution to political science 1932—1838. *Public Choice*, 1998，3.

③ 《马克思恩格斯选集》（第 1 卷）．北京：人民出版社，1972，82.

利益的受损或者剥夺更会使人们刻骨铭心。在现实生活中，许多社会弱势群体之所以能够积极地参与集体行动，或多或少地都有利益受损的相似经历。在我国传统的利益表达渠道受阻，或者利益表达低效、乏力的情况下，互联网成为他们进行社会维权以及寻求合法性支持的重要通道。

在现实的多起利益冲突中，我们都可以看到互联网在吸引人们的关注和参与方面的重要作用。例如在“宜黄拆迁”事件中，报纸媒体对事件的报道起初并没有进入人们的视野，正是新闻记者邓飞和当事人钟如九的“微博直播”，才使得更多的网民开始关注该事件，从而推动其演变为一起受到广泛瞩目的公共事件。

在2010年发生在江西宜黄的拆迁事件中，被拆迁户主钟如九通过互联网实时发布信息，在事件的不同时期承担着动员者的角色。钟如九利用微博进行维权，“每发一言引得千万网友关注”。[①] 在宜黄事件的中期阶段，被拆迁人钟家兄妹利用互联网进行“现场直播”，即时告知自身处境，取得了良好的效果。2010年9月17日，宜黄事件中的当事人钟如九开通了微博，立刻引起了网民和舆论的高度关注，她于11点19分发表了第一条微博：

大家好，我叫钟如九。是江西省抚州市宜黄县自焚家

① 钟如九微博维权路，每发一言引千万网友关注. 环球网：http://society.huanqiu.com/photos/2010—09/1113761.html.

庭的小女儿。我在网络上看到了大家对我们家的关心，非常感谢！①

截至2010年12月1日10时，该微博已经有2898次转发、2284条评论。从2010年9月17日开通微博至2011年4月3日，钟如九已经在新浪微博上发表微博共3543条，拥有粉丝32817人，1325人关注，其微博基本信息如图3.1和3.2所示：

http://weibo.com/u/1819775930

江西，抚州

我是钟如九，现在妈和二姐都在北京304医院接受治疗，谢谢那些帮助过我们的好心人。加关注

举报身份　申请认证

- 1325关注
- 32817粉丝
- 3543微博

图3.1　钟如九新浪微博的基本信息(数据截止时间：2011年4月3日)

大家好，我叫钟如九。是江西省抚州市宜黄县自焚家庭的小女儿。我在网络上看到了大家对我们家的关心，非常感谢！

转发(2898)| 取消收藏| 评论(2284)2010—9—17 11:19 来自新浪微博　　举报

图3.2　钟如九的第一条新浪微博(截止时间：2010年12月1日)

钟如九的这条微博发布之后，立即引起了人们对该事件的较大关注。由于钟如九本身是这起宜黄事件的当事人和受害者之一，她的微博内容就具有更大程度上的真实性和可信度。钟如九也正是利用网民的这一心理特点进行网络维权，并不断地

① 以下有关钟如九的微博如无特殊说明，均来自钟如九的新浪微博：http://weibo.com/u/1819775930? page=79&pre_page=1&end_id=3515606580061602&max_msign=−1.

更新微博，进行“实时报道”：

> 我们昨晚上在外面的时候，十一点钟还有人去敲我们旅店房间的门，当时只有我侄子和大哥，大嫂在房间里。他们一直喊开门，也没有说明原因。直到我侄子报了110，警察来了之后他们才走。
>
> 2010—9—17 11:48
>
> 政府的人把我大伯的遗体抢走后，我们试图在车头拦住带队抢我们遗体的苏建国县长的车子。但苏建国在车子里一直无动于衷。随后有几十名宜黄县的领导干部，强行把我们拉开。最后苏建国坐车离开。
>
> 2010—9—18 05:12
>
> 我两个姐姐先去了医院，我随后去的。刚一出门就有四五个宜黄县人想抓住我，我拼命往前跑他们一直在后面追。最后我跳上一辆出租车拼命挣脱才逃出来的。
>
> 2010—9—18 09:07

钟如九的网络维权受到了人们的关注，许多网民纷纷通过网络回帖的方式表达对钟家的同情以及鼓励和支持。虽然前途依然很渺茫，但网友的鼓励和支持更加坚定了钟如九网络维权的信心。

> 虽然政府现在承诺给我们人身自由，但是抢我大伯的遗体和把我们强行拉回宜黄的事情并没有给我们一个说

法。我想他们今天的态度,还是源于你们这些好心人对我的关注,让他们感到了很大的压力。所以才稍微安抚我们一下,但我不知道这能维持多久?不能让我大伯就这样白白死了,让那些罪大恶极的人得到惩罚。

2010—9—19 20:25

当网上出现了假冒钟如九及其哥的微博后,钟如九马上发表微博进行澄清,并通过微博统一行动:

由于这两天出现了假冒我和我哥钟如田身份的微博,也不知道他们想做什么,为了慎重起见,今后钟家所有信息都经由我钟如九统一发出,请网友不要轻易相信其他信息。

2010—9—22 19:26

当钟如九母亲的病情出现反复时,钟如九直接在互联网上发布了求助信息:

各位网友,我妈现在情况非常危急,她从昨晚到现在都没睡觉,肚子胀得快要爆炸了,生命垂危。现在医院也拿不出解决办法,医术、设备已经达到极限。我们现在急需寻找最好的烧伤专家帮他们脱离危险,并且能有办法帮我妈妈和姐姐转院,接受更好的治疗!求求大家了,一定要帮帮我们啊!我向大家跪下,求求你们了。

2010—9—26 20:23

正是这一条微博将网友对该事件的关注推向了高潮，许多网友通过微博和QQ号等各种途径，在一天之内联系了国内专家，“网友不仅联系到了北京的专家，也联系到了上海的专家。北京专家于五点三十五分到达江西省南昌市，而且上海的专家也随后赶到。晚上十点左右，北京和上海的这两位专家走进病房，为钟如九的妈妈和姐姐进行会诊”①。

根据对钟如九的新浪微博研究后发现，她的微博得到了人们的极大关注。在短短的10天之内，被转发或者评论的微博达到了7条。这些微博在发布信息、澄清谣言、获取人们的支持方面获得了巨大成功，如表3.1所示：

表3.1　钟如九被转发或评论超过1000次的微博（截至2010年11月10日）

编码	日期	转载量	评论量	主　题
1	2010—9—17	3126	2303	感谢帮助
2	2010—9—18	1098	523	倾诉家庭的不公正待遇
3	2010—9—18	2142	1346	发布下飞机图片
4	2010—9—19	1324	720	抱怨政府的冷漠和不作为
5	2010—9—20	1426	1107	公布亲人的病情
6	2010—9—22	1003	653	再次公布病情
7	2010—9—26	13126	2981	母亲病危，寻求帮助

资料来源：作者根据钟如九的新浪微博绘制而成。

---

①　沈雁冰.钟如九妈妈今晨转院北京，网友开展大力救援.腾讯网：http://news.qq.com/a/20100928/000189.htm.

（二）无直接利益关系的动员者

虽然利益因素是人们进行动员的重要基础，但是它并不是人们进行组织和动员的唯一动力。除了利益的考量之外，动员过程往往也受到情感的驱使和约束，这种动员往往包含着动员者情绪的投入，这就是网络动员的情感逻辑。这种情感主要有同情、不满和愤怒等。郭景萍就认为集体行动具有多种维度，其中情感就是重要的一维，集体行动需要情感的唤起。[①] 在厦门 PX 事件、宜黄拆迁事件中，我们都可以看到一些与该事件没有直接利益关系的网络意见领袖的参与和动员，这种动员主要是一种情感的动员或者说受价值观驱动的动员。

动员者情绪的卷入，是因为有一种“同情机制”的存在。这种同情机制使得人们能够把他人的遭遇内化为自身的一种情感冲突，从而引起情感的共鸣。同情之心自古有之，孟子认为人皆有不忍人之心，“无恻隐之心，非人员；无羞恶之心，非人也；无辞让之心，非人也；无是非之心，非人也。恻隐之心，仁之端也；羞恶之心，义之端也；是非之心，智之端也。人之有是四端也，犹其有四体也。有是四端而自谓不能者，自贼者也；谓其君不能者，贼其君者也。”[②]斯密也认为，人具有同情或怜悯的天性，“无论人们会认为某人怎样自私，这个人总是明显地存在着

---

① 郭景萍．集体行动的情感逻辑．河北学刊，2006(2)．

② 孟轲．孟子．长春：吉林文史出版社，2007，22．

这样一些本性，这些本性使他关系别人的命运，把别人的幸福看成是自己的事情，虽然他除了看到别人幸福而感到感谢之外，一无所得。”[①]这种同情机制使得人们把别人的不满和遭遇视为一种情感的冲突，或者德国学者霍耐特（Honneth）所说的“社会冲突的道德法则”，即人们的道德规则受到挑战和侵犯时，便会导致感情受到伤害。在这种“社会冲突的道德法则”的支配之下，人们“不会允许而且不能允许对我们信念的侵犯而不受惩罚”，[②]因此，在某种程度上说，与事件没有直接利益关系的旁观者的介入和动员受到“社会冲突的道德法则”的支配，并且这种参与和动员的力度和规模基本和触犯人们核心的价值观念的程度正相关。

在宜黄拆迁自焚事件中，《凤凰周刊》记者邓飞的主动介入，使得原先一个较为普通的“钉子户”抗争事件演变为一场全国关注的公共冲突事件。以邓飞为代表的旁观者主要通过微博、博客和论坛等方式实时报道事件的进展情况，为民众提供了源源不断的信息源，并通过这种策略吸引民众的持续关注。特别是钟家姐妹和宜黄政府的“女厕攻防战”的实时报道，有效地调动了民众的情绪，引起了民众的围观。

其实《新世纪周刊》记者刘长是最早通过微博的方式对“女厕攻防战”进行现场报道的。2010 年 9 月 16 日，钟如翠和钟如九姐妹来到昌北机场欲乘机飞往北京，遭到宜黄政府人员的围

---

① 亚当·斯密.道德情操论.蒋自强译.北京：商务艺术馆，1997，7.

② 埃米尔·涂尔干.社会分工论.渠东译.北京：生活·读书·新知三联书店，2007，60.

堵，钟家姐妹被迫躲进机场厕所。在这期间钟家姐妹通过手机与刘长取得联系。半小时后，刘长发布了第一条事关“宜黄强拆”的“求助帖”和“动员帖”，全文为：

> 【紧急求助!】今天上午7点，抚州自焚事件伤者钟家的两个女儿在南昌昌北机场，欲购买机票去北京伸冤，被一直监控他们的宜黄当地四十多个人控制在机场，家属报警无用，现仍在机场，处于被扣状态中，泣血求助网友。

这条微博发布之后起初并没有引起人们太多的关注，借助于其他同情钟家姐妹的旁观者的不断介入，这条微博才引起了轰动效应。“刘长这条微博起初只获得了寥寥数条转发。大概20分钟后，转机开始出现。网络意见领袖慕容雪村转发了刘长的这条微博。此后，转发开始以几何级数增加。不到一个小时，这条微博已被转载近千次，到当天上午，这条微博已被转发2700多次，并获得了超过1000条的评论。”①

之后，邓飞接过了“女厕攻防战”的微博直播的接力棒，他在微博上的发帖和动员信息使得“宜黄拆迁事件”急速发酵，成为搅动中国的公共事件。2010年9月16日8点30分，邓飞正式开始发表了“直播”微博：

> 08:30【昌北机场直播一】被县委书记带队的40多名

① 邓飞.微博巨澜.时代周报，2010—10—14.

> 官员围住，自焚家属们插翅难飞，航班耽搁，钟如九心力交瘁刚才晕倒，幸而医生现场抢救，现在已无大碍。

作为一个记者，邓飞敏锐地发觉到这个事件的新闻价值，他的良知和正义感迫使他有一种不吐不快的冲动。邓飞认识到要想动员人们持续地关注该事件，必须要借助于媒体的帮助。邓飞开始进入一个专业的记者工作QQ群，呼吁媒体一起关注。"随后的3个小时里，邓飞一共发了20多条微博，其中九条以'昌北机场女厕攻防战'为标题，实时直播了昌北机场的情景。钟如九姐妹如何遇到'围攻'，如何退入厕所坚守，以及'攻守'双方的个人简介全部呈现在网友面前。"①这些直播微博如下：

> 08:57【昌北机场直播二：两女躲在卫生间和记者保持通话】机场派出所一副所长向家属表示：今天是全国民航大检查，需要家属去附近派出所内接受安检……两人仍坚守在卫生间内……
>
> 09:21【昌北机场直播三：机场警察也不忿宜黄官员做派】机场有监控视频，机场摄像头拍下了40多个人围攻2弱女，并将其迫入卫生间的视频，机场派出所的警察调取并观看了该视频，认为宜黄的人太过分了。

---

① 吴杰.宜黄县委书记带队围堵上访户，昌北机场现40分钟"女厕攻防战".《现代快报》，2010—09—17.

09:21【昌北机场直播四:女厕攻防战】……40多名官员在门外急得团团转……,估计宜黄官员会调来当地工作人员或女特警来,冲入最后这个碉堡,活捉两女。谢谢机场乘客的友情支持～～～

09:44【昌北机场女厕直播五:女干部猛扣厕所门】现在宜黄县果然调来并动用了女工作人员,他们拼命在敲钟家女儿藏身的厕所门……钟如九在电话里几乎说不出话来。

09:52【昌北机场直播六:女厕攻防双方简介】……钟如九想随姐姐进京伸冤,被宜黄控制,悲愤交加晕倒在机场,后躲进女厕……

09:58【昌北机场女厕攻防战直播之七:有数家媒体在快速靠近】不能公开单位名称的几家媒体已经快速靠近机场,很快就会有报道出来。双方攻防正在僵持之中,女干部们至今无法破门拿下两女,两女电话通畅。

10:16【昌北机场女厕所攻防战之八:宜黄拿下两女,禁飞】在强大攻势下,钟家两女现在被带出厕所,对方欲把钟家儿女带去机场派出所办公室,钟家人拒绝,现在僵持中。刚才公安向钟宣布:今天你们哪里也不能飞……

10:29【昌北机场女厕所攻防战告终:县市要和钟家好好谈一下】钟家两女被带出女厕,拒绝去派出所,在一茶座休息……刚才机场派出所称:已接江西省公安厅通告,两女被禁止登机。

在这半个小时的时间内,邓飞共发布了9条以“昌北机场女厕所攻防战”为主题的帖子，塑造了一个无助的、弱势的抗争者形象，这引起了人们对钟家姐妹遭遇的关注和同情。很多网民都被动员起来，如新浪微博管理员刘新征所言，“当天整个新浪微博都被这个‘女厕门’搅动起来，很多带V的用户都在转发、评论，满屏幕都是女厕攻防战”。①

从以“宜黄强拆”为关键词的百度指数可以看到，从9月16日到17日这短短一天的时间内，该事件的用户关注度达到高峰值。如图3.3所示：

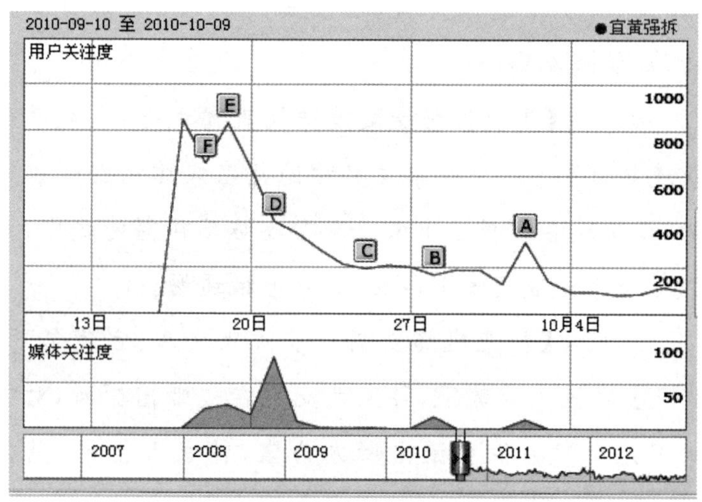

图3.3　“宜黄强拆”百度指数

我们以“邓飞”为关键词进行百度指数检索中，我们发现“宜黄拆迁”和“邓飞”的百度指数曲线具有较高程度的相似性，9月17日，两者的用户关注度都达到了最高峰，这除了和钟如九于

① 邓飞.微博巨澜.时代周报，2010—10—14.

17 日首开微博“维权”之外，也离不开邓飞“女厕攻防战”的组织和动员，如图 3.4 所示。考虑到 9 月 16 日，邓飞曾经通过微博连续地对“女厕攻防战”进行直播式的描述，邓飞作为一个与事件无直接利益相关者的积极介入，对于动员人们对事件的持续关注起到了重要作用。

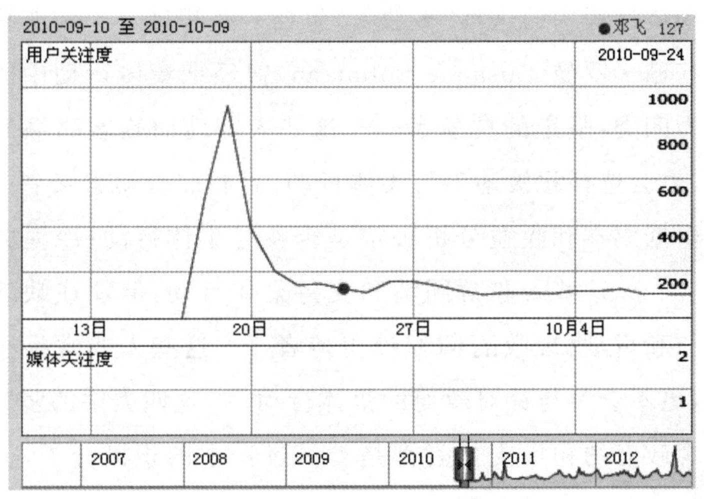

图 3.4　“邓飞”百度指数

二　“多数人的小努力”

网络动员发轫于“少数人的大努力”，没有少数人的努力和动员，大部分的事件都会湮没在信息的汪洋中而不被人们所知。同时网络动员的最大魅力更在于能够在较短的时间内整合多数人的力量，即网络动员是一种“多数人的小努力”过程，这也正是网络动员杠杆作用的第二层基本含义。如美国国家经济委员会的前任资深主任托马斯·卡里(Thomas Kalil)所言：“拥有共同兴趣的人正用因特网解决问题、完成任务并创建资源库。这些资源库将远远不止一个人或者一个团体使用。因特网被用来建立虚拟图书馆……组织大规模的志愿活动，并以一种合作的方式过滤信息。因特网能将数目庞大的网民的努力集合起来，这种能力有着重大的经济、社会和政治意义。”①

动员过程中的这种“多数人”包括一些积极分子和非积极分子。苏珊·罗曼(Susanne Lohmann)曾经把集体行动中的参与者分为四类：坚定的抗争者——这些人即使面临着高额的参与成本，也会选择积极地参与集体行动；温和的行动主义者——这些人根据成本和收益分析决定是否参与集体行动；冷漠的行动主义者——这些人非常同情和支持集体行动，但往往缺乏实际的参与和贡献；现政府的积极支持者——这些人非常反感社会运动，更不会参与针对政府的集体行动。② 这四类中的坚定抗争者和现政府的积极支持者都是动员过程中的积极分子，他们很容易响应各种动员并积极地贡献自己的力量。在网络动员中，这种积极分子主要表现为主动、积极地对动员内容进行修补、加工和深化，以完善其枝节，丰富其内容。正如在2008年的南京“天价烟”事件中，正是很多积极分子不断地提供各种信息和图片，才最终形成一条完整的证据链。这些积极分子本身是网络动员的对象，但是他们在参与集体行动的过程中，往往也容易成

① 简·芳汀.构建虚拟政府：信息技术与制度创新.邵国松.北京：中国人民大学出版社，2004，27.

② Susanne Lohmann. The Dynamics of Information Cascades：The Monday Demonstrations in Leizing，East Germany，1989—1991. *World Politics*，1994，Vol. 47：51.

为二次动员的发起者。虽然积极分子是动员能否发起的关键，但是动员能否取得较大的影响以及是否取得成功，还要靠动员过程中的非积极分子。因为在网络时代，某些事件的积极分子总是相对地处于少数地位，非积极分子总是处于人口的多数。网络动员的非积极分子主要是指某些事件的旁观者和冷漠者，他们虽然也对某些议题感兴趣，但在网络论坛中主要处于一种"潜水"状态。因此网络动员的重点就是如何能够一种把非积极分子转化为积极分子的过程。

帕米拉·E·奥利弗(Pamela E. Oliver)和吉拉尔德·马维尔(Gerald Marwell)把积极行动中的非积极分子分为三个群体：第一，作出贡献的可能性为零的群体；低可能性群体；高可能性群体。[①] 作出贡献可能性为零的群体包括那些反对集体性目标或对这一目标确实持漠不关心态度的人。他们的行为很容易判定：他们将不会作出贡献。这主要表现为网络动员过程中的冷漠者，他们往往对动员内容缺少回应，或者仅仅以"飘过"、"占沙发"等词冷漠待之。低可能性群体通常是典型的搭便车者，他们对集体行动缺乏强烈的认同感，因此他们不愿较深地卷入到集体行动中，但是他们往往容易受一些哪怕是微小的激励的诱导，促使自己作出微小的贡献。高可能性群体往往是一些容易受价值驱动或者"目标性激励"所驱动的人，这种刺激或者驱动使得他们认为自己就是那种应该为集体行动贡献的人，为了集体行

① 帕米拉·E·奥利弗，吉拉尔德·马维尔.集体行动的动员技术.见：艾尔东·莫里斯，卡洛尔·麦克拉吉·缪勒.社会运动的前沿领域.刘能译.北京：北京大学出版社，2002，290.

动的成功，他们会作出一些微小的贡献。但是他们往往是在他人的请求之下才做出行动的，他们的行动在一定的程度上具有被动性和消极性，这也是他们与积极分子的区别所在。网络动员中的高可能性群体主要是指那些慷慨激昂，但并没有提供更多事实新闻的网帖评论者。

在调动非积极分子的情绪，把非积极分子转化为积极分子的过程中，动员者面临着两个关键的不确定性问题。首先，他们缺乏足够的信息来把总体人口准确地区分成作出贡献可能性为零、可能性较低或可能性较高的亚群体。其次，即使在高可能性亚群体中，他们也很少能够确切地知道，谁将会对特定的吁求作出积极反应，因此，动员常常包括浪费努力在内。① 从这个意义上而言，这种动员结果是令人沮丧的。

这个问题看似令人失望，即使在信息时代它也是一个令人无法克服的障碍，但是互联网的开放性、便利性和低廉性使得非积极分子参与集体行动的成本大为降低，从而提高其参与集体行动的积极性。其中，网络动员就是一个重要的机制，是一个招募和组织非积极分子，并把其转为积极分子的“多数人的小努力”过程，这种过程无疑是令人十分振奋的。墨西哥的萨帕特人民运动被曼纽尔·卡斯特称为第一场信息化的游击运动。② 这

---

① 帕米拉·E·奥利弗，吉拉尔德·马维尔. 集体行动的动员技术. 见艾尔东·莫里斯，卡洛尔·麦克拉吉·缪勒. 社会运动的前沿领域. 刘能译. 北京：北京大学出版社，2002，291.

② 曼纽尔·卡斯特. 认同的力量. 曹荣湘译. 北京：社会科学文献出版社，2006，77.

场运动充分说明了"多数人的小努力"是如何把一个看起来像是地方性的议题通过互联网一夜之间彻底转变成一场全球关注的事件的。

1994 年 1 月，在北美自由贸易协定（NAFTA）正式生效的前一天，来自墨西哥南部贫困的恰帕斯州的大约 3000 名土著印第安居民，自称是"萨帕特民族解放组织"的成员。为了抗议北美自由贸易区的签署，他们开始武装暴动并宣布占领恰帕斯州和拉坎顿森林周边的几个城镇。由于武装力量的过分悬殊，"萨帕特民族解放组织"开始节节败退，并被迫地撤回森林。运动的转折点发生于该组织的副总司令马克斯（Subcomandante Marcos）在互联网上的现身，他在互联网上报道了政府军对"萨帕特民族解放组织"成员的残酷镇压，并呼吁群众的理解和支持。马克斯的这次网络动员在全国乃至全世界引发了普遍的同情，人们纷纷通过建立网站甚至是直接参与行动来表达对"萨帕特民族解放组织"的支持。迫于各种压力，墨西哥总统决定和"萨帕特民族解放组织"进行谈判并在之前宣布单方面停火，最终于 1994 年 1 月 14 日签订了停火协议。"萨帕特运动"再次体现了"多数人"的力量，这些"多数人"积极地通过互联网技术进行各种物质或道义的支援，并形成了一种具有误导性的神话。① 例如"萨帕特运动"的支持者主要是来自墨西哥之外的国家，他们以"萨帕特民族解放组织"的名义来负担经费和维持网站；全球黑客组织，如亡牛之祭和电子骚扰剧场等也利用互

---

① May. *The information society*：*A Sceptical View*. Cambridge，2002，53.

联网技术，将反对墨西哥政府的行为与网络社会不合作主义协调起来进行行动。"萨帕特运动"凸显了"多数人的小努力"及其力量，正如有的学者预测的类似"萨帕特运动"这样的"网络战"那样："未来的革命力量也许会越来越由广泛的多组织网络所构成。这种网络并不具备某种特殊的民族认同，而是声称自己来自于公民社会，并且它们也包括了各种渴望采用发达的通讯技术和装备技术的野心勃勃的团体和个人。"①特别是在信息时代，任何微弱的火花都有可能通过互联网的介入和动员而燃烧成熊熊大火。

总之，互联网在激发"多数人的小努力"的潜力方面发挥着重要作用："首先，互联网使得一个临时性的单一议题的群体的形成从困难变得容易，消除集体行动的障碍，交易成本大大地降低，刺激了潜在的支持者；其次，互联网使得社会生活具有高度的可见性和可搜索性，这意味着想法相同的人现在拥有了找到对方、聚集起来并互相合作的能力，而不受社会赞成与否的态度制约，这增强了行动者参与集体行动的信心"。②

第二节　网络动员的影响因素

网络动员是"少数人的大努力"驱动"多数人的小努力"过

---

①　曼纽尔·卡斯特．认同的力量．曹荣湘译．北京：社会科学文献出版社，2006，87.

②　刘力锐．基于网络政治动员态势的政府回应机制研究．沈阳：东北大学出版社，2012，79.

程，这是网络动员的杠杆作用。不管是作为网络动员发起者的“少数人”，还是作为动员对象的“多数人”，作为网络动员的行动者，吸引他们卷入网络动员的因素主要有直接因素和调节因素。其中，直接因素既包括判断、价值、情绪和意志等直接主观因素，也包括上网条件和网络技能等直接客观因素。

总的来说，影响公民卷入网络动员的因素既包括判断相似、价值相同、情绪共振和目标趋同等主观因素，也包括上网条件和网络技能等客观因素以及参与的成本收益计算、动员者的信誉与影响力、公民兴趣和公民的参与经历等调节因素。如图 3.5 所示：

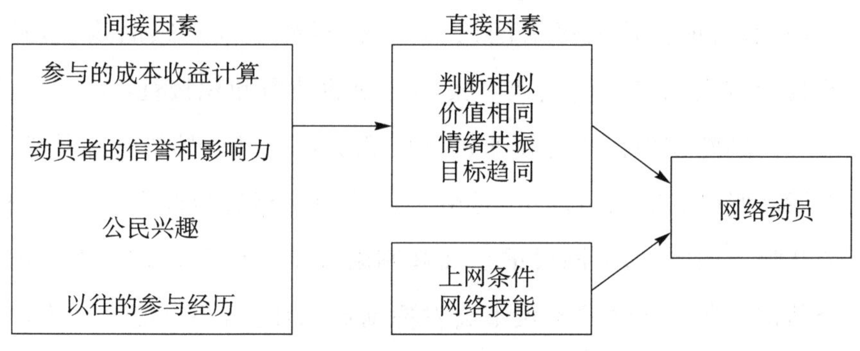

图 3.5　影响网络动员的因素

一　吸引网民参与的主观因素

（一）判断相似

认知对于集体行动的影响，已经得到了人们的关注。正如克兰德尔曼斯（Bert Klandermans）所言：“在有关社会抗议的文献中，有一个见解正在赢得广泛的支持，即是人们对现实的解释，而不是现实本身，引发了集体行动”，[①]这就强调了认知因素对集体行动的影响，甚至有时候会成为决定人们是否会参与集体行动的重要因素。

网络动员同样受到人们认知的影响。一般地说，认知和判断相似更有利于民众的网络参与。网络动员的成功发起离不开民众的认同，人们在多大程度上参与集体行动，取决于人们对集体行动的认可程度，个体对某一类别的群体认同感越强，越会参与集体行动。而判断相似无疑更有利于认同感的构建，它可以打破网络舆论空间的分割，构建出一种超然的认同。如果民众对事件具有各种各样的认知和判断，或者说网络舆论的严重分割，极有可能会造成民众的认知失调，不利于认同感的构建，从而会影响人们参与动员或者集体行动的动力和积极性。

由判断相似而构建出来的共同意识是网络动员的心理基础。人们之所以响应网络动员，是由于这种判断相似会经常引起网民的共鸣。相反，如果网民的认知和判断大不一样且存在着多维解释结构，“那么互联网不仅不会发挥动员的作用，还可能会引发舆论分割，阻碍网络动员。那些不能引发参与网民共鸣的议题、随着传播扩散被逐渐分解的议题、容易引发对立观点的议题，都慢慢消失，最后消失在数以亿兆的互联网信息中”。[②] 总的来说，判断相似有利于克服网络空间的舆论分割，构建一种超然性认同，为民众

---

① Bert Klandermans, Drik Oegama. Potential, Networks, Motivations and Barriers. *American Sociological Review*, 1987(52).

② 高恩新. 互联网公共事件的议题建构与共意动员——以几起网络公共事件为例. 公共管理学报, 2009(4).

的参与行为提供了某种心理暗示和心理支持，它不仅有利于网络动员的成功发起，而且还有利于网络动员的持续和深入进行。

民众的认知或者判断形似来自于他们都拥有“共同的经验”。这种“共同的经验”既有可能是一种现实的经验分享，也有可能是一种“想象的经验”。网民会积极地响应动员，有可能是由于他们本身就是既定事件的利益相关者，如PX事件中的厦门市民，他们有着共同的利益与诉求，这也是他们能够响应并参与行动的最大动力；也有可能是由于动员的主题勾起了他们“惨痛”的记忆；也有可能是由于大多数的网民虽然暂时还没有类似的经历，但是他们依然分享着一种“想象的共同经验”，即现在如果任由事件的发展，而不采取任何行动，将来这种事情同样也有可能发生在自己身上。

（二）价值相同

在集体行动的文献中，对价值观念的研究和参照，是一个老生常谈的问题。虽然对涉及集体行动和价值观念具体关系的处理，还远没有达到令人满意的程度，但是价值观念制约着人们参与集体行动的深度和方式无疑已经取得了共识，这种共识就是价值观念作为一种变量会潜在地制约着人们的动员行为和动员结果。同样，价值观念因素也是影响人们响应网络动员、参与网络行动的重要因素。

某些网站或者组织就直接借助于某种特定的价值观念来动员人们参与集体行动。哈壬（Noriko Hara）教授和埃斯特拉达（Zilia Estrada）教授根据对“前进”（Moveon）和“风暴前线”

(Stormfront)这两个草根组织的在线动员调查和比较，发现两者具有明显的不同的动员模式。哈壬和埃斯特拉达把这两种动员模式分别称为事件驱动型的网络动员和价值驱动型的网络动员。① "风暴前线"网站的动员模式是一种价值驱动型的网络动员，这种动员模式往往诉诸于某种特定的价值观念、极端的思想和某种坚定的信念来动员民众。

"风暴前线"是布莱克先生(Don Black)于 1995 年 3 月创立的美国第一个宣扬白人至上的网站，这个网站在组织和动员人们的参与方面取得了相当的成功。价值驱动的网络动员采取的是一种长期渗透的策略，网站有一个长期固定并且非常具体的单一议题，即鼓吹白人至上。一般来说，某种价值观念具有长期性和稳定性，在短期内很难发生变化，因此一旦人们认同了这种价值观念，就会投入更多的感情和力量。因此，价值驱动型的网络动员虽然很难立刻获得很多人的认同参与，但是一旦获得了目标群体的认同和支持，这种动员效果就具有长期性和稳定性，动员群体也具有较高的忠诚度。正如布莱特(Chip Berlet)先生所讲的那样："对于这些'怨恨团体'来说，这种价值驱动的网站是否在招募成员方面取得了非常的成功？答案是否定的。但是，这种网站是否非常有助于一些边缘的白人把他们的怨恨投射到诸如犹太人或者黑人身上哪？答案是非常明显的。并且有这种态度的边缘白人群体对网站的关注度和忠诚度更高。"②

---

① Noriko Hara, Zilia Estrada. Analyzing the mobilization of grassroots activities via the internet: a case study. *Journal of Information Science*, 2005, vol. 31: 503.

② Chip Berlet. Reevaluating the net. *Intelligence Report*, 2001, 102.

相对于"前进"组织这样的事件驱动型的网络动员模式来说，价值驱动型的网络动员模式的成员具有更高的忠诚度和较深的感情投入以及能够保持较强的持续性。同时由于受到议题局限性的限制，这种网络动员模式在欢迎度方面以及在短时期内动员人们的迅速聚集方面明显地处于一种弱势地位，但是一旦人们认可了这种价值观念，就会积极投入其中并有可能把其当作一项神圣的"事业"。

当然这并不意味着事件驱动型的网络动员并不需要民众形成相同的价值，恰恰相反，这种动员模式往往是基于一种更为松散和广为接受的共识和价值，因此在动员民众的广泛参与方面具有无与伦比的优越性。由于专业的社会运动组织的缺乏，我国的网络动员往往缘于某些事件刺激了民众敏感的神经，引起了民众的共鸣和愤慨，更主要地是一种事件驱动型的动员模式。

一般地说，价值相同更有利于民众参与网络行动。价值相同不仅有助于集体认同感的构建，也给予民众以强大的赋权感，从而增强其参与网络行动的信心和勇气。因为当民众形成了相同的价值判断时，就有可能使得他们对冲突的某一方产生共同的同情和认同，并认为有必要采取行动改变这种不合理的局面。"只有当个体行动者能够意识到他们作为行动者的一致性和连续性时，他们才能够写下他们自己关于社会现实的描述，并对预期和结果做出比较。"①

---

①　Alberto Melucci, *Nomads of the Present: Social Movements and Individual Needs in Contemporary Society*. Philadelphia: Temple University Press, 1989, 32.

在网络事件中，民众的价值相同对于集体行动的发起来说至关重要，价值相同有助于民众集体认同感的构建，它是人们意义和行动的来源，为人们采取集体行动提供了心理支持。价值相同会使民众重新思考“我”的身份，即“我”不仅仅是“我”，“我”是“我们”的一员，以及“我们”应该怎么办的问题。民众的价值相同会使得行动者“认识到他们自己和其他的行动者存在着共同的‘经验’、利益和使命，因而这种共同感把他们凝聚在一起，并赋予他们的行动以意义，同时也对自己的生命历程赋予了意义”，[①]即有关“我们”是谁、“我们”是否受到了公平的对待、“我们”应该采取何种行动的问题。该问题可以表述为，“个体关于他们是谁的感觉，是如何致力于社会变化的社会运动参与者同伴的共享定义，也即‘我们’是谁联系在一起的”。[②]在这一过程中，“我们”得到了阐明并被赋予了意义。因此，由价值相同而建构的“我们”意识，直接地推动着人们参与网络行动的进程。

（三）情绪共振

社会建构理论认为人们的各种不满都是被建构出来的，这实质上是一种情绪的动员，情绪的激发往往是社会动员能够取得成功的前提和基础。正如何明修所言：“激发情绪是社会运动

① Della Porta, Donatella, Mario Diani. *Social Movements: An Introduction*. Wiley-Blackwell, 2006, 91.

② 威廉·甘姆森.集体行动的社会心理学.见艾尔东·莫里斯，卡洛尔·麦克拉吉·缪勒.社会运动理论的前沿领域.刘能译.北京：北京大学出版社，2002，61.

参与的原因之一,动员者的任务就在于改变或者延伸原有的感觉规则。”①情绪、特别是不满情绪往往是推动人们参与集体行动的动力,“行动者对集体行动指涉目标的不满程度越高,参与集体行动的可能性也就越高”。②

当各种刺激性的公共事件引起人们的广泛关注时,在互联网的虚拟场域经常会出现各种各样的情绪表达。情绪的表达和宣泄在聚群的情况下往往具有相互感染的倾向,特别是通过互联网的舆论倍增机制,网络情绪的相互感染更为明显,这就会带来网民情绪的共振。网民情绪的共振往往会在他们之间形成一种共鸣,达成某种心理默契,即应该采取某种行动改变这种不合理的局面。

网络集体行动中的情绪包括失望、同情、愤怒、嫉妒、惧怕和恐慌等,其中愤怒和同情情绪更会经常导致网络参与。

愤怒是导致网民参与的一种重要情绪,正如社会学家阿曼(Eyerman)所言:“愤怒能够激励人们采取行动”,③网民参与集体行动过程中的愤怒情绪主要是由于对社会不公平的感知。比如当公权力严重地侵犯了公民的权利时,这往往会造成公民的愤怒。此外,网民的愤怒情绪也在很大程度上来源于公民行为对人们传统的认知和道德的挑战。

由民族主义而引起的问题最容易引发民众的愤怒。在互联网时代,每一个普通的涉外事件,只要被打上民族主义的标签,任

---

① 何明修.社会运动概论.台北:三民书局,2005,187.

② 蔡前.以互联网为媒介的集体行动研究.南昌:江西人民出版社,2009,144.

③ Ron Eyerman, Andrew Jamison. *Music and Social Movement: Mobilizing Traditions in the Twentieth Century*. Cambridge:Cambridge University Press,1998.

何一个小的“火星”都有可能引发为一场“熊熊大火”。民众的这种愤怒情绪会推动他们参与网络行为,并为这种参与行为贴上爱国主义的标签,从而为他们的网络参与提供了某种合理性支持。

在2008年的“抵制家乐福”事件中,主导公民情绪的就是一种愤怒情绪,在爱国主义的意识形态之下,“圣火”传递的受阻引发了网民的极大愤怒,从而导致了网民的广泛参与和响应。

2008年4月8日,有网友在天涯论坛发了一个“全程记录北京奥运会活动”的帖子,展现出了这样一副面貌:法国市政大厅大楼挂出五环镣铐的旗帜;被撕碎的中国国旗;一个“藏独”男子扰乱北京奥运会圣火的传递以及法国总统萨科齐接见达赖……,这样一副极具视角冲击力的画面瞬时激发了中国人民的愤怒情绪,正如有的网友所言:“这与勃艮第人对圣女贞德的暴行如出一辙。”[①]由此,中国网民展开了一场声势浩大的“300万红心”抵制家乐福活动。

自从网名为“梦罗宁馨”的网友在天涯论坛上发布了《爱我中华,抵制法货》的动员令以来,这种抵制活动迅速地由网上走到网下,并蔓延到国内的多数主要省会城市。在天涯论坛、猫扑和西祠胡同等论坛上都出现了这样的动员令:

“在这不是要请大家抵制什么,想请大家做的只是在5月1日这天不去家乐福这家法国超市,全国各大城市的本

① 杨龙,李杨,王婧等.“抵制家乐福”是怎样传播起来的?中国新闻周刊,2008—04—23.

> 地网络都有类似宣传，希望在5月1日能促成一次全国性的活动，如果您认可这个提议那么还请大家都行动起来吧，向您周围的朋友、亲人宣传一下这个提议吧，这样传十传百地让这成为现实，谢谢！！”
>
> “这个时候正是体现我们中华民族团结一致的时候，越是出现动荡的局面，我们的民族将会凝结得越紧密，相信我们，相信大家，四面楚歌，卧薪尝胆，我们13亿人的力量团结在一起将是多么的强大，问有谁能阻挡。”

民族情绪经常会引发民众的愤怒，在这种愤怒情绪的支配之下，网民认为自己的行为是一种爱国主义行为，他们自身也成为正义的化身。因此这种愤怒情绪更容易获得广泛的认同和支持，从而吸引民众参与网络行动。

同情也是导致网民参与的另外一种重要因素。休谟认为：“自我观念或印象永远是当下存在的，并且是生动的，因此，凡是与我们相关的任何对象必然以一种同样活泼的概念来被设想。”[①]斯密也认为，人具有同情或怜悯的天性，“无论人们会认为某人怎样自私，这个人总是明显地存在着这样一些本性，这些本性使他关系别人的命运，把别人的幸福看成是自己的事情，虽然他除了看到别人幸福而感到感谢之外，一无所得。”[②]因此，当我们看到别人的不幸，会产生同情的心理，“人同此心，心同此理”

---

① 休谟.人性论.北京：商务印书馆，1997，711.

② 亚当·斯密.道德情操论.蒋自强译.北京：商务艺术馆，1997，7.

就是这个道理。网络中的这种同情主要表现为对弱势群体的同情,特别是在民与官,穷与富的冲突博弈中,弱势群体的权利经常遭到侵犯。如果这类事件具有极强的道德震撼性,挑战了人们的道德底线,更容易获得网民的同情,尤其是当看到别人的悲惨遭遇不是由于他自身的原因,而是由于社会不公造成的,这种同情心理就会使得人们能够把他人的遭遇内化为自身的一种情感冲突,引起情感的共鸣,从而推动他们参与网络行动,对权利受损群体进行声援和支持。

当然,在网络动员中,愤怒情绪和同情情绪往往并不是孤立存在的,这往往是问题的两个方面,对施暴方的愤怒往往意味着对受害方的同情,这两种情绪往往相互交织在一起,共同推动着民众的网络行动。

(四) 目标趋同

行动者的意志也是影响公民参与的重要因素,它是决定行动者将对抗意愿转化为实际行动的重要变量。一般地说,意志对于民众的参与和行动的影响主要体现在两个方面:“一方面,它可以促使人们产生某种实现特定目的的行动;另一方面,也可以促使人们压抑某种情感,克制某种行动”[①],而民众是否会采取行动,这和他们的目标趋向密切相关。一般地说,目标趋同更会吸引民众的网络参与。

---

① 许尧.群体性事件中的冲突升级与政府应对.天津:南开大学(博士论文),2011.

目标趋同有助于民众的网络参与，这主要基于以下两个方面的理由：首先，目标趋同增强了公民的赋权感。“赋权是指人能支配自己的生活，制定自己的生活议程，获得技能，建立信心，解决问题，能够自立。它不仅是集体的、社会的、政治的过程，而且还是个人的过程。它不仅是一种过程，也是一种结果”。[①] 民众目标的趋同会增强他们对自身力量的信心，因为在这种场合之下，不仅仅是他一个人在战斗，拥有同样目标的还有其他人，因此，他们相信其他人也会参与行动，这样就会使得他们感觉到自己比以前有了更多的力量，能够完成以前个人不能够完成的工作，实现以前无法实现的理想。

其次，目标趋同也会增强民众对参与成功的预期。对成功的预期会影响到民众的集体行动参与行为，一般情况下，参与的人数越多，则参与集体行动的几率就越大。蔡前根据对一组调查问卷的分析得出：行动者对集体行动成功的预期越高，对自己参与行动后带来的不利影响预期越低，行动者参与集体行动的可能性就越高。[②]

克兰德尔曼斯（Bert Klandermans）把对成功的预期分为三种类型：对集体行动效力的预期；对个体贡献效力的预期；对其他个体行为的预期，[③]而行动者目标的趋同在这三个方面都增强了对成功的预期。特别是在互联网的虚拟场域中，目标的趋同

---

① 韩鸿. 参与和赋权：中国乡村社区建设中的参与式影像研究. 国际新闻界，2011(6).

② 蔡前. 以互联网为媒介的集体行动研究. 南昌：江西人民出版社，2009，145.

③ 贝尔特·克兰德尔曼斯. 抗议的社会建构和多组织场域. 见艾尔东·莫里斯，卡洛尔·麦克拉吉·缪勒. 社会运动理论的前沿领域. 刘能译. 北京：北京大学出版社，2002，95.

使得多人的共同参与成为可能，而互联网大大地降低了人们参与集体行动的成本，特别是在线行动参与的成本几乎可以忽略不计。行动者目标的趋同会使得他们在法不责众的心理支配之下，预期此种行动对自己参与行动后带来的不利影响很低，而这种群体的力量却有助于动员目标的实现，从而大大地增强了其参与网络行动的可能性。

二　影响网民参与的客观因素

上网条件和网络技能是人们参与网络行动的前提和基础，但是并不是所有的民众都能够接近网络以及具备一定的网络技能。简·范戴克(Jan Van Dijk)和肯尼斯·黑科尔(Kenneth Hacker)的研究[①]表明，在个人层面上，互联网的实际获取主要存在着精神获取障碍、物质获取障碍、技能获取障碍和使用获取障碍，如表 3.2 所示：

表 3.2　互联网获取障碍

精神获取障碍	由于缺少兴趣、对计算机焦虑以及新技术缺乏吸引力造成的体验不足
物质获取障碍	没有计算机和网络连接
使用获取障碍	缺乏重要的使用机会
技能获取障碍	由于用户使用不够方便且教育与社会支持不足造成的数字技能缺乏

① Jan Van Dijk, Kenneth Hacker. The Digital Divide as a Complex and Dynamic Phenomenon, *Information society*, 2003(19): 315—326.

由此可见,互联网获取的这四大障碍主要是指上网条件障碍和网络技能障碍,它直接地影响着民众能否响应网络动员、参与集体行动,成为影响民众参与的直接客观因素。

（一）上网条件

上网条件是指公民具备拥有计算机以及网络连接的设备,这是网络动员最基本的前提。现阶段,由于我国经济发展的不平衡,数字鸿沟现象依然存在,很多偏远地区的居民依然缺乏接近网络的机会。

根据《第31次中国互联网络发展状况统计报告》,目前依然有很多民众在使用互联网方面存在着较大的障碍,这种障碍既表现为民众的生活习惯限制,也表现为民众的硬件条件(没有上网设备、当地无法连网)的限制,如图3.6所示:

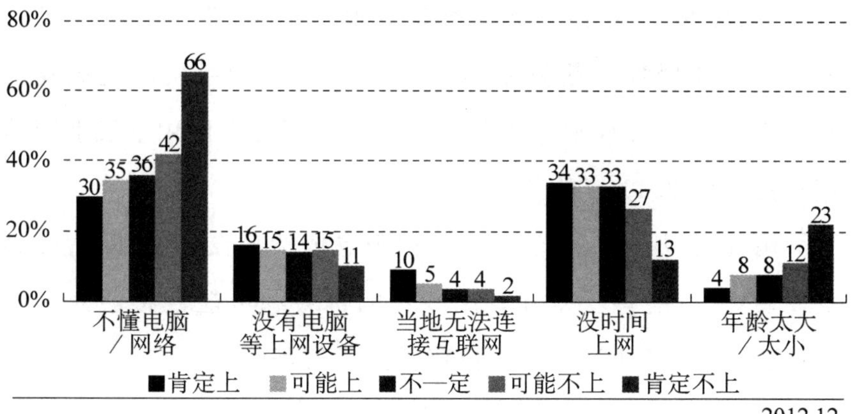

图3.6　非网民上网意向与不使用互联网的原因

数据来源:“第31次中国互联网络发展状况统计报告”。

然而，随着经济和社会的发展，公民接近网络的可能性大大地提高了。根据技术扩散的S曲线模型①，在互联网发展的早期阶段，一些拥有足够财富和知识的"早期用户"最先使用互联网。随着更多成功创新的涌现，越来越多的民众开始使用互联网，互联网用户数量会出现突飞猛进的增长。最后当互联网的扩散达到饱和水平时，其增长率就会趋于缓慢，而使用互联网的成本则会大大地降低。

技术扩散的S曲线模型表明，随着技术的发展，网络获取的价格会急剧下降，人们接近网络的能力大大增强。目前，越来越多的民众开始接近网络。据中国互联网络信息中心(CNNIC)发布的《第31次中国互联网络发展状况统计报告》显示，中国的网民规模总体上依然呈稳定上升的态势，截至2012年12月底，中国网民的规模已经达到5.64亿人，互联网普及率攀升至42.1%，较2011年提升3.8个百分点。同时，我国手机网民的规模也迅速增加。截至2012年12月底，我国手机网民规模为4.20亿，较2011年底增加约6440万人，网民中使用手机上网的用户占比由2011年的69.3%提升至74.5%。②

由此可以预见，虽然数字鸿沟现象依然存在，但是随着社会的发展，公民能够获得互联网设备的机会和可能性将会大大增加，这就为网络动员的发起奠定了坚实的基础。

---

① 安德鲁·查德威克.互联网政治学：国家、公民、与新传播技术.任孟山译.北京：华夏出版社，2010，75.

② 中国互联网络信息中心(CNNIC).第31次中国互联网络发展统计报告.2013，14.

（二）网络技能

网络技能(Internet Skills)有助于网民克服网上冲浪以及网络行动的障碍。一般情况来说，缺乏网络技能的人不仅不太可能有效地利用互联网，而且也有可能变成所谓的“网络退用者”，①以互联网为媒介的社会动员也就无从谈起。

南加利福尼亚大学曾经建立一个衡量网络技能的“互联网连接性指数”，②它包括：一个人拥有家庭电脑的时间长度；人们在网上要完成任务的广度；人们通常努力去实现目标的广度，例如娱乐、跟踪大事、结交新朋友等；人们访问的在线场所的范围，例如论坛、聊天室等；人们在网上与其他人真正交往的深度；对于网络空间普遍存在的积极或消极态度；以及人们感觉自己对计算机和互联网的依赖程度。这些因素综合起来形成一种非常精确的测度手段，用于评估互联网连接的丰富性中的差别和网络技能的水平。

很多的研究成果都表明，网络技能是影响网络动员的重要因素，网络技能同时也影响着公民的在线政治活动。③ 艾瑞克·

---

① “网络退用者”是这样一种群体，他们虽然连接了互联网，但由于受到网络技能的限制，他们又不在互联网上“冲浪”。据卡茨和莱斯的研究，就美国的情况而言，目前互联网退用者的比例大得相当惊人，这一部分的群体大多是年龄在40岁以上、收入不高、没有大学学历且掌握网络技能较少的人，也较有可能是女性和非洲裔美国人。详见：安德鲁·查德威克.互联网政治学：国家、公民、与新传播技术.任孟山译.北京：华夏出版社，2010，73—76.

② 安德鲁·查德威克.互联网政治学：国家、公民、与新传播技术.任孟山译.北京：华夏出版社，2010，75.

③ Samuel J. Best, Brian S. Krueger. Analyzing the representativeness of internet political participation. *Political Behavior*, 2005, 183—216.

Noriko Hara. Internet Use for Political Mobilization: Voices of Participants, Peer-Reviewed Journal on the Internet. 2008, Vol. 13: 120—162.

布希(Erik P. Bucy)对网络技能的研究表明:“网络技能有助于网民克服网上冲浪的技术障碍,正如公民技能有助于公民在复杂的现实政治世界中通行一样。”[①]布莱恩·克鲁格也提出了类似的观点,他认为,网民技能是影响网络动员的重要因素。[②] 克鲁格提出了这样一个假设:网络动员和政治兴趣、过去的选举经历、网络技能、公民技能以及公民的社会经济地位这些重要的独立变量有着密切的关系。

为了对这一观点进行检验,克鲁格首先利用康涅狄格大学调查研究中心2000年美国总统选举的数据调查,对公民的网络技能进行了详细的研究。他通过下列四条条目建立了衡量网络技能的指数:设计过网页;通过电子邮件发送过附件;在互联网上发布过文件;通过互联网下载过文件。布莱恩·克鲁格的研究表明,在这五个主要的独立变量中,网络技能是影响网络动员最重要的因素。虽然公民过去的政治经历、公民技能和公民的社会经济地位都对传统的社会动员和网络动员都有或多或少的影响,但是这些因素不能作为影响网络动员的直接指标,它们通过作用于网络技能而间接地影响着网络动员,只有网络技能才是影响网络动员的直接指标。

总体上看,我国网民的网络技能得到了极大的提高,它主要表现为网民对互联网的运用提升到了一个新的阶段。CNNIC

---

① Erik P. Lucy. Social Access to the Internet. *Harvard International Journal of Press/Politics*, 2000, 50—61.

② Samuel J. Best, Brian S. Krueger. Analyzing the representativeness of internet political participation. *Political Behavior*, 2005, 183—216.

将网民对互联网的使用分为四类:信息获取类、商务交易类、交流沟通类和网络娱乐类,这四类应用的增长速度均超过同期网民的增长速度,其中微博的急速扩张虽然已经结束,但是年增幅仍然达到23.5%。[①] 目前,微博已经成为公民进行网络动员一个十分重要的平台。

然而,随着公民教育水平的提高,即使在中国这样的发展中国家,年轻人的网络技能也普遍增强,网络技能对网络动员的影响比重开始下降,这一点也得到了一些学者的支持。莎拉·威瑟尔(Sara Vissers)等人的研究表明,在美国,网络技能对网络动员的影响不再十分显著,它对政治参与的塑造也开始变得乏力。[②] 可是,莎拉·威瑟尔等人的研究并没有否定网络技能对网络动员的影响,何况,不同群体的网络技能的数字鸿沟依然存在。

三 影响网民参与的调节因素

(一) 参与的成本收益计算

人是理性的动物,人们是否会响应网络动员、参与集体行动,还取决于他们对参与的成本收益比的衡量和计算。一般地说,网络动员虽然大大地降低了人们参与集体行动的成本,但并

---

① 中国互联网络信息中心(CNNIC).第31次中国互联网络发展统计报告.73—76.

② Sara Vissers, Marc Hooghe, Dietlind Stolle. The Impact of Mobilization Media on Off-Line and Online Participation: Are Mobilization Effects Medium-Specific? *Social Science Computer Review*, 2012, 152—169.

不是说这种成本是不存在的。网络动员能否成功发起在很大程度上决定于民众参与行动的风险以及他们对于这种风险的估算。一般地说，相较于在线集体行动而言，动员人们参与离线集体行动的难度相对更要大一些。正如黑客组织“亡牛之祭”网站的首页宣言：“在上街抗议和在线抗议之间有一种不同。我曾经被一个在马背上挥舞着警棍的警官沿街追赶。但是，相信我，坐在一台计算机前不需要这么大的勇气。”①

一般地说，动员的水平和集体行动的性质有关。汤姆·珀斯特(Tom Postmes)和苏莎娜·布鲁斯汀(Sunzanne Brunsting)从两个维度对集体行动进行了划分：个体性—集体性维度；劝说性—对抗性维度。② 相对于对抗性的集体行动而言，劝说性的集体行动要相对容易得多。

集体性集体行动是指由许多行动者共同参与的行动，如劳资冲突、游行活动和请愿活动等。个体性集体行动是指那些由行动者分散进行的集体行动，如个人性破坏、公民不服从以及网络写信等。个体性集体行动和集体性集体行动的区别就是他们在集体行动中的协作程度，那些协作性较强的行动需要行动者的配合和共同努力才能够发生，这种集体行动具有更多的集体性质，而那些不需要较高的协作性的行动，行动者在分散的场所都可以相对地进行，这种集体行动具有更多的个体性特征。劝

---

① 刘力锐.基于网络政治动员态势的政府回应机制研究.沈阳：东北大学出版社，2003，71.

② Tom Postmes，Sunzanne Brunsting. Collective Action in the Age of the Internet：Mass Communication and Online Mobilization. *Social Science Computer Review*，2002，290.

说性—对抗性维度与惩罚性—和非惩罚性维度的划分在本质上是相似的。① 劝说性的集体行动，比如写信、游说和请愿等，它们的主要目的是劝说他人某种观点值得考虑，这种集体行动主要用于解决组织内部的争端和冲突。对抗性的集体行动，比如游行、封锁和破坏等，主要涉及和另一方的直接对抗，它们主要适用于组织间的争端和冲突。如图 3.7 所示：

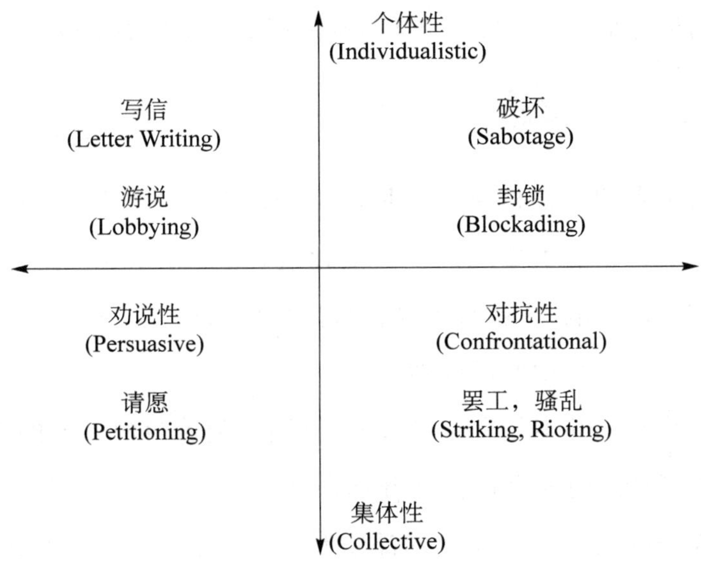

图 3.7　网络集体行动的四象限图谱

资料来源：Tom Postmes & Sunzanne Brunsting. Collective Action in the Age of the Internet: Mass Communication and Online Mobilization, *Social Science Computer Review*, 2002, P. 290.

集体行动的性质在很大程度上决定着民众是否会参与集体行动以及在多大程度上参与集体行动。相对于对抗性集体行动

① S. D. Reicher, R. Spears, T. Postmes. A Social Identity Model of Deindividuation Phenomena, *European Review of Social Psychology*, 1995, 161—198.

而言，不管是在网上还是在网下，劝说性的集体行动都具有更大的吸引力，特别是一些边缘或者非核心的行动者更容易被动员起来参与劝说性集体行动。诸如网上游说、在线签名和在线请愿的成本明显要小于罢工和骚乱这种街头政治的成本，特别是在中国这样的发展中国家，诸如罢工这样的街头政治受到更多的限制和监督。相对于劝说性集体行动而言，作为一个理性的行动者，人们被动员起来参与对抗性集体行动的可能性明显要小得多。

（二）动员者的信誉和影响力

动员者的信誉和影响力是影响公民参与网络行动，特别是离线集体行动的重要因素。一般地说，动员者具有较高的信誉或者较强的影响力，就较容易获得网民的认同和信任，从而增加他们参与集体行动的可能性。

网络动员并不是完全隐蔽的，特别是随着微博认证的推进，许多人开始通过实名的方式开通微博。动员者的信誉和影响力在很大程度上决定了动员的深度和效果，我们经常发现有的动员信息起初在互联网上回应寥寥，在被知名人物转载和评论之后，会得到迅速的关注和围观。“互联网上的‘喃喃自语’只有进入意见领袖的社区之中，才能上升为公共表达，进而引起公共舆论的关注，出现政策回应的可能。”[①]例如在“北川灾后采购豪华越野车事件”中，2009 年 1 月 19 日，网名为“平常”的网民最先披

---

① 曾繁旭，黄广生.网络意见领袖社区的构成、联动及其政策影响：以微博为例.开放时代，2012(4).

露了北川政府采购豪华越野车的信息,他在其个人博客中发布了"看看北川政府的坐骑:100 万哦,地震后该享受了",但是影响并不大。截至 2013 年 3 月 1 日 13 点,这个博客仅仅有 261 人阅读,2 人发表评论。真正地掀起舆论风暴的是韩寒,他于 1 月 22 日发表"灾区政府采购忙,北川出手最大方"博文,当天就有 1646 人发表评论,600 多人进行转载。

网络动员的过程常常伴随着各种信任质疑和信任危机,"动员对象之间的互动、劝说和信任对网络资源动员的决定性,要远远超过对现实资源动员的影响、网络资源动员中的信任更难获取,所有的参与者都是平等的主体,没有哪一个参与者拥有绝对的话语权"①。特别是几次的网络动员行动导致了网络动员的污名化倾向,例如在"陈易卖身救母事件"中,陈易被爆料用网友捐赠的款项进行高消费。因此,网民并不会轻易地卷入到网络动员的进程,尤其是这种动员需要网民的亲身参与或者要较大的物质投入的情况下。相对来说,具有较高声誉和较强影响力的动员者为了长期维持良好的形象,在互联网上会更加谨言慎行,他们往往对自己发布的动员信息更加负责,因而能够获取网民的认同和信任,从而可以相对容易地动员民众参与网络行动。

（三）公民兴趣

兴趣是行动的动力,它往往推动着人们参与各种网络集体行动。特别是政治兴趣,它是推动政治参与的直接动力。麦

① 章友德,周松青.资源动员与网络中的民间救助.社会,2007(3).

克·赛诺斯(Michael Xenos)和帕特里夏·莫教授(Patriacia Moy)认为:“互联网作为一种信息流,虽然打破了时空的障碍,降低了人们参与的成本。但是互联网对公民政治参与的影响归根究底取决于网民的政治兴趣。”①

无独有偶,凯瑟琳·图尔伯特(Caroline Tolbert)和蕾梦娜·麦克尼尔(Ramona Mcneal)通过对1996、1998和2000年的美国总统选举的调查中发现②,1996和2000年的美国总统中,互联网成功地动员了大量选民的参与,互联网的使用和公民的政治参与之间有着非常强的正相关关系。而1998年的美国总统选举中,互联网的使用和公民的政治参与之间并不存在这样显著的正相关关系。他们认为,这种差异和公民的政治兴趣有关。1998年和2000年都是美国总统的换届选举,选民对这两届选举都抱有极高的期望,因此在互联网的动员之下,很多选民参与了投票活动。而1998年的美国选举仅仅是一种中期选举,不足以引起网民的政治兴趣,因此选民的政治参与度不高。

资源动员理论认为,由于受到组织资源以及高昂成本的限制,传统政治动员的目标主要是这样的群体,他们对政治活动拥有较高的政治兴趣,并能够积极地回应各种动员活动,即政治兴趣是影响政治动员的重要指标。但是在互联网时代,互联网打破了时间和空间的限制,这就使得网络动员的成本大大地降低

① Michael Xenos, Patricia Moy. Direct and Differential Effects of the Internet on Political and Civic Engagement, *Journal of Communication*, 2007, Vol. 4:57.

② Caroline Tolbert, Ramona Mcneal. Unraveling the Effects of the Internet on Political Participation? *Political Research Quarterly*, 2003, Vol. 56:204.

了,这时政治兴趣是否依然是影响人们参与网络政治的重要因素呢?西蒙·布斯特(Samuel J. Best)和布莱恩·克鲁格(Brian S. Krueger)的研究表明[①],除了公民技能、公民在线特征等其他相关因素之外,政治兴趣仍然是影响人们政治参与和网络动员水平的重要变量。在此后的研究中,布莱恩·克鲁格利用康涅狄格大学调查研究中心对2000年美国总统选举的数据调查,把政治兴趣予以一个0—10分的赋值,0分表示毫无政治兴趣,10分表示有强烈的政治兴趣,分数越大,表明民众的政治兴趣越强。布莱恩·克鲁格的研究结果进一步支持了这个观点,即政治兴趣对于传统的动员和网络动员都有着直接的影响,兴趣的强弱和网络动员的水平有着较为显著的正相关关系。[②]

(四) 先前的参与经历

网民先前的参与经历会影响到其以后的参与。一般地说,网民先前的参与经历会增强网民对网络行动的认识和了解,这种认识可以培养网民对行动的认同。但是网民先前的参与经历和网络动员之间并不存在直线的正相关关系,它会受到以前参与成效的调节和影响。一般地说,当网民先前的参与获得了很大的成功,或者达到了其参与目标时,就会大大地提高其后期参与的可能性。

已有的研究已经表明,民众的先前参与经历会影响到他们

① Samuel J. Best, Brian S. Krueger. Analyzing the representativeness of internet political participation, *Political Behavior*, 2005, 183—216.

② Brian S. Krueger. A Comparison of Conventional and Political Mobilization, *American Politics Research*, 2006, 759.

后期在现实世界中的参与行为。詹士泰森(Gershtenson)和戈德斯坦(Goldstein)通过大量的调研得出结论:自从20世纪后半期以来,先前的投票经历已经成为民众进行现实政治参与的重要预测指标[①]。然而,在网络环境下,网民的先前参与经历是否会影响他们后期的参与行为呢?布莱恩·克鲁格的研究[②]表明,虽然民众的先前网络参与经历对后期的网络参与行为的影响不如对现实参与行为的影响那么大,但是它依然是影响民众后期网络参与行为的重要因素之一。

“有证据表明,经验的多寡是决定使用者通常在网络上的活动数量的关键因素。互联网被用来做‘正经’用途随着经验急剧增加:个人更有可能让互联网融入自己的日常生活,更信任在线交易,并更自在地将网络作为正经沟通的工具,这种‘经验现象’十分重要。”[③]先前的网络参与经历,特别是成功的参与经历会增加民众的满足感和赋权感,从而大大增加其后期参与的可能性。例如在厦门PX事件中,有的网民对互联网力量的强大表示感慨,并表示如果下次再出现类似的事情,仍然会寻求互联网的帮助[④]。

---

① Gershtenson, Mobilization Strategies of the Democrats and Republicans, 1956—2000, *Political Research Quarterly*, 2003(56): 938—957; Goldstein, The Political of Participation: Mobilization and Turnout over Time, *Political Behavior*, 2002(24): 3—29.

② Brian S. Krueger. A Comparison of Conventional and Political Mobilization, *American Politics Research*, 2006, 759.

③ 安德鲁·查德威克. 互联网政治学:国家、公民、与新传播技术. 任孟山译. 北京:华夏出版社,2010,101.

④ 邓聿文. 厦门PX项目:政府顺应民意的示范. 凤凰网:http://news.ifeng.com/opinion/200712/1223_23_340413.shtml.

第三节　网络动员的意义建构

诸如强烈的公民兴趣和较高的网络技能等因素使得公民参与网络动员的可能性大大增加，而社会问题则为网络动员提供了有利的机会结构。但是，社会问题出现并不一定会导致网络动员的出现，正如克兰德尔曼斯(Bert Klandermans)所言："在有关社会抗议的文献中，有一个见解正在赢得广泛的支持，即是人们对现实的解释，而不是现实本身，引发了集体行动"。① 动员并不会自动发生，社会问题之所以能够引起人们的注意，需要行动者的感知并且赋予其意义。网络动员需要人们的广泛响应和参与，但是这种参与也并不是自动生成的。如果动员者希望人们参与集体行动的进程，必须要说服潜在的追随者，参与行动是有意义的，这就是一个意义建构的过程。

一　网络动员的意义框架建构功能

框架这一概念最先由欧文·戈夫曼(Erving Goffman)最先使用，它被当作一种用于帮助人们认知、理解和标记事件的一种解读方式。戈夫曼认为框架允许个体"'去界定、看待、辨认和标签'发生在他们生活空间内的或整个世界内的事件"。② 戴维·斯诺

① Bert Klandermans, Drik Oegama. Potential, Networks, Motivations and Barriers, *American Sociological Review*, 1987(52).

② Erving Goffman. *Frame Analysis*, New York: Harper & Row, Publisher, 1974, 54.

(David A. Snow)和罗伯特·本福特(Robert D. Benford)发现，存在着一种特殊的与集体行动有关的认知理解——行动框架，这个框架隐身于所有的文化之中，又是被社会性地建构起来的。

在斯诺和本福特看来，行动框架就是一种“解释图式”，他们指出，学者们在框架的界定和具体认知上可能有所不同，但是，“框架概念所指的基本对象在本质上是一样的：它所指的就是一个通过选择性地突出人们过去和现在所处环境中的某些客体、情境、事件、体验和一系列的行动并对其进行编码，从而对‘人们面前的那个世界’进行简化和压缩的解释图式。”①行动者如果想成功地动员人们参与某种集体行动，就首先构建一种成功的行动框架，对于集体行动而言，这是一个必不可少的过程。既然行动框架对于社会动员和集体行动而言如此重要，那么行动框架具有哪些功能呢？

框架对于社会动员和集体行动来说极其重要，社会学家总结出了行动框架的三大功能，即标注功能、归因功能和表象功能。

（一）标注功能

标注功能是行动框架的基本功能，它主要关注于集体行动的性质或者说给集体行动“贴标签”。“定性”和“贴标签”对于集体行动来说极其重要，集体行动只有被贴上正义的标签，才能获得

---

① 戴维·A·斯诺，罗伯特·D·本福特.主框架和抗议周期.见艾尔东·莫里斯，卡洛尔·麦克拉吉·缪勒.社会运动理论的前沿领域.刘能译.北京：北京大学出版社，2002，152.

多数人的认可和支持。集体行动框架经常以“社会公平”作为动员的话语，它突出地强调，我们之所以参与集体行动，是由于社会存在着严重的不公，这种不公是不应该存在也不应该被容忍的。“集体行动爆发前，人们必定把他们的遭遇集体地定义为不公正的……，集体行动的焦点是造成满腔怒火和坚定意志的义愤”。①既然社会存在着严重的不公和不道德状态，自己参与旨在改变这种不公平和不道德的集体行动就是一种具有正义性质的行动，这也就在一定程度上降低了人们响应动员、参与行动的心理负担。

自从2003年以来，中国的集体行动就进入了“新民权运动”阶段，在这个阶段，人们的权利开始迅速觉醒，“社会公平”成为集体行动可资利用的话语。在我国最近几年发生的集体行动，我们都可以看到这种“不公平”的现象，例如在2010年的宜黄拆迁事件中，有网友就持有这种观点：

> [心之涯0602]不论站在什么角度，宜黄拆迁都是一场极其邪恶，令人痛心的卑鄙行径。自古以来，天灾人祸与官逼民反相依而行。随着社会贫富差距的拉大，阶级矛盾日显锋芒，特别是有些基层的执法行为变得“随意性”，导致民怨载道。放眼当前国际形势，如果一个国家失去民众凝聚力，何以抗衡内忧外患？长此以往，何来国泰民安？(2010—9—18 20:55)

① 西德尼·塔罗.运动中的力量:社会运动与斗争政治.吴庆宏译.南京:译林出版社,2005,149.

当然如果仅仅把某一状况、突发事件定义为不公正和不道德的，或者将某个群体视为不公正的受害者，还不足以动员人们参与集体行动。这还需要为社会动员和集体行动寻找一个“靶子”，即造成这种社会不公的根源是什么？谁应该受到谴责并且承担责任？这就是行动框架的归因功能。

（二）归因功能

有效的社会动员需要为集体行动寻找一个批判的“靶子”，它要求对不公正的社会形势进行诊断，这是行动框架的归因功能。归因主要是在社会不公这个主体框架下进行的，即找出谁应该为这种不公或者这种悲惨遭遇负责。在归因功能中，“人祸”总是作为最直接的普遍归因模式，他们往往把地方政府官员的不作为或者行政乱作为看作是导致不公或者悲惨遭遇的罪魁祸首。当集体行动爆发时，“媒介质疑的对象主要集中于两个：地方政府和企业。从更高层次看，媒体报道如此‘借题发挥’，反映了中国极其特殊的社会状况。将矛头指向危害公共利益的地方政府和企业，迎合了转型社会公众情绪不满甚至是怨恨情绪的心理需求，有极大的鼓动性；总是针对地方政府的激烈批评，反映了中国当前政治中中央与地方的复杂权力关系；媒介借助中央力量打击违法的地方政府的策略，也体现了大众媒介在中国社会中的体制特殊性。”①

---

①　孙玮.转型中国环境报道的功能分析——“新社会运动”中的社会动员.国际新闻界，2009(1).

虽然我国公民对中央政府有着较高的认同，但我国地方政府公信力的持续弱化却是一个不争的事实。与中央政府相比，地方政府的公信力不断受损，这与地方政府直接面向群众的状况息息相关。在某些情况下，地方政府的官员如果不能正确地处理某些事件，就有可能导致冲突的升级，从而导致集体行动中暴力的扩散，有时候地方政府官员的不作为和乱作为甚至成为集体行动爆发的直接原因。因此政府官员往往成为某些严重问题的罪魁祸首，如在宜黄拆迁事件中，就有网友持有这样的一种归因思维方式：

> [云卷云舒]为了一幢房子，人可以抛弃生命，可见房子在他们心目中的价值高于生命，可悲。为了拆一幢房子，可以对生命的消失无动于衷，可见这些公仆们的心肠有多么的冷血无情，可恨。这只能说明政府官员根本不把群众的利益放在心上，他们心中只想着如何升官发财，他们的自私和冷漠造就了这场人间悲剧！（2010—9—12 10:18）

网友虽然把“宜黄拆迁”事件的悲剧直接归因于政府官员的冷漠和自私，但是也有网友看到了事件背后的体制因素，不合理的体制和不完善的法律才是这次悲剧产生的根源。

> [葛熔金]杜绝非法强拆，有关部门已经不知道说了多少次，但是这样的惨剧屡屡在各地上演？在巨大的经济利益面前，有关政府部门总是经不起诱惑，一起起罪恶行径的

背后,受伤的总是当地老百姓。这是一个县委书记的问题吗?以维护稳定为由让当事人失踪数月实则密押在精神病院的例子太多了,只要以“维稳”为中心的考核体制依然存在,只要现行的拆迁制度不加以改变,这种悲剧就无法真正避免。(2010—9—13 11:14)

(三) 表意功能

行动框架建构的目的就是动员更多的行动者参与到集体行动中来,如果某些集体行动纯粹是一种“就事论事”式的行为,完全和行动者没有关联,这样动员的效果就会大打折扣。这就需要把某个具体问题和个人生活体验联系起来,以及把此次行动和更广泛的意义连接起来,以超越具体问题的意义建构,这就是框架的表意功能。

正如甘姆森所言,表意“是用来对所观察到的和体验到的现实的碎片进行解码和‘包装’的标记和整理工具,这样一来,后来的体验和事件就不再需要重新解释了。得到标注和编码的信息线索,可能是各不相同的甚至是不协调的,但它们以某种方式编织在一起,使得原先没有觉察到的,或至少没有明确表述过的事件和经历,现在富有意义地相互有了关联。”①表意功能对于社会动员来说尤为重要,它超越了单纯的“就事论事”式的论辩,从而把某个事件和更广泛的意义联系在一起。它通过构建行动的更

---

① 戴维·A·斯诺,罗伯特·D·本福特.主框架和抗议周期.见艾尔东·莫里斯,卡洛尔·麦克拉吉·缪勒.社会运动理论的前沿领域.刘能译.北京:北京大学出版社,2002,157.

广泛和更深层次的意义，来对行动者进行动员，诱使他们加入集体行动。

在宜黄拆迁事件中，媒体致力于把此次事件和2009年的唐福珍自焚事件联系在一起，从而构建了弱势群体利益无法得到保障的图像。表意功能会使人产生这样的感觉，如果不想问题变得更糟，必须要采取某种行动。人们能够从某个事件中看到以前自己的影子或者如果不采取某种行动，这种遭遇就有可能随时发生在每一个人身上。在"宜黄事件"中，有人这样形象地描述道：

> [花起花落]起初，他们追杀天主教徒，我不是天主教徒，我没有说话；接着，他们追杀犹太人，我不是犹太人，我没有说话；最后，他们奔我而来，再也没有人站出来为我说话了。(2010—9—14 09:14)

二　意义框架对集体行动的动员作用

集体行动的框架对于社会动员来说极其重要，框架的意义就在于促成不同真实之间的转换，即把社会客观事实转换为行动者的主观真实，这种转换主要是通过选择与重组两种机制实现的，转换的成功与否直接决定着社会动员的成败。臧国仁认为，不同真实之间的转换构成了真实的框架，这种框架由高层、中层和低层环节组成，高层框架框定了动员的主旨，中层框架代表着动员过程中不同文本的投放，低层框架则体现着动员发起者的动员技巧，这种框架推动着集体行动的发生和发展。如图3.8所示：

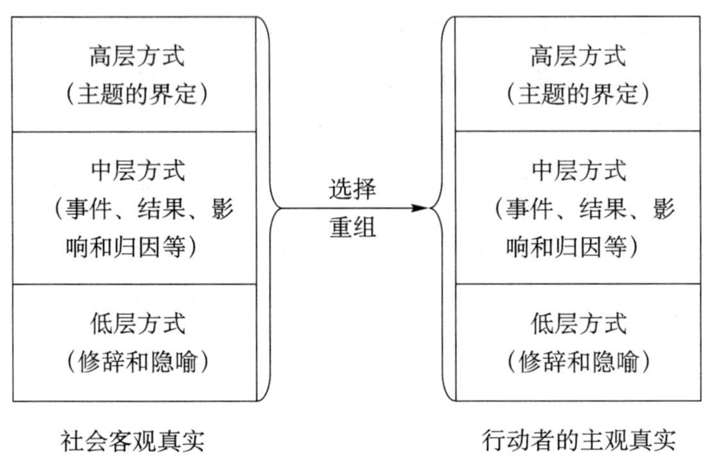

图3.8 框架的动员方式图

在"宜黄拆迁"事件中，我们可以看到新闻记者邓飞和当事人通过高层动员方式设定了动员的主题，并通过运用具象叙事、草根表达和苦难展示等具体的策略和手段，引起网民的关注和参与，并获取道义上的同情和支持。

2010年9月10日，江西省抚州市宜黄县凤岗镇发生一起因拆迁引发的自焚事件，三人被烧成重伤，随后被送到南昌大学第一附属医院进行抢救。"这是一场严重的由不当拆迁而引发的自焚事件"，媒体从一开始就把这一事件定义为因暴力拆迁而引发的抗争事件。9月12日，一则关于宜黄拆迁导致三人自焚的新闻报道被转发到互联网上，引起了人们的围观。9月16日，钟如翠和钟如九姐妹来到昌北机场欲乘机飞往北京，遭到宜黄政府人员的围堵，钟家姐妹被迫躲进机场厕所。在这期间钟家姐妹通过手机与刘长取得联系。半小时后，刘长发表了第一条事关“宜黄强拆”的“求助帖”和“动员帖”。之后，邓飞接过了“女厕攻防战”的微博直播的接力棒，他在微博上的发帖和动员信息使得“宜黄拆迁事件”急速发酵，成为搅动中国的公共事件。9月17日，钟如九开通了微博，开始实时报道事件的进展情况。9月下旬，天涯论坛上出现了质疑钟家和媒体的帖子。9月28日，钟母的病情开始加重，钟如九通过微博救母，需求帮助，并把母亲成功地转移到北京。2010年10月下旬，钟家与抚州市政府达到了某种默契，微博上抗争的信息基本平息，网民的关注度也开始急剧下降。根据对微博和论坛上关于宜黄拆迁事件进行整理，可以发现此次“宜黄事件”中的框架动员主要可以分为以下三个层次，如图3.9所示：

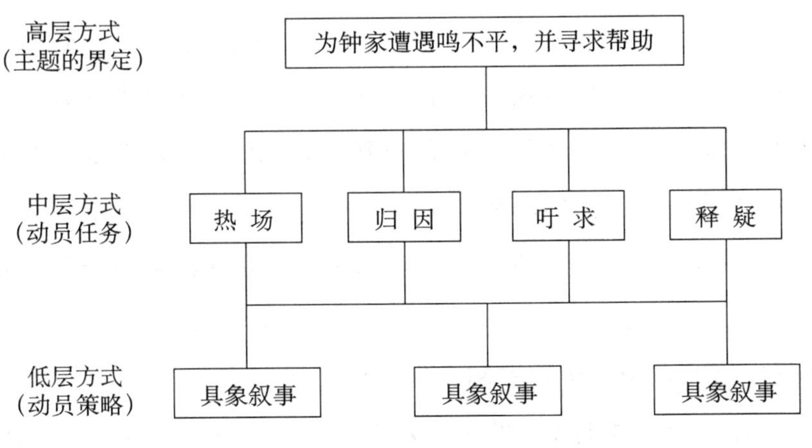

图3.9　“宜黄拆迁”中的框架动员

（一）作为动员主题的高层方式

动员和集体行动的发生需要有一个明确的主题，这就是框架动员的高层方式。框架动员的高层方式就是界定和突出主题。框架动员的方式首先要明确动员的主题，这是动员活动的发起者所欲引导人们实现的目的。所有的动员活动和动员策略都是围绕着这一主题而进行的，这也是戈夫曼所称之的“这是什么事情”(what is it that’s going here)。

所有的动员框架都要有一个中心思想，在媒介真实中，它往往以标题的形式直接出现。行动框架的高层动员方式代表着动员者的旨趣和价值取向，是动员和集体行动的核心意义。这种主题往往非常清晰和明显，通过主题，人们便可知道动员与集体行动的直接目的和核心意义。框架的中层结构和低层结构都要围绕着高层结构而展开，否则便会带来动员的低效或失败。

动员主题的设计并不是随心所欲的，这种主题如果能够立刻引起人们的共鸣，首先就要和大众的文化传统保持一致，或者说这种动员主题是潜藏在所有文化之中，又被社会性地建构起来的。随着我国网络公民社会的到来，公民权利逐渐成为底层民众的话语，也有的学者把发轫于 2003 年的孙志刚事件作为“新民权运动”，这种“新民权运动”的突出特点就是强调权利的神圣性和不可侵犯性。孙炜把“新民权运动”的主题概括为人身权利、财产权利、政治权利、消费者权利和参与治理权利等。① 2003 年也因此被称为“新民权运动”元年。② 随着权利意识的觉

① 孙玮. 中国“新民权运动”中的媒介“社会动员”——以重庆市“钉子户”事件的媒介报道为例. 新闻大学，2008(4).

② 参见王怡. 2003：“新民权运动”的发轫和操练；清风. 新民权运动元年. 中国新闻周刊，2003(12).

醒，公民权利开始成为社会的主流话语，维权也成为行动者可资借用的文化和道德资源。在最近几年成功的网络动员案例中，我们发现凡是强烈震撼性的侵权事件，受害者总是较易地得到人们的同情和支持，甚至这种网上动员也成功地把人们的行动从网络空间带到现实世界。

人们是否会响应网络动员，还取决于人们对集体行动的价值判断。人们总是倾向于认为自己的行为是正义和善的，或者说某些事件刺激了我们敏感的神经，迫使我们采取行动来维护社会公益。行动的正义与否虽然是一种主观判断，它也有一种被社会上大多数人所接受的文化规范和判断标准，偏离这种文化规范的行动很难引起人们的共鸣，动员也就会无疾而终。正如赵振祥所言："一场成功的集体行动主旨，即框架的高层结构，必须与所在社会普世价值体系相统一，尤其是对'善'与'恶'的判断，从而保证议题的正当性和合法性，获取成功进入公共话语场域的机会，获取公众的关注"。[①] "宜黄事件"中的网络动员之所以能够成功，是因为它契合了民众权利保卫的心理需求，并把其建构为一种强者对弱者的冷漠和无视。

"宜黄事件"中的动员主题与目前流行于网络公民社会的权利文化相契合。"宜黄事件"的动员主题就是"为钟家遭遇鸣不平，并寻求帮助"。2010 年 9 月 12 日，一条"江西宜黄拆迁引三人自焚，官员警察竟无一施救"的帖子在天涯论坛上发布，这个

---

① 赵振祥，刘毅.微博救助行动的舆论动员结构探析.重庆工商大学学报(社会科学版)，2012(3).

标题把“拆迁”、“自焚”、“官员”和“警察”几个敏感词汇放在一起，构建了一种官员冷漠无情、草菅人命，而受害者却孤立无援、求救无门的无助图像。在这样的图像之下，民众的权利经常受到侵犯，“钟家的自焚是一种被逼无奈的选择”这种情境设定很容易获取民众对钟家的同情，以及对政府官员行为的愤慨和谴责，从而使得这种动员能够吸引网民的关注。

（二）作为动员任务的中层方式

在新闻的生产过程中，框架的中层结构主要由主要事件、先前事件、结果、影响、归因和评估等环节组成。[①] 在集体行动的框架中，框架动员的中层方式主要表现为网络动员的各个阶段所要处理的具体任务。网络动员是一个持续的过程，不可能一蹴而就。框架的动员过程分为不同的阶段，“不同阶段的舆论动员任务各有其各自的特点和工具性目的，并以其为基准选择性投放适宜的文本符号。动员的目的不断变幻，对应即时中层结构的不断变化以及行动意义的推陈与创新”。[②] 框架动员的中层方式主要意义在于对于主题结构的阐述和说明。

在“宜黄拆迁”事件中，框架动员的中层方式主要是对热场、归因、吁求和释疑四个阶段的文本投放。

1. 热场

热场是网络动员和框架构建的起点，它的主要目的是寻找

---

① 臧国仁.新闻媒体与消息来源——媒介框架与真实建构之论述.台北：三民书局，1999，36.

② 赵振祥，刘毅.微博救助行动的舆论动员结构探析.重庆工商大学学报（社会科学版），2012(3).

事件的“刺激点”，从而吸引人们的注意。热场一般主要包括对事件的核心人物、情节和行动的简要描述。在网络的虚拟场域中，信息极为庞杂，如果想让某些事件得到人们的关注，首要的就是要凝聚人气，这就是事件的热场过程。热场成功的标志就是某一个或某一些帖子被大规模地转载和评论。

在“宜黄拆迁”事件中，“女厕攻防战”的微博直播起到了很好的热场作用。在此之前，虽然有网络开始对“宜黄拆迁”事件进行报道，但是它也仅仅被视为一场普通的由拆迁引起的自焚事件，与以往的自焚事件相比，这次事件并没有什么本质的不同，人们已经司空见惯。但是随着“女厕攻防战”的微博直播，人们更直观地看到政府的强势以及钟家姐妹的孤苦无依。一边是步步紧逼的地方政府，一边是孤立无援的文弱女子，这种强烈的对比瞬时吸引了人们的眼球。7 点 39 分，微博上出现了第一条有关“女厕攻防战”的求助信息：

> 【紧急求助！】今天上午 7 点，抚州自焚事件伤者钟家的两个女儿在南昌昌北机场，欲购买机票去北京伸冤，被一直监控他们的宜黄当地四十多个人控制在机场，家属报警无用，现仍在机场，处于被扣状态中，泣血求助网友。

这条信息具备了热场所必需的各种因素，在这条短小的文本中，时间、地点、人物和行动都交代得十分清楚。并且它以“紧急求助”开头，强调了事态的严重性和紧迫性。其中在文本中还出现了“拆迁”、“伸冤”和“泣血求助”等敏感词汇，更凸显了其野蛮性和残酷性。

这条信息随后被莫容雪村、笑蜀和邓飞等意见领袖转发，在不到4个小时的时间内，这条微博已被转发2700多次，评论超过1000条。此后邓飞更是连续地以“昌平机场直播”为主题发布了七条信息，将“厕所攻防战”的实时动态呈现在观众面前。

热场阶段的文本投放往往都以非常情绪化的笔调来凸显问题的严重性和紧迫性，并且通过浓烈的感情渲染来激发人们的关注和参与欲望。为了实现热场的效果，文本往往有强烈的价值判断和舆论导向，在有限的字数内，对事件往往进行苦难和悲情式描写。

2. 归因

归因就是对事件发生因果的推论。为了维持人们情感的持续投入，集体行动的框架需要寻找一个批判的“靶子”，这就是集体行动的归因。归因主要是在社会不公这个主体框架下进行的，即找出谁应该为这种不公或者悲惨遭遇负责，“人祸”往往是导致这种不合理结果的直接原因。如在“宜黄拆迁”事件中，有人就认为正是政府官员权利意识的淡薄导致了悲剧的发生：

> [避风港]真不敢相信这是发生在文明社会中的事情。宜黄政府官员究竟是人民的公仆还是人民的主人？这些官员根本就没有把民众放在眼里，为了完成上级的任务，他们可以肆无忌惮地侵犯公民的权利，我真的想问问这个世界上还有没有公理？只要政府官员没有树立权利观念，唯上是从，这种悲剧就会经常地发生。(2010—09—26 14:28)

如果仅仅把这种不合理的结果归因为少数官员的不当行为，就会降低该事件的普遍意义，它仿佛仅仅是由于某种特殊因素催化出来的偶然事件，这种结果发生在此时此地并不意味着它会在彼时彼地发生。只有那种经常发生的不合理事件，才会得到人们的普遍关注。因此在我国，网民总是倾向于不仅把这些不合理结果归因为“人祸”，更具有体制的因素：

> [葛熔金]杜绝非法强拆，有关部门已经不知道说了多少次，但是这样的惨剧屡屡在各地上演！在巨大的经济利益面前，有关政府部门总是经不起诱惑，一起起罪恶行径的背后，受伤的总是当地老百姓。这是一个县委书记的问题吗？以维护稳定为由让当事人失踪数月实则密押在精神病院的例子太多了，只要以“维稳”为中心的考核体制依然存在，只要现行的拆迁制度不加以改变，这种悲剧就无法真正避免。(2010—9—13 11:14)

在网络动员的初级阶段，对事件的不同归因直接影响着动员效果的强弱。“如果事件或者议题本身不明确、存在多维解释结构，那么互联网上所形成的议题或者舆论就很容易被分割成不同的、甚至相互对立的观点，从而弱化动员的效果”。① 在集体

① 高恩新.互联网公共事件的议题建构与共意动员：以几起网络公共事件为例.公共管理学报，2009(10).

行动的归因阶段，不仅是“人祸”更是“体制”，就成为主要的归因模式。

3. 吁求

吁求就是呼吁网民采取某种实际行动，以参与和支持集体行动，它是网络动员的核心和关键环节。如果说热场和归因的目的是为了凝聚人气，吸引人们的关注，吁求则是网络动员的真实和最终目的。相对于热场和归因来说，吁求更具有目的性意义。

在信息时代，互联网本事既是一种资源动员的有效工具，也是社会冲突发生的场域，它的出现大大地加快了信息传播速度，并在很大程度上改变了我们的生活。吁求的首要目的就是要引起人们的旁观，旁观本身就是一种力量，是信息能够快速有效传播的有效方式。在互联网的虚拟场域，这种吁求往往首先表现为所发的信息希望得到扩散和评论，如在“宜黄拆迁”事件中，我们可以发现钟如九通过微博发布了大量的此类帖子：

> [钟如九]我大伯 9 月 17 日晚上 1:20 左右过世了，2:30 左右宜黄县委书记邱建国带了 100 多人到南昌一附医院，把我大伯的尸体强行抢走了，这个社会还有法吗？他又为何有这么大的胆呀，现在是不是杀人也没人管呀，好心人帮忙转吧，求求你们了，我不知道后面还有没有机会发了，我好怕呀，求扩散！（2010—9—17 5:27）

这种直接寻求转载或扩散的吁求帖或关注帖往往处于网络

动员的初级阶段，这种吁求类似于前述的热场，目的也在于凝聚人气，寻求理解和同情。但是当网络动员发展到一定的阶段，它往往希望网民能够参与到集体行动中去，由在线集体行动走向离线集体行动，这往往是网络动员的真实目的。这个阶段的吁求贴往往直接表现为求助帖。如在“宜黄拆迁”事件中，当钟如九的母亲病危时，她在微博上发布了一条求助信息：

> [钟如九]各位网友，我妈现在情况非常危急，她从昨晚到现在都没睡觉，肚子胀得快要爆炸了，生命垂危。现在医院也拿不出解决办法，医术、设备已经达到极限。我们现在急需寻找好的烧伤专家帮他们脱离危险，并且能有办法帮我妈妈和姐姐转院，接受更好的治疗！求求大家了，一定要帮帮我们啊！我向大家跪下，求求你们了！（2010—9—26 20:23）

这条微博发布之后，在较短的时间内得到了网民的积极响应，天南海北的网友纷纷献计献策，在24小时之内就联系了国内的顶级专家，最终“北京专家已在傍晚5点35分飞到南昌，随后上海的专家也抵达，晚上十点左右，两位专家一起到病房为钟妈妈和姐姐会诊，指导抢救”，[①]正是通过求助帖，在网友的帮助下，钟如九母亲的病情得到了及时医治。

---

① 沈雁冰. 网友24小时微博接力大救援. 凤凰网：http://news.ifeng.com/gundong/detail_2010_09/28/2650385_0.shtml.

网络动员中的吁求帖主要分为关注帖和求助帖两大类。网络动员前期的吁求帖主要是关注帖，它的目的在于凝聚人气，吸引人们的关注。后期的吁求帖主要是一种求助帖，希望网民直接在现实生活中提供某种帮助。谢茨施耐德（E. E. Schattschneider）曾经把弱势群体的斗争策略概括为实现冲突的社会化，即"处于弱势的一方努力诉诸公共权威，使冲突的范围不断扩大，借助新的力量的介入改变于己不利的权力格局的趋向"。[①] 特别是对于希望人们能够直接参与社会冲突的求助帖而言，它也是一种实现冲突社会化的过程。

4. 释疑

在网络动员的高潮阶段，往往伴有支持者、中立者和质疑者并存的现象。支持者主要表现为对网络动员的响应和支持；中立者主要表现为各种旁观者，他们对网络动员不作任何的主观评价，主要以"飘过"、"坐沙发"和"路过"等无实质内容的词汇进行评论；质疑者则主要从动员主题的合理性以及行动的可信度等方面进行质疑，以反制网络动员。

在"宜黄拆迁"事件中，在刘长、邓飞等网络意见领袖的动员之下，事件得到了高度关注，钟氏家族受到了普遍的同情和支持。但是随着事态的进展，有人开始质疑"宜黄事件"的真实性以及钟家行为的合理性。在9月下旬，天涯论坛上开始出现对事件真相的拷问以及对钟家行为正当性与合理性进行质疑的网

---

① 谢茨施耐德．半主权的人民：一个现实主义者眼中的美国民主．任军锋译．天津：天津人民出版社，2000，3.

帖。这些帖子主要从以下六个方面提出了疑问：[①]

第一，拆迁的用途是什么？

第二，县房管局的“行政强制拆迁通过”是否违反程序？

第三，在拆迁一事未达成共识之前，拆迁方是否有权力对被拆迁人强制断电停水？

第四，县政府提出的补偿是否公平合理？

第五，钟家究竟是否遭到强拆？

第六，钟家究竟是自焚还是一种意外？在悲剧发生之后，拆迁人员是否参与救助？

有的网友就认为钟家在拆迁补偿款上要价过高，损害了公共利益。网友“合力福记“认为：

> [合力福记]我想知道，当时你家提的什么条件，对方给的什么条件？差距到底有多大？这么宁死不搬，还不仅仅是为了钱？自焚是不是玩过火了？麻烦你想问题成熟点，政府拆房是为大多数人着想，而不是让你漫天要价的。(2010—9—20 17:51)

在网络动员的高潮阶段，噪音是普遍存在的，人们对事件真相的拷问以及各种质疑对于事实的澄清有着重要意义。但是对于网络动员的发起者而言，针对动员主题过多的质疑则会严重

---

① 详参吕德文.媒介动员、钉子户与抗争政治：宜黄事件再分析.社会，2012(3)；“拷问抚州拆迁户‘自焚事件’”.腾讯网：http://view.news.qq.com/zt2010/fzzf/bak.htm 等.

地分割网络舆论,降低动员的效果。网络动员的效果取决于网络舆论的分割程度,"网络舆论的分割程度则取决于抗争话语的内容,这种话语内容的一致性和合理性决定了网络公众舆论的一致性和持久性"。① 因此针对网络动员中的各种质疑,动员的发起者必须进行解释,以降低噪音,强化公众舆论的一致性。

针对网友提出的质疑,钟如九进行了回应和解释:

> [钟如九]客运站已经修好了,我们提的条件绝对没有不合理,只不过是想跟旁边的邻居赔的地方一样,难道这样也过分了吗?如果你了解事情真相的话,我想你是不会说出这样的话的!我们这样做就是为了争一口气,捍卫自己的家园。那种痛苦不是你能想象的。我们只不过是想保卫自己的家园,用自己的身体来维护自身的权利,难道这样还有错吗?(2010—9—21 09:40)

钟如九的这个释疑帖发布之后,引起了人们的广泛关注和讨论。截至2010年9月25日8点20分,该帖已被转发5600多次,评论2400多条。大多数的评论都以对钟如九的遭遇表示理解和同情,很多网友在查看了这条帖子之后,表达了类似的观点:

---

① 高恩新.互联网公共事件的议题建构与共意动员:以几起网络公共事件为例.公共管理学报,2009(10).

［长发飘飘］事实的真相固然重要，也许事件爆发时的具体细节永远无从知晓。但是政府拆迁采用野蛮手段究竟是不对的。钟家用身体维权的方式固然十分偏激，但也是无奈之举。拆迁竟然逼人自焚，可见政府行为的不妥。祝福钟家早日康复！（2010—9—24 6:28）

释疑帖的作用是为了降低动员过程中的各种质疑和噪声，以维持网络舆论的统一性，强化动员效果。此外，“该阶段将加大新内容的持续投入，从而与大量无效反馈信息相抗衡，通过凸显有益信息、弱化无效信息、回应敌对信息控制场域内良好的舆情走势”，①它实质上就是一种打消人们的忧虑以及消除各种不利于动员的降噪过程。

（三）作为动员策略的低层动员方式

在动员的过程中，框架动员的高层方式规定了动员的主题和核心人物，中层方式和低层方式都是围绕高层方式而展开的，如果说框架的中层方式主要是指动员的过程中所要处理的具体任务，低层方式则是指通过各种修辞和言说手段即各种具体的策略，来完成各种任务以及凸显动员的主题。

低层方式主要是通过语言和符号来表现的，它包括由不同的字或词组合而成的修辞或者叙述风格，它类似于梵戴克（Van

① 赵振祥，刘毅. 微博救助行动的舆论动员结构探析. 重庆工商大学学报（社会科学版），2012(3).

Dijk)所称的言说的微观结构。这种言说微观结构涉及到行文的用字技巧和句法结构等。在网络动员的过程中，框架的低层动员方式主要表现为由各种修辞手段而修饰的网络文本。“网上直白的求助、求援帖有很多，使网友形成了审美疲劳，难以形成兴奋点”，①只有具有良好的修饰手段的文本才能给人留下深刻的印象，引起网民的共鸣。在“宜黄拆迁”事件中，作为叙述手段的低层结构主要表现为具象式叙事、草根式表达和苦难式展示。

1. 具象式叙事

具象式叙事并不完全等同于直白式的求助，它通过对事件细节的回顾和审视，让网民有身临其境之感。这种具象式的叙事看似以朴实无华的文字进行着事件的记录和复原，并且以图像再现的方式进行佐证，这种叙事方式往往能够达到“润物细无声”的效果，在打动网民的同时并不会使其感到某种压力和强迫感。

在“宜黄事件”中，邓飞通过微博直播的方式报道了“厕所攻防战”的全过程。邓飞在不到三个小时的时间内发布了九条以“昌北机场女厕攻防战直播”为标题的微博，这些微博具有以下几个特点：首先，标题虽然采取平铺直叙的方式叙述了事件的全过程，但是以“厕所攻防战”这种略带戏谑性和讽刺性的文字，容易引起网友的围观；其次，虽然这九条微博采用这种具象式的叙

① 章友德，周青松. 网络动员的结构和模式——以“小雪玲救助案”为例. 政工研究动态，2008(8).

事方式，以提供事实真相为主要目的，但这其中隐藏着作者的价值判断和动员诉求，即希望网友能够对钟家进行支持和帮助，只不过这种动员方式是隐形的，动员的目的隐藏于文字信息的背后。作者并没有直接要求网民进行救助，帮助与否完全根据网民的意愿，这就降低了网民的心理强迫感；再次，这些微博以图文并茂的方式进行直播，给网民以更直观的视觉冲击，提高了事件的可信度和网民的接受度。在网络动员中，由于受到文本容量的限制，每条微博中的信息总是有限的，因此动员的发起者总是连续发布多条微博对其进行深描，或者是通过超链接的形式，把其微博链接到其个人博客或者其他网页上，以对其进行更加细致的描写。

邓飞的“昌北机场女厕攻防战”以具象化的方式对其进行了描述，这种隐形的动员方式起到了良好的效果。有的网友在看到帖子之后作出这样的评论：

> [若隐若现]围观就是力量！县委书记竟然亲自带队到南昌机场围堵两女孩，还迫使她们进入卫生间，这种直播方式是对宜黄地方政府最大的嘲弄和讽刺！如果我们默认和容忍宜黄强拆事件，类似的悲剧还会重演。钟家姐妹好可怜啊，怎么才能够帮助他们哪？（2010—9—21 8:16）

具象式叙事是对事件的一种深度描写，它往往以朴实无华的语言对其进行叙述，在平淡无奇的背后往往有着“于无声处响惊雷”的妙处。这种叙事风格往往以图文并茂的方式对其进行深描，将其动员目的隐藏于文本信息背后，使事件得以重新得到阅读和审视。

2. 草根式表达

草根主要代指普通民众，“一根草就像一个普通的人，其力量极其有限，但无数的草长成一片就具有令人生畏的力量。人们把普通民众动员起来的强大力量比作草根，就是要强调民众联合的重要性”。[①] 草根式表达就是要以一种草根民众都能够听懂的通俗语言来传递信息。如前所述，网络动员的是“少数人的大努力”撬动“多数人的小努力”的过程，这种动员的最终效果取决于多数人的关注程度，在互联网的虚拟场域，这种动员首先表现为动员帖子的点击量，只有那些使用日常生活语言的帖子才能引起人们的持续关注。因此在网络动员中，叙事的手法必须生活化，富有亲和力。例如在“宜黄拆迁”事件中，媒体记者刘长最早发表了官员“女厕攻防战”的动员帖子：

> 【紧急求助!】今天上午7点，抚州自焚事件伤者钟家的两个女儿在南昌昌北机场，欲购买机票去北京伸冤，被一直监控他们的宜黄当地四十多个人控制在机场，家属报警无用，现仍在机场，处于被扣状态中，泣血求助网友。

这条微博对“女厕攻防战”的实况进行了深度描写，以“紧急求助”为标题，凸显了事件的严重性和紧迫性，这种描写主要是

① 赵可金.“新草根运动”撕裂美国政治版图.世界知识，2010(8).

以一种简单明晰的语言即草根式的表达方式向网友传递了事件的发展动态。

在网络动员的过程中，这种草根式的表达往往刻意强调边界的划分，构建出一种“我们—他们”的解释框架。这种解释框架往往把“我们”塑造为一种弱者形象，即有关“我们”是谁、“我们”是否受到了公平的对待、“我们”应该采取何种行动的问题。“集体认同感关注的是个体和文化体系之间的交汇。更明确地说，该问题可以表述为，个体关于他们是谁的感觉，是如何致力于社会变化的社会运动参与者同伴的共享定义，也即‘我们’是谁，联系在一起的。”①在这一过程中，“我们”是社会中的大多数，“我们”是孤苦无依的一群。在此，“我们”得到了阐明并被赋予了意义。例如在“宜黄拆迁”事件中，就有网友发出这样的评论：

> [一叶知秋]政府就会欺负我们这样一群软弱的老百姓，我们应该采取行动联合起来，如果我们默认这种情况的存在，那么这种悲剧明天就有可能发生在你我身上。(2010—9—26 13:18)

网络动员过程中的草根式表达往往要求以通俗易懂的草根语言进行动员，但是在互联网这个草根异常活跃的场域，这种草根式的表达往往也把事件中不幸的一方视为草根中的一员，而

① 威廉·甘姆森.集体行动的社会心理学.见艾尔东·莫里斯，卡洛尔·麦克拉吉·缪勒.社会运动理论的前沿领域.刘能译.北京：北京大学出版社，2002，61.

施暴者中则是与“我们”相对立的，这种边界的划分有利于吸引网民的情感投入程度。

3. 苦难式展示

苦难式展示就是通过对事件当事人悲惨遭遇的描写和刻画，激发人们的同情心，给人强烈的精神震撼。这种震撼性既有可能是一种道德上的挑战，也有可能是一种利益上的严重剥夺状态。某些事件具有极大的震撼性，是因为该事件挑战了人们的道德底线，激发了人们的正义感和同情心，或者是因为该事件使得某些特殊群体的利益严重受损，迫使他们不得不奋起力争，捍卫自己的利益。正如贾斯珀(James Jasper)所言：“只有从道德上给人震撼，才能从情感上让人感动。”①越是能够触及道德底线的事件，越能够给人以极大的震撼，并推动人们积极参与行动。

这种苦难式展示类似于杨国斌提及的“悲情弱势”策略②，“一般来讲，社会对于弱势群体和悲情人物往往会给予更多的理解和支持，弱势策略正是基于这种社会心理，以微博为平台进行情感的运作，来获得自身需要的情感动员的效果”。③ 事实上，为了最大程度地刺激网民的神经，发帖者十分关注对主贴标题的处理。这些标题大多以悲情和同情叙事为主，并强调了采取行

---

① James Jasper. The Emotions of Protest: Reactive and Affective Emotions in and Around Social Movement, *Sociological Forum*, 1998(13).

② 参见杨国斌. 悲情与戏谑：网络事件中的情感动员. 见邱林川，陈韬文. 新媒体事件研究. 北京：中国人民大学出版社，2011，40—65.

③ 白淑英，肖本立. 新浪微博中网民的情感动员. 兰州大学学报(社会科学版)，2001(5).

动的紧迫性。“大部分的帖子以悲情叙事、蒙冤叙事、苦难叙事、情感渲染和道德谴责等‘社会剧场’手段作为话语策略。”①这种苦难或悲情牌如果和极端牌一起打出，更会增强事件的震撼性。“钓鱼”执法中的孙志刚断指明志，张海超以更为惨烈的方式选择“开胸验肺”，唐福珍和钟家大伯的“自焚”维权……，这种苦难的展示往往能够轻易地获取网民的同情和支持，以及对强势的不满和憎恨。

在“宜黄拆迁”事件中，钟如九通过微博发布了亲人的病情：

> [钟如九]我妈妈，大伯还有我二姐都还没有渡过危险期，医生在星期一给他们做完植皮手术后说手术比较顺利，但他们这几个月随时可能有生命危险。他们喉咙上都插着管，还不能说话。我们很痛心。(2010—9—17 11:54)

这个帖子具有以下两个显著的特点：首先，从人物形象上看，这条帖子涉及的主要人物包括钟如九的大伯、妈妈和姐姐，而在我国的社会文化中，老人和妇女往往属于社会弱势群体，他们更容易激发人们的关注和同情心；其次，从网络内容上看，这条帖子突出强调了其亲人的悲惨遭遇，通过“喉咙上插管”和“随时有生命危险”等词汇的具象描述突出了“悲”和“苦”，而这种苦难式展示的动员方式也取得了良好的效果：

---

① 何国平.网络群体事件的动员模式及其舆论引导.思想政治工作研究，2009(9).

> [报人黄一刚]这是来自江西抚州市宜黄县自焚家庭的小女儿钟如九微博的信息，一个只能靠网络和世界通话的弱女子的声音。但她的身后却有千千万万善良的与她一样平凡的公民，他们为着自身的合法权利不被剥夺而不屈不挠地抗争着，他们是中国的脊梁！（2010—9—17 15:30）

西德尼·塔罗认为，“任何反压迫的运动都得给现有疾苦提出新的诊治和补救，由此使疾苦受到道义上的谴责……，焦点则是造成满腹怒火和坚定意志的义愤”，[①]而这种义愤则主要是通过苦难的展示来完成的。网络动员的苦难式展示往往以“悲”和“苦”作为一种话语策略，以此强调事件的道德震撼，增强网民的情感投入程度。

---

① 西德尼·塔罗.运动中的力量：社会运动与斗争政治.吴庆宏译.南京：译林出版社，2005，149.

第四章　网络动员对社会冲突的影响

冲突中行动者的目标是在博弈中获得优势地位，并进而在最后的利益分配中取胜，而实力是双方实现这些目标最有效的手段和工具。新的外部力量卷入，必然将改变冲突双方原有的力量格局和冲突的结果。当前中国社会的冲突以强势群体和弱势群体之间的博弈为主。强势一方倾向于采取私域化的策略，将维持现有的格局；相反，弱势一方则更希望引入新的力量，将冲突扩散化，即实现冲突的社会化。处于弱势的一方为了改变不利处境，往往会将冲突社会化。相对其他的或传统的渠道和资源，网络的特点和优势决定了实现这一目标最有效的途径就是网络动员。一般情况下，网络动员可以迅速地改变冲突双方的博弈格局，它对强势群体和弱势群体双方的影响是不同的。

第一节　网络动员对冲突双方博弈格局的影响

一　强势群体和弱势群体的冲突

处于转型时期的中国社会，利益分化加剧，利益主体之间因利益需求的分歧而不断产生各种摩擦、矛盾和冲突。中国进入利益博弈时代，利益主体之间的相互博弈成为社会常态，各类群体之间的冲突成为社会不和谐的重要表征。

当前我国利益群体的冲突博弈存在三种类型：①第一，强强冲突博弈，即发生在各类强势群体之间的利益纷争，这类冲突的主体多为经济利益分配中的既得利益者。例如在房地产行业中，相对那些失房者和失地者，开发商、建筑商、政府等无疑在利益链条中处于强势地位，这些主体围绕土地、房产问题产生一系列冲突。第二，弱弱冲突博弈，即发生在弱势群体之间的利益纠纷。例如，村庄之间因竞争水源、矿产资源或投资而发生的冲突，农民工内部因新老分化、不同行业、不同地区等因素引发的冲突。第三，强弱冲突博弈，即发生在强势群体与弱势群体之间的利益冲突。例如，当前冲突问题集中爆发的劳资、医患、环保等领域，突出表现了资方与工人、医院与患者、污染企业与当地村民等强势群体与弱势群体之间的冲突。此外，那些容易成为

---

①　郑杭生，杨敏．当前我国社会矛盾的新特点及其正确处理．中国特色社会主义研究，2006(4).

焦点事件的官民、贫富矛盾同样是这种情况。当前我国弱势群体和强势群体之间的冲突集中地表现为民与官的冲突、贫与富的冲突。

虽然强强冲突博弈和弱弱冲突博弈是我国利益群体冲突博弈的重要类型，但是，就我国目前的社会冲突而言，强势群体和弱势群体的冲突无疑对中国社会的影响最大和最为深远，它主要表现在以下两个方面：

第一，强弱冲突的加剧化趋势。它主要是由以下三个因素引起的：

首先，贫富收入差距呈现扩大化趋势。目前我国贫富收入的差距呈现出规模扩大化和加速化趋势，在30多年的时间内，我国已经从一个平均主义盛行的国家转变为贫富差距现象严重的国家。据统计，"我国的基尼系数从2002年的0.46扩大到2008年的0.504。这意味着中国GDP每年以10%以上的平均速度增长的同时，中国的收入分配差距每年以1.5%的平均增长速度恶化，比90年代的上涨速度提高了0.7个百分点。"①我国基尼系数的增长是我国贫富差距扩大化的最直接反映。

其次，我国出现了"阶层固化"现象。在20世纪末期，由于所有制结构的调整和分配模式的变化，中国阶层迅速分化。目前，社会分层的速度开始减缓，阶层固化现象开始凸显。用来体现社会分层的主要指标，诸如财富、职业和权利等呈现出一种世袭化倾向，社会不公由最初的分配不公向机会不公转变。现在

---

① 纪宝成.单纯"效率导向"导致冲突加剧.人民论坛，2011(8).

社会上普遍流行的“穷二代”、“富二代”和“官二代”等称呼，表明了我国确实已经出现了“阶层固化”的趋势。

再次，社会流动机会减少。“阶层固化”导致的直接后果就是社会流动机会的减少，弱势群体的纵向流动通道变得越来越狭窄。社会阶层正常的流动机制遭到了破坏，这进一步加强了强势群体阶层的封闭性，强势群体在社会流动中表现出日益强烈的“封闭性”和“排他性”，弱势群体通过社会流动而成为强势群体一员的难度越来越大。

这三种趋势的出现，也表明了我国的强势群体已经从总体上形成了一种精英联盟，以维护其既得利益。正如孙立平所言：“中国社会中已经出现了强弱分野的阶级对立现象，强势群体之间形成了稳定的联盟关系，而且这种强弱分离的格局基本定型化，弱势群体很难在利益的调整和分配中发出声音。”[①]这样带来的最直接后果就是强势群体和弱势群体在利益博弈格局中的对抗程度增强。

第二，强弱冲突的破坏性后果。一方面，相比较于强强冲突和弱弱冲突而言，强势群体和弱势群体的冲突涉及到社会上的两大对立的阶层和群体，如果任由这种冲突的过度发展，就会形成对整个社会的撕裂。另一方面，强弱冲突也会使得强势群体成员与弱势群体成员的个体性冲突上升到集体性冲突。在强弱冲突中，特别是贫与富、民与官的冲突中，人们喜欢用一种简单

---

① 孙立平.中国已出现强弱分野的阶级对立.中国社会学网：http://www.sociology.cass.cn/shxw/shjgyfc/ t20050425_5753.htm.

化的思维来看待这种冲突，即将成员之间的简单冲突抽象为弱者与强者、善与恶、对与错的对立，从而将这种个体性的冲突上升到集体性冲突。我国最近发生的群体性事件，虽然爆发的原因各异，但大多都是由于弱势群体成员的弱者身份获得了人们的同情和认同，从而使得冲突的规模和性质都发生了变化。

二　冲突博弈中强弱双方不同的行动逻辑

（一）外部变量介入与冲突扩散的关系

谢茨施耐德(E. E. Schattschneider)在冲突扩散的研究中，将冲突的主体分为直接参与者和被吸引到其中的旁观者两部分。大量旁观者的存在构成了冲突格局不可分割的一部分，他们的卷入决定着冲突的扩散程度和结果。① 通常，旁观者对冲突的这种作用往往是因为他们在规模和范围上是冲突直接当事人的数倍或数十、上百倍；旁观者与冲突当事人的关系是不稳定的，他们对于争议的观点和态度从来不是真正意义上的不偏不倚；此外，争议本身和冲突发展所释放的情绪将直接传染和激发旁观者的情感。

旁观者所具有的以上特性导致其介入冲突的不确定性，从而促使冲突的力量格局和冲突结果充满了变数。首先也是最重要的一点是，冲突一旦发生扩散，将变得很难控制。冲突扩散的

① 谢茨施耐德．半主权的人民：一个现实主义者眼中的美国民主．任军锋译．天津：天津人民出版社，2000，2—4．

连锁反应，将相关信息传递给大量的旁观者和潜在的参与者，以至于冲突的直接参与者很可能失去对冲突过程和结果的控制。其次，大量主体卷入后，后参与者经常变为冲突的主角，介入最初或许是基于事件本身，但随后争议性议题产生扩散和激变；当然，新的变量介入虽然使得冲突变得更加复杂，但同样会产生解决冲突的很多资源。此外，冲突的扩散带入新的观点、立场和评判标准，打破了起初的力量格局，而且当事双方的实力几乎不可能在相同程度上获得等量的增量。任何一方支持者的增加，即等同于对方支持度降低，因此，双方都想方设法减少对方的支持者。

（二）冲突的私域化和冲突的公域化

在上述观念的基础上，谢氏提出了冲突中强弱双方不同的行动逻辑。[①] 正因为，冲突的扩散将导致许多新因素的卷入，使得冲突变得更加复杂，充满各种变数，以及面临失去控制的风险，所以，原本处于博弈优势的强者一方倾向于将冲突限制在有限的范围内，极力阻止冲突的公开化，避免公共权威的介入，以维持对冲突过程和结果的控制。谢氏将强势主体的这种努力称之为“冲突的私域化”策略。在没有外部力量的作用下尤其是公共权威时，冲突可能通过双方竞争、私下协商和谈判等方式解决。

① 谢茨施耐德. 半主权的人民：一个现实主义者眼中的美国民主. 任军锋译. 天津：天津人民出版社，2000，6—7.

与此相对应，外部力量的介入，尽管存在不确定性，但同时也会产生许多解决冲突的新的资源、渠道、手段等，公共权威能够为强弱双方提供平等的制度渠道和平台，同时还会制约强势者的过度索取。而处于弱势的一方乐于看到这种变化，因为在不可能比原来更糟糕的情况下，只要看到冲突扩散有利于自己的希望就是可以欣然接受的。因此，冲突的弱势方倾向于将冲突扩散化，将信息公开化，使冲突变得引人注目，从而争取更多的支持和资源，以增加自身的实力。谢氏将弱势主体的这种努力称之为"冲突的社会化"或者"冲突的公域化"策略。在这种策略引导下，弱者通过各种直接或间接的方式向政府求助的现象司空见惯。

当利益博弈发生在强势群体和弱势群体之间时，弱者的反应可能是忍气吞声，或使用"弱者的武器"，但这通常发生在可以忍受的利益损失范围内或代价过于高昂之时。当面临生存性威胁和利益攸关问题时，奋起抗争成为弱者的必然出路。当然，弱者的反抗大多存在一种线性的逻辑。他们的第一选择往往是与对方商量着办，进而求助各种体制内的渠道。一旦上述的这些努力未果，或者缺乏耐心，弱势群体的行动开始转向。一种方向是，通过自残身体的方式进行悲情抗争；另一种方向则是通过各种"问题化"的策略①或"闹大"的技术②，将冲突问题扩散化，借此寻求利益维护或权利救助。此外，弱者的反抗同样存在一种

---

① 韦长伟."问题化"逻辑：弱势群体抗争的一种解释.理论与改革，2011(5).

② 韩志明.利益表达、资源动员与议程设置——对于"闹大"现象的描述性分析.公共管理学报，2012(2).

跳跃性的逻辑,即直接从温和的抗争走向极端的抗争,或从体制内的渠道突然转向问题化逻辑。

三　网络动员成为弱势方改变冲突格局的最佳选择

(一) 传统的冲突解决渠道

1. 司法渠道

司法渠道是指冲突中的当事人通过诉讼由法律途径和程序寻求争议解决的方式。尽管在我国,通过诉讼等司法渠道解决冲突的比例极小,毫无疑问,司法制度在我国冲突的化解中占据重要的核心地位。

对于弱势群体而言,司法渠道最大的优点就是可以保障相对的正义和公平。虽然目前司法的权威不高,特别是由于受到行政干预、地方保护主义等多种因素的影响,司法不公的现象经常发生。但是,相对地说,司法审判需要一些严格的程序,可以在很大程度上保障弱势群体的权益。通过正式的司法渠道解决冲突问题,有着严格、完备的程序支持,确保了程序上的正义,从而在很大程度上确保了实质正义的最大可能。

对于强势群体而言,司法渠道的优势就是可以"拖垮"弱势群体。因为司法诉讼本身的技术性、专业性要求,使得诉讼不仅需要付出一定的时间和经济成本。相对地说,强势群体比弱势群体更能承担司法的经济成本,也更能坚持将官司打下去。在调解过程中,这也有可能迫使弱势群体作出有利于强势群体的让步和妥协。

司法渠道对于强势群体的这种优势，恰恰是弱势群体的劣势。对于弱势群体而言，司法渠道的最大劣势就是程序繁琐和周期长、成本高昂。借助司法渠道的抗争和维权是以繁琐的程序、较长的时间周期、牺牲效率为代价的。以劳资冲突为例，一般是历经仲裁、起诉、一审以及可能的二审等几个程序，走下来需要至少半年的时间。北京义联 2013 年 1 月最新发布的《劳动维权研究报告(2007—2012)》显示，对涉及法律程序的 4146 起案件的统计发现，同一个劳动者经历了两个以上法律程序的案件的比例高于 60%，最长的耗时可达 18 个月；普通的工伤案件更是要历经 12 道程序，耗时多达 36 个月；如果是职业病案件，所需时间将更长。①

对于弱势群体而言，司法渠道的第二个劣势就是成本高昂。这些成本除了上文中的时间成本，主要还有经济成本和机会成本。司法途径所需的诉讼费用较高，尽管有着法律援助制度的保障，但是相对的受益人却是极为少数的。由于当前弱势群体数量庞大，单纯依靠法律援助进行的诉讼所需的成本花费将异常庞大，因此，依靠司法援助渠道看来不太现实。我国的基层法院主要集中在县域，而只在乡镇一级设立派出法庭。这种空间和地域上的限制，使得法院无法直接贴近社会大众，来往的交通费用和吃住同样是一笔不小的开支。走法律程序所涉及的当事人具有不可替代性，而周期长附带引发务工损失甚至是失业，以

---

① 陈磊. 新生代工人抱团跨越维权坎. 法制网：http://www.legaldaily.com.cn/News_Center/content/2013—01/16/content_4131082.htm? node=33902.

及其他各种可能的机会成本损失。此外,对于普通人尤其是弱势群体而言,司法渠道维权的成本过于奢侈了。

对于弱势群体而言,司法渠道的第三个劣势就是司法的刚性使得弱势群体的所有诉求不能够一揽子得到解决。司法具有刚性的特征,并不是所有的诉求都能够得到法院的支持,它具有一套明确的法律规定。相对来说,司法诉讼是一种具有高度专业化和规则化的冲突解决途径。在司法诉讼中,弱势群体总是希望提出尽可能多的诉讼请求,获得更多的收益,并希望得到法院的支持,而法院对公民的诉讼请求是否支持都有明确的法律规定,因此在现实生活中,弱势群体所有的诉讼请求很难能够一揽子得到解决。

对于弱势群体而言,司法渠道也有其他的劣势。比如相对于强势群体而言,弱势群体运用法律解决问题的能力明显不足。法律渠道需要较高的法律意识,既然要用司法手段解决冲突,需要当事人具有必备的文化素质和法律知识,如对方侵犯了哪些权益、追诉周期、举证问题等等。虽说胜负难料,但对弱者而言,失败的风险更高一些。在采取集体式的法律维权之前,通常是分散的个体通过申请仲裁或起诉的方式维权,但结果经常是“折了”,单个的法律维权对弱者一方经常以失败结束。

2. 行政渠道

行政渠道是指冲突当事人通过听证、行政复议、行政调解、行政裁决以及其他经由行政机关处理争议的渠道。随着政府管理和服务职能的增强,以及政府的自由裁判权的扩展,行政渠道已经成为解决冲突的重要途径。

对弱势群体而言，行政渠道在解决冲突方面具有以下的好处：首先，行政方式在解决冲突方面承担着积极性角色。随着社会的发展和治理的需要，国家会积极地介入到某些领域，特别是涉及到弱势群体的各个领域。与司法渠道不同的是，行政力量具有主动纠错和追究功能，这样在弱势群体的利益受到损害而无力上诉之时，行政力量的主动介入，就使得弱势群体无需承担重要的举证责任。例如，在环境争议中，行政力量可以直接行使调查权，减轻公众受害者的举证责任。其次，行政渠道在解决冲突方面具有快速化、简易化等特点，这就降低了弱势群体的经济成本和时间成本。

然而对于弱势群体而言，行政性的冲突解决机制有可能更偏向强者一方。事实上，我国的强势群体之间特别是政治精英群体和经济精英群体之间有着很强的共存性。政府往往为了吸引投资、发展经济，需要经济精英的支持与合作。政治精英和经济精英之间的这种共存或者相互依赖的关系，决定着政府有可能走向权力寻租或者更偏袒强者的利益。在以经济建设为中心、以经济发展为主要价值导向的情况下，政府有可能更倾向于维护强势群体的利益。在涉及政府与民众之间的利益冲突时，行政解决机制也更容易偏向政府一方。

3. 信访渠道

对于弱势群体而言，信访渠道的优势就是可以给政府施压，“倒逼”政府对问题的重视。在“稳定压倒一切”的压力下，许多地方政府对信访工作提出了“一票否决制”，这就迫使政府重视信访工作以及对信访所反映问题的重视。特别是在“两会”等敏感的政治时期，群众的信访工作会对当地政府形象以及领导人的政绩考核带来极大影响，这就迫使地方政府使出浑身解数解决问题。在问题无法得到迅速解决之时，有的地方政府甚至通过“赎买”方式收买信访人员，这就导致了“信访专业户”的产生，“吃访”的现象也随处可见。①

但是，总体而言，信访是弱势群体的一种无奈选择。对于弱势群体而言，信访的劣势也是显而易见的。

信访渠道的第一个劣势在于信访问题的解决效率差。虽然信访作为当前冲突解决的一个重要渠道，现实中的信访量亦是长时期保持在高位运行状态（除官方统计的数量外，由于信访在政绩考核中的特殊地位促使很多上访没有体现在文本的统计中），但是，从信访问题解决的效率来看，其效果远没有预期那样好。实际上，由于信访本身在冲突管理中的制度定位更多是一种表达渠道和“接应二传手”，本身没有权力做出任何决定，所以，通过信访渠道反映的问题最终得以解决的数量是极为低的。长期关注信访问题的于建嵘教授曾经在实践研究后发现，通过上访得到解决和处理的问题只有千分之二的概率，而个体的信访则更加无效，近九成上访者的目的只是让中央知道情况或向地方政府施压。②

信访渠道的第二个劣势在于上访的风险较高。在基层政权的运行中，中央和上级要求将矛盾化解在基层，要求“谁主管、谁负

---

① “吃访”是老百姓对那些以赚钱为目的的“信访专业户”的称呼。他们把信访作为一种生活方式或者“发财致富”的捷径，即通过这种信访，寻求政府的合作以及接受政府的“赎买”，而从中获利的现象。

② 赵凌. 中国信访制度实行 50 多年，走到制度变迁关口. 人民网：http://www.people.com.cn/GB/shizheng/1026/2965618.html.

责”,而且信访工作是作为四个“一票否决”指标之一,信访指标直接影响基层政府的政绩和评比排序。因此,上访量、尤其是集体上访和越级上访就像一把悬在基层政府和官员头顶的达摩克利斯之剑。为了在评比中排在较高的位次,为了不影响官运仕途,很多基层政府对信访问题“谈虎色变”,为了控制上访,他们想尽各种手段和方法摆平上访人。比较平和的方式是在省政府和中央安排固定的截访人,这边上访人刚到,安排的工作人员马上用尽方法将其劝回。近些年来,见诸媒体报道的基层政府对上访人施以截访、关押、劳教、被精神病等强制和压制手段的事件层出不穷,有的地方甚至是借助带有黑社会性质的组织代替政府出面。对于上访人来说,上访面临着实际的风险和人身损害。“上访者经常处于非常艰难的生活环境里,无处洗澡,无衣服可更换,病了则只能听天由命,实在忍耐不下去了就只能去‘自首’、让‘截访’的拉回家去”,①而5人以上的集体上访又在制度文本中构成了非正常上访事件,参与人面临着政府部门采取强制措施的威胁和困境。

因此,虽然存在着“吃访”的极端现象,也有可能通过上访迫使政府重视问题,从而做出政策的调整。但是总体而言,弱势全群对这种利益表达的途径经常是望而却步,不得不转而寻求其他更为奏效的表达方式。

(二) 网络渠道

从现实的经验感知和实际遭遇来看,当深陷攸关性的争议

---

① 曾鹏.社区网络与集体行动.北京:社会科学文献出版社,2008,16.

和冲突时，相比网络渠道，弱势者选择司法、行政和信访等传统的救助渠道很明显地存在各种劣势和不足，这在很大程度上促使那些原本在博弈中处于弱势的一方选择更为便捷和有效的互联网以寻求更有利的局面。

相对于传统的冲突解决渠道，互联网最大的优势就是成本优势以及信息传播优势。任何议题都可以在互联网上迅速传播，只要这种议题能够引起人们的注意，而传统的渠道，对于解决的事项则有很多规定和限制性条件。

网络动员在一定程度上增强了弱势群体的力量，提升了他们与强势群体博弈的能力。比如，弱势群体的个体力量虽然比较弱小，但是这种个体的弱小却可以通过动员和联合形成整体的强大；弱势群体在道德上更容易获得更多人的同情，从而形成对强势群体的道德优势；弱势群体行动的顾忌更少，因而在网络上的动员更容易引起关注，等等。

一项调查显示，当遇到社会不良现象时，75.5%的人选择网络渠道曝光。① 研究发现，网络动员中的诉求方存在弱势性，而被诉方即焦点争议所涉及的主体存在强权性特征。② 弱势一方的不利体现在其角色、能力、地位、影响力和条件等方方面面。现实中处于不利地位的弱者一方，只要一经网络动员，往往就能获得巨大的能量，促使问题的解决相对更加容易、迅速。弱者选择网络渠道不仅在于传统救助渠道存在的各种不足，更为重要

---

① 李英华.创造条件监督政府：网络先行一步.观察日报，2010—10—19.

② 喻国明.网络舆情热点事件的特征及统计分析.人民论坛，2010(4).

的是具备了现实的基础和网络自身的各种优势。

四　网络动员对冲突双方的总体性影响

（一）冲突双方支持力量的非均衡性发展

动员就是一个不断瓦解对手和争取支持的过程。一般来说，冲突最直接的目标就是为了获取胜利，而冲突双方的成败往往取决于能否争取到足够的支持者，组成强大的联盟。谢茨施耐德认为："当冲突的范围扩大两倍或三倍甚至成百上千倍时，冲突双方的实力几乎不可能在同等程度上得到强化。"①现实生活中的弱势群体和强势群体的冲突和对抗，在网络动员的作用机制下，关注的程度会迅速提高，相应的支持群体也会出现，但是相对于弱势群体井喷状的支持群体的增长而言，强势群体的支持力量的增长相对缓慢。

首先，这是由我国的网民年龄结构决定的。截至 2012 年 12 月底，我国网民已经达到 5.64 亿，中国青少年的网民数量超过世界上其他任何国家。与互联网发达国家的网民年龄相比，中国网民更加年轻，30 岁以下占 56.1%。可见青少年是网民的主力军。年轻人口无遮拦，更乐于对社会、文化和经济问题随时发表自己的看法。"我国网民易于用道德化的框架来认识问题，年轻人更是如此。年轻的网民易被简单化思维所主导，在这种思

---

① E·E·谢茨施耐德. 半主权的人民：一个现实主义者眼中的美国民主. 任军锋译. 天津：天津人民出版社，2000，3.

维的主导下，人们并没有去追究真相的愿望，把事物简化为弱者和强者、善与恶、对与错的对立”。[①] 年轻网民具有同情弱者、追求正义感的心理倾向。当冲突爆发时，冲突往往以“标签化”的方式进行对待，网民、特别是年轻网民往往以一种选择性的认识和判断，认为这是强者对弱者权利欺凌。因此，就心理群体而言，大多数的网民都对现实中的弱势群体给予同情和支持，而对强势群体则是更多的质疑和批判。

其次，就社会心态而言，整个社会从整体上充斥着“仇强”心态。公权力大、公权益强、公众关注度高的“三公部门”和其中的公职人员，极容易成为网络热点新闻，也相应地成为被炒作的焦点。在涉及“三公部门”的负面新闻时，虽然多元性是网络意见表达的突出特征，这里却呈现出对诸如“三公部门”和强势群体一边倒的批判浪潮。“广大网民有一种强烈的伸张正义、保护弱者、仇视不合理现象的精神和意识，希望通过自我的发帖、跟帖、谴责、抗议等言行来保护弱者、惩罚强势力量等”。[②] 因此，在涉及强者和弱者的冲突中，互联网上往往呈现出质疑和批判强者的片面化现象。这有可能是由于动员的主题勾起了他们“惨痛”的记忆；也有可能是由于大多数的网民虽然暂时还没有类似的经历，但是他们依然分享着一种“想象的共同经验”，即现在如果任由事件的发展，而不采取任何行动，将来这种事情同样也有可

① 参见彭兰.现阶段中国网民典型特征研究.上海师范大学学报(哲学社会科学版)，2008(6).

② 方付建，王国华，徐晓林.突发事件网络舆情“片面化呈现”的形成机理——基于网民的视角.情报杂志，2010(4).

能发生在自己身上。

在网络动员的条件下，冲突双方支持力量的这种非均衡性发展，极有可能打破双方原有的力量对比和博弈格局。原先处于弱势群体的一方由于支持群体的迅速发展，增强了其与原先处于强势地位的群体的博弈能力。原先处于弱势群体一方的这种讨价还价能力的增强，表现为支持群体能够提供的支持性资源的增加。网络动员是把网民从旁观者转变成介入者的过程，这种介入本身就意味着资源的增加。因此，一般而言，冲突双方支持力量的非均衡性增长，本身就增加了原先处于弱势群体一方的力量。这种讨价还价能力的增强是通过两种方式实现的，一种是通过直接打击对方来削弱其力量。这表现为针对原先处于优势地位群体的网络暴力的增加。这种暴力既包括行动中的暴力，也包括语言上的暴力。极端情况下，针对原先处于优势地位群体的网络暴力甚至会影响冲突结果的走向，形成一种网络媒体的审判。另一种方式是运用悲情弱势策略，提升自身的力量。它往往通过对自己方“悲惨”遭遇的夸张描绘以及对对立方形象的刻意丑化等方式，为自己方寻求同情和各种道义支持，甚至在某些情况下，这些群体还会以提供物质资源以及离线行动等方式直接参与冲突。

（二）削弱了强者对冲突结果的控制

冲突的范围影响着冲突的结果，一般来说，就小范围的冲突而言，处于绝对优势的一方往往能够通过手中的资源控制冲突的结果。麦迪逊早就看出了冲突范围和冲突结果之间的关系。

他认为:“社会的规模越小,明显的派系斗争和利益冲突发生的可能性就越大;而且,形成多数人数越少,他们所处的范围就越小,更容易形成合力对其他人进行压制”。[①] 无独有偶,谢茨施耐德也持有类似的观点。谢茨施耐德认为:“在极小规模的冲突中,冲突各方的实力对比往往是可以事先预知的。在这种情形下,双方在进行实力较量之前,实力强的一方可能将自己的意志强加给较弱的一方,因为他们往往会在确信自己会失败的情况下主动让步。这一点非常重要,因为冲突的范围在开始时最容易得到控制”。[②] 简单地说,在小规模的冲突中,在冲突过程中处于优势地位的一方能够轻易地把握住冲突的发展态势,因此可以控制冲突的结果。

网络动员使得冲突的结果具有不可控制性,这主要是因为网络动员使得冲突双方实力的变化具有不可预测性。这主要取决于以下的两个因素:首先网络动员能否成功发起以及成功动员后支持力量的增长幅度对双方来说都具有不可预测性。如果网络动员失败,冲突仍然局限在一个较小的范围之内,实力较强的一方依然可以把自己的意志强加给实力较弱的一方,冲突较容易得到控制。但是,网络动员如果能够成功地发起,冲突双方支持力量的增长幅度仍然不能够精确地估量。当原来就处于强势地位的一方的支持群体增长的幅度超过原先处于弱势一方的

---

① 汉密尔顿,杰伊,麦迪逊.联邦党人文集.程逢如,在汉,舒逊译.北京:商务印书馆,2009,56.

② E·E·谢茨施耐德.半主权的人民:一个现实主义者眼中的美国民主.任军锋译.天津:天津人民出版社,2000,3.

支持群体的增长幅度，双方的实力差距进一步扩大，但是由于冲突范围的扩大，这时冲突的结果就具有部分可控性。相反，原先处于弱势地位一方支持力量的增长幅度超过了原先处于强势地位一方支持力量的增长幅度，冲突形势就变得相当复杂，冲突的结果将变得完全不可控制。其次，支持力量参与冲突的方式具有不可预测性。冲突双方根本无法预测动员起来的支持群体是以离线行动还是在线行动的方式参与冲突。一般地说，相对于在线行动而言，离线行动会使得冲突的结果更加难以控制。即使是以在线行动的方式参与冲突，他们也无法预测“舆论场”是否能够最终形成。

第二节　网络动员对冲突双方的影响

网络动员过程包括信息的传播、情绪的感染、评价的趋同和共同行动意志的形成，而冲突的爆发和升级在主观上主要受到冲突各方的认知、情绪、评价和行动意志的影响。因此，网络动员对冲突的爆发和升级有重要的影响，这种影响对冲突中的强弱方具有不同的作用。具体而言，网络动员可以在相关信息的快速传播、情绪的彼此感染、对事件及相关主体的评价的趋同和共同行动意志的形成方面对冲突各方产生显著影响，这种影响对冲突中的强弱方的作用各不相同，[①]如表 4.1 所示：

① 参见许尧.群体性事件中的冲突升级与政府应对.天津：南开大学(博士论文)，2011.

表 4.1　网络动员对冲突双方主观因素及其强弱不同群体的影响

主观因素	网络动员对冲突方主观因素的影响	网络动员对强势群体的影响	网络动员对弱势群体的影响
认知	促使认知快速形成 加剧认知偏差 增强认知的选择性	隐瞒 理智	公开 盲信
评价	促使判断偏激化 导致群体极化 对抗边界迅速分化	污化 憎恨	美化 同情
情绪	凝聚同情和愤怒等情绪 释放负面情绪 引爆狂欢热情	隐忍 反思	传染 发泄
意志	增强赋权感 推动意愿走向行动	着急 让步	不急 提价

一　网络信息传播对冲突双方认知的影响

认知通过固化立场、加剧偏见、诱发错误归因促使冲突升级，网络动员通过影响主体的认知作用于冲突的走向。

（一）认知在冲突中的作用

认知是一种主体加工从客观世界获得的信息并形成见解、观念、印象、知觉和判断的过程。在冲突中，对相关信息的认知和理解，是主体形成态度、评价和行为的基础。冲突管理的理念和实践已经充分说明，冲突本身并不是问题，相反是主体对冲突的认识、理解以及随之所采取的处理方式决定了冲突的负面性和破坏性能量的高低。因此,当行动者的认知偏向负面和恶化时,冲突的负面功能将大于其正面意义,冲突也会走向升级。认知恶化是指当事人对冲突相关信息的认知和理解越来越趋于负面,对分歧的认识加深,偏见和误解越来越多,观点越来越极端,态度越发恶劣。

1. 认知恶化促使诉求固化为立场

冲突最初的和最根本的分歧往往在于当事双方的利益纠纷,而有关利益的纷争是高低多少的问题,利益具有可协商性、可妥协性的特点。当认知出现恶化时,当事人的利益诉求就可能转化为彼此的立场。当冲突发展到双方立场的纠葛时,面子和意气之争这些刚性的、难以调和的东西就会代替可协商的利益。立场的强硬和固化,使得当事人往往形成偏见,使情绪性因素作用的空间加大。

2. 认知恶化加剧了主观偏见

偏见,顾名思义是一种先入为主的看法。偏见的存在意味着,主体在全面地认识和了解事务之前就过早地有了一个决定。因此,偏见通常表现为主体固执地按其行事而非理性地思考;具有否定的态度和观点;带有高度的情绪性因素。偏见的存在,导致主体以先入为主的负面角度去看待冲突,形成消极的观点。认知的恶化,会加剧主体的偏见,使其当前的认知状况与已有的偏见达成相互印证,促使主体以固定的刻板印象去评价和判断事务和信息,偏见反过来继续扭曲认知。

3. 认知恶化诱发不恰当的归因

归因是主体根据客体或事件的外部信息和外在行为、线索等对客体的意愿、需求、动机等推测原因的过程。归因实际上是主体在评价已获得信息的有效性时的一种认知过程。如果一方将已经出现的矛盾和对立归因为对方故意损害自己，那么，人们一般都很难容忍，于是常常采用报复或其他行动以恢复自己所认为的公平；如果归因于对方能力不足，例如不明就里、缺乏知识等，可能就会出现原谅、宽容对方的反应，不去计较；如果归因于对方以外的其他人或者情境因素，可能会出现冲突对象的转移、替代或者自认倒霉。[①] 很多冲突之所以不断趋向于升级，恰恰是由于其中的一方参与者对另一方进行了错误的归因。[②] 而一旦主体的认知趋于恶化，必然会引发主体产生错误的归因，如归因为对方的主观因素而非客观因素，增加愤怒情绪和攻击的欲望[③]；寻找替代性的解释而推卸自己的责任；使用双重标准，将过错和责任全部归咎于对方等。

（二）网络动员对于认知的作用

1. 网络动员促进受众快速形成认知

现实场域中，冲突相关信息从扩散传播到相关主体形成认知和态度倾向，需要一定的时间，同时也受传播方式和传播距离的限制。与此相比，网络动员则是大大缩短了这种时间距离，网民对传播信息的敏感，特别是与其利益相关事项的刺激，很快会做出反应，迅速

---

① 杨宜音，张曙光．社会心理学．北京：首都经济贸易大学出版社，2008，219．

② Louis R. Pondy. Organizational conflict：Concepts and models. *Administrative Science*，1967(12)：303—305.

③ Tamara J. Ferguson，Brendan Gail Rule. Children's evaluations of retaliatory aggression，*Child Development*，1988(59)：961—968.

地把自己的态度通过网络的各种渠道即时性地表达出来。

网络传播的快捷性、迅捷的传输能力和广阔的覆盖面，能够使网络动员在短时间内向广泛的受众传播，使更多的人群关注。这种信息扩散不受地域空间和时间的限制，不受阶层、身份的制约，当出现争议性焦点时，能够及时快速反映民众的诉求。通过网络渠道进行的信息传播，可以使大量远在冲突现场之外的旁观者和潜在的行动者（即利益相关者或相同遭遇者）快速了解事态，并融入到相关的讨论，实现与冲突现场的短兵相接。以网民为基础的潜在参与者，一旦形成认知，表达出态度倾向，将会形成有关事件的舆论场，从而影响舆论走向和事态的发展及处理。近些年来，网络的力量在很多公共性事件和冲突中展露。在网络动员所形成的舆论压力下，“躲猫猫事件”得以由网民调查团进行二次的调查、寻找真相；“邓玉娇事件”促使当地政府与无良官员果断地切割，事件得以公正处理；“徐宝宝事件”的官方调查结论刚刚公布，经网络传播后引发一片争论和质疑，同样促使了民间人士和政府联合调查的诞生，最终还患儿家人以公道。

2. 网络动员加大了民众的认知偏差

社会心理学家扫罗·斯腾伯格（Saul Sternherg）研究发现，日常生活中的人们在信息加工和认知形成过程中，通常会首选加法模式，即主体会将收集到的客体的相关信息按照正负两种性质进行归类相抵后形成认知。[①] 人们之所以会首选加法模式，

---

① Saul Sternherg. The discovery of processing stages: Extensions of Donders' method. *Act Psychologic*a, 1969(30): 276—315.

是因为它简单、使用方便。因此，在认知形成过程中，肯定的、正面的信息越多，强度越大，印象也就越好，更容易被接受。

当前中国，网络渠道所传播的涉及冲突、抗争、维权等议题的相关信息以负面内容为主。虽然一些信息的可信度存疑，但是很多我们凭经验感知到了与其遭遇和经验的一致性。这时网民的第一反应不是理性、深入地思考，而是出于直觉，从自己的价值观和已有经验出发形成自己的认知和发布相应的观点。如此一来，由不全面和带有明显倾向性的信息形成的认知不可避免地存在偏差。而且随后的大量转载、报道和评论大都沿着原初消息的理路，铺天盖地地对网民形成轰炸，更是加大了这种认知上的偏差。进而，在网络动员中，当焦点议题出现后，网民对相关信息的渴求往往出现非理性的思维，对信息是否被过滤、信息真实与否、视频是否被删减予以忽略，①从而形成与真相不符的认知偏差。2010 年的"中华女事件"发生后，最初贵州法制网将过滤后的新闻和剪辑后的视频冠之以"强悍'中华女'当街暴打女记者"为题发布在网络上，成为网络媒体和网民了解事件相关信息的主要来源，被各大网站和论坛转载。网民的态度也相应形成了共同的倾向，一致声讨"中华女"。直到事件发展后期，网络媒体的持续跟进，逐渐披露"中华女"为何打了女记者之后，网民的认知偏差才得以纠正，反过来声讨女记者。

3. 网络动员增强认知的选择性效应

网络无疑是现代社会中最为重要和直观的一个信息场，形

---

① 陈强，曾润喜，徐晓林. 网络舆情反沉默螺旋研究. 情报杂志，2010(8).

形色色的、大量驳杂的信息充斥着网络。面对网络中的信息泛滥，存在太多的话题、太多的观点、太多的选择，在实际的信息接收和采取中，受众需要对信息进行加工、过滤、筛选、抽取，所知觉到的往往是那些与其既有的兴趣、偏好、习惯和需求等一致与接近的部分。因此，在信息传播的过程中，不论是动员主体还是被动员者，都存在一种认知的选择性效应，而网络动员则是进一步强化了这种选择性。

首先，那些负面的消息似乎更加吸引人，中国社会的大多数网民体现了一种负面信息偏好。一直以来中国都流传着一个相关的谚语，"好事不出门，坏事传千里"。负面消息似乎天然地就比正面消息传播得更快、更广、受关注程度更高。美国著名调查公司尼尔森 2012 年发布的一项报告显示，中国人易患"坏消息综合症"，高达 62％的中国网民在调查中表示更愿意分享负面的信息。[①] 无论是普通公众，还是专家、学者，他们都陷入了习惯性质疑的漩涡。负面消息在网络的泛滥一方面是传播者追求新闻价值和动员效果，另一方面也迎合与契合了公众的普遍心理。

其次，当前民众对那些与官员、警察、富人、公众性人物等相关的信息表现出了极大的兴趣。当前中国社会普遍蔓延着仇官、仇警、仇富等社会心理，[②]成为社会矛盾和冲突的爆发点，这种社会心态的直接反映就是民众尤为关注这些相关群体的行

---

① 中国人易患"坏消息综合症". 新华网：http://news.xinhuanet.com/health/2012—04/25/c_123028554.htm.

② 郑华淦. 仇富、仇官、仇警——"三仇"是一个新的社会病. 人民网：http://www.people.com.cn/GB/32306/33232/7482638.html.

为，特别是负面新闻。“三仇”心理不仅制造网络焦点，更是借助网络渠道将“三仇”心理放大①。

最后，认知的选择性体现在只关注事件的某一个方面，或者只是从某一个视角来观察。如“哈尔滨警察打人事件”，网民只是看到了起初的相关报道，将仇警的情绪疯狂发泄出来，“一边倒”地谴责警察。而随后事件的相关报道表明，警方已经保持了相当的克制，反而是死者不依不饶。② “艾滋女事件”同样是网民在不了解全面信息和事实的状况下，想当然地对闫德利进行了激烈的批判和谴责，而后来的事实真相是这是闫德利男友的报复行为。

（三）认知变化对强弱双方的不同影响

认知的变化对强弱双方具有不同的作用，尤其表现在以下两个方面：

1. 隐瞒与公开：强弱双方对信息传播的不同取向

如前所述，强弱双方对冲突具有不同的态度，强者由于在资源和环境不变的情况下，本身就占有优势地位，即能够在冲突中获胜，实现自己的诉求。而弱者在既有的博弈格局中不占优势，所以，他们倾向于将冲突扩散，从而为改变自己的弱势提供可能。这种心理决定了他们对网络信息传播的不同心态，强者希

---

① 何新田. 网络放大了网民的仇官仇富情绪. 人民网：http://yuqing.people.com.cn/n/2012/0821/c212785—18796078.html.

② 哈尔滨警察打人事件专题. 法制网：http://www.legaldaily.com.cn/zt/node_8030.htm.

望相关信息不要进一步传播，这种有利于将冲突控制在一定的小范围内，从而使自己保持对冲突发展及其结果的控制力。弱者则在网络信息传播中得到了更多的支持者，所以，他们希望相关信息快速传播，让更多的人关注、参与进来，从而为改变自己在博弈中的弱势地位提供更多可能性。

2. 理智与盲信：强弱双方对相关信息的不同态度

在网络信息传播中，总是普通民众在人数上占据着绝对的优势，而人们在解读、传播相关信息中，总是避免不了将自己的日常积累的主观判断渗入进来，从而将相关信息进行进一步加工，使相关内容更加完整、丰富，具有更强的吸引力。一般而言，强者总是在知识储备、资源占有、合法强制力等方面占有一定的优势，他们一般习惯于通过自己的分析来对事物进行判断，而弱者往往在知识储备、资源占有、社会地位等方面处于相对弱势的地位，他们一般都多多少少具有某些与强势群体互动的经历，这些经历一般会加剧他们对社会不公的感觉，积累对社会秩序的不满。这些经历和倾向决定了，在面对网络信息的传播时，强者更强调自己客观的分析，而弱者则因为相关信息可能更加印证了自己对某类事务的看法，激起了自己相关生活体验的情绪，以及天生的猎奇心理，而容易相信网络信息的真实性。

二　网络判断形成对冲突双方评价标准的影响

对价值的评价会使得冲突升级发生质的转变，而评价在冲突过程中的作用不限于此，它形塑了参与者的行动框架，它还激活了当事双方的对抗边界。网络动员同样会通过影响动员客体的评价影响冲突的走势和冲突的解决。

（一）评价在冲突中的作用

评价是根据某种价值标准作出的价值判断，它是对对象做出优劣和价值的判断，而不是技术性地、客观地描述对象；评价带有做出某种决定的意味，形成一定的结果；评价需要一些标准，不同衡量指标下评价的结果可能不同；评价主体的主观因素影响评价，不同的主体对同一对象给出的判断结果可能存在差异。基于客观标准和事实的评价，有助于争议的化解和当事人关系的修复。

1. 价值判断的改变促进冲突的质的转化

中国当前发生的群体性冲突事件，大都源起于具体的纷争和利益纠纷，即此时的冲突可以称之为利益主导型，参与者主要是直接的利益受损者。当诉求从具体的利益转变为对公正、公平等价值因素的追求和拷问时，冲突趋向激烈的升级甚至是带有了骚乱的性质，许多无直接利益相关者纷纷加入行动者的行列。[①] 从现实冲突来看，价值元素的掺杂加剧了冲突升级的烈度和强度，促使冲突的处理显得越发艰难，从典型的瓮安事件、石首事件中可见一斑。[②]

---

① 张荆红. 价值主导型群体事件中参与主体的行动逻辑. 社会，2011(2).

② 张荆红. 价值要素：转型中国群体事件研究的重要维度. 湖北行政学院学报，2011(4).

2. 价值评价影响参与者的行动框架

如果说那些事关具体利益的冲突对于非直接利益相关者而言还算是“身外事”的话，那么当冲突的焦点转向伸张公平和正义的时候，他们就有了足够的勇气和充分的理由加入到同仇敌忾的行动群体中。“如果这种价值判断与人们所信奉的价值信仰尖锐对立”，就会形成一种负面的价值评价，“事件所涉及的人物很容易形成‘形象逆转’，会成为人们采取暴力对抗行为的理由和借口，成为公共冲突暴力升级的重要助燃剂”。① 也就是说，价值评价实现了参与者意义框架的构建，为行动提供了正当性。它为更多参与者加入冲突提供了一种一般性的解释，用一种比争取利益更为高尚的口号将大量潜在的行动者动员起来，讨公道、要说法、要求道歉等价值口号就成为冲突发展的新剧目。因为，对于任何一个社会成员来讲，公平和公正都是一个健康社会最底线的价值追求，每一个人在遭遇权利侵犯和利益损失时，都希望得到一个公正的对待和处理。

3. 价值判断的改变激活了对抗边界

如果冲突发展到价值因素占据主导地位时，通常意味着当事双方身份的分野和双方所属两种群体的对抗边界被激活。价值判断改变后，会使得网民对双方的重新认识，从而形成了好的、善良的一方与坏的、邪恶的一方的形象分化；对公正和公平的拷问促使冲突的具体当事人马上被冠之以官员与民众、富人

① 常健，金瑞. 论公共冲突过程中谣言的作用、传播与防控. 天津社会科学，2010(6).

与穷人的对立身份，并将这种分割标签化。两种身份边界的激活，导致冲突上升为两种群体的对抗性，而这样的对抗往往是很难实现妥协的。万州事件从一个很小的行路摩擦发展到愈演愈烈，正是由于作为“棒棒”的民工与作为“公务员”的官员两种身份对立的形成，激起了普通围观民众天然地同情分属自己一方的普通人或弱势群体阵营。

（二）网络动员对于评价的作用

1. 促使判断更加偏激

网络动员是一种有意识地传递信息、观点、态度的过程。在网络动员的初始阶段就选择性地发布带有倾向性的、于己有利的信息是一种普遍的做法。其结果就是受众对某事件相关信息的获得存在不完整性和单一性，加之不断有网友现身说法、提供材料佐证以及受众加工信息时的主观化判断与标签化、符号化、简单化处理。这种处理只是基于简单的对与错、善与恶这样的二分法和价值框架进行归类①，往往会淹没了一些实质性的存在，丧失了对关键信息和事实的追问，受众对原本存在片面性的信息做出的判断和评价的公正性也就存在问题。

由于互联网的技术特征以及“沉默的螺旋”效应的存在，这种对公共事件的价值评价也会迅速地传递给受者，极易形成一种单向度的价值判断。一旦形成了这种单向度的负面价值评

---

① 彭兰. 现阶段中国网民典型特征研究. 上海师范大学学报（哲社版），2008(6).

价，网民就有可能以“正义”的名义对当事人进行有目的的追讨和打击，并促进暴力的产生。这种暴力的使用既使他们的不满情绪得以发泄，也满足了他们“伸张正义”的幻想，并且由于认为当事人是令人讨厌的、邪恶的代表，而他们自己实施的乃是一种正义的行为，所以这就大大地降低了他们实施暴力行为的心理负担。在2007年的“后母虐童”事件中，网民把“后妈”刻画成一个恶毒、冷血的女人，愤怒的网友纷纷指责“这样的后妈禽兽不如”，这种网络暴力甚至蔓延到网下的现实世界。在此意义上，我们可以看出，互联网形成的单向度的负面价值评价往往成为冲突恶化或者升级的心理支撑。

此外，网络是极端主义滋生的温床。在很多事件中，网民的看法和观点经常是被那些持有偏激和偏执立场的人所误导，而那些理性的网民却相对很少对此发表评论，或是因舆论势头而退缩，使得舆论的导向相对偏激和非理性。[①] 网络转载和评论的相对同质性，更是进一步强化了这种偏激的判断。例如钓鱼岛事件引发了一致性的反日论调，更多体现的是一种情绪化的发泄。在网络轰炸泛滥之下，偏激的爱国热情在现实生活中引发了多地打砸日系轿车甚至车主的情况。

2. 容易引发群体极化现象

群体极化是指“团体的成员在开始时既有某种倾向，经讨论商谈后，人们朝偏向的方向持续移动，并在最后形成极端的观点”[②]。

---

① 王国华，曾润喜，方付建. 解码网络舆情. 武汉：华中科技大学出版社，2011，33.

② 凯斯·桑斯坦. 网络共和国——网络社会中的民主问题. 黄维明译. 上海：上海人民出版社，2003，50.

桑坦斯的研究发现，网络空间中的群体极化现象比现实空间更为突出，网上发生群体极化倾向的比例是现实社会的两倍多。[①]

在网络空间中出现这种现象主要是由三种原因促成的。首先是信息传播的首因效应的作用。首因效应，是指先入为主或第一印象在信息接收过程中的重要作用，即最开始时传出的信息对受众的认知和解释产生巨大的影响，越早出现的信息对主体的影响越大。[②] 其次是信息传播的不对称及形成的沉默螺旋。纵观当前的网络动员，初始动员主体的信息往往经网民传播、放大后，形成洪水泛滥式覆盖。反观被诉者，往往是在这一过程中处于被动，他们的失语、后语与动员主体形成了鲜明的对比，而这种信息传播中的严重不对称导致了沉默螺旋的出现。最后，网络空间中存在着类聚效应，为那些志同道合的群体提供了更为便利的沟通，使得偏好接近、价值取向一致的个体更容易形成准群体。这些网络共同体的存在，容易出现从众心理，强化信息的同质性，强化既有的判断[③]。

3. 迅速分化对抗边界

在网络动员的过程中，冲突所涉及双方和其他后续参与者的身份能够被迅速地分割开来。现实中出现的冲突事件在网络中迅速分化为明显的边界性对抗的例子比比皆是："邓玉娇事

---

① 凯斯·桑斯坦. 网络共和国——网络社会中的民主问题. 黄维明译. 上海：上海人民出版社，2003，51.

② 王敏，覃军. 网络社会政府危机信息传播管理的困境与对策. 当代世界与社会主义，2012(1).

③ 凯斯·桑斯坦. 网络共和国——网络社会中的民主问题. 黄维明译. 上海：上海人民出版社，2003，17.

件”一经网上曝光后迅速引起关注，该事件也从一个简单的案件演变为网民展示强大力量的重要标志，事件被关注主要是基于试图施暴反被刺死的“官员”身份和烈女勇敢反抗的“女服务员”身份；“杭州飙车事件”发生后的当天就在网上出现了相关帖子，撞人者的“富二代”身份和死者“平凡人家上进青年”的身份被迅速分割开来；“华南虎照事件”中，自虎照公布之日起，就在网络中形成了真伪之争，随后出现了明显的“挺虎派”和“打虎派”。“挺虎派”的领军人物主要是那些塑造和维护政绩的官员，“打虎派”中也有部分官员，但关键人物则是民间人士、专家学者。虽然“打虎派”最初处于舆论劣势和面临强势媒体的压力，随着双方各自举证和造势，渐渐形成了两派相抗衡的格局，事件也在真假之辩中推向高潮。①

（三）网络动员对冲突强弱方评价形成的不同影响

网络动员对冲突强弱方的评价形成具有不同的影响，尤其表现在以下两个方面：

1. 污化与美化：强弱双方在网络信息传播中的不同结果

网络对于每个人而言，都是公平的，谁都可以发表言论，谁都可以补充信息，发泄情绪，也是在这个意义上讲，当代社会中的每个人面前都有一个麦克风，他的声音能够非常便捷地向全社会发布。然而，在目前的中国，社会贫富分化严重，社会不满情绪蔓延的状态下，强弱双方的冲突通过网络的传播，双方将收

---

① 刘俊. 各方反应：打虎派高兴，挺虎派硬挺. 西安晚报，2008—06—30.

获不同的结果：强者的无理与蛮横将得到进一步夸大，弱者的可怜与无助也将得到进一步夸大，从而会出现两种相反的趋势，强者的形象被不断地污化，最终成为一个十恶不赦的人，弱者的形象会被不断地美化，最终成为社会弱者的代言人，无论强弱，都将成为社会阶层的符号和代表，而这种冲突，在一定意义上，也超越了本身的是非曲直，而是事关社会正义。

2. 憎恨与同情：价值评价最终促成社会舆论一边倒

网络信息的传播和网络动员的进一步发展，将会导致对强弱双方价值判断的最终形成，那就是强者凌辱弱者，这为每一位参与讨论、行动的旁观者提供了十足的道义依据："路见不平，拔刀相助"。在这种情况下，即使是客观的分析也将被打上"敌对者"的烙印，人们只接受和自己的判断相吻合的信息，从心里反对和自己的判断不吻合的信息，甚至对那些试图给出客观信息的网民进行人身攻击。一种明显的社会舆论场将最终形成，强弱博弈地位的不平衡局势将被彻底扭转。甚至，本身定位于客观中立的权威第三方也将不得不考虑民意，而做出某些并不中立的判断。

三　网络情绪感染对冲突双方情绪的影响

情绪因素的聚集和升温是冲突升级的重要表现和影响因素，网络动员相应也会在情绪维度对主体产生影响。

（一）情绪在冲突中的作用

集体行动的参与需要情绪的激发。情绪是人类心理活动的重要组成部分。日常生活总是充满着愉快、悲伤、喜悦和痛苦等各种情绪，它与个体的身心健康和社会发展密切相关。由于冲突是主体间由于利益、目标和信念等不相容而产生的对立，因此冲突的过程往往伴随着情绪的介入，正如鲍德克尔和詹姆逊所言："处于冲突之中就是处于情绪的冲动之中……冲突使人感到不舒服的部分原因就在于它伴随着情绪。"①一切冲突的升级似乎表明这样一种观点，负面情绪的升温对冲突的作用相对更加明确。

1. 非理性因素膨胀

"在传统上，情绪是与理性相对立的，这一观点在日常生活中具有很大的影响力，即便是作为科学的心理学中依旧具有一定的影响。"②情绪的持续升温，意味着非理性因素的膨胀。传统的社会运动者都把集体行动视为一种非理性的行为，因为在他们看来，这时候的情绪或情感在集体行动中占据主导地位。勒庞早就看到了情绪激发和情绪感染的过程中，往往伴随着偏见和谣言等各种非理性现象。斯梅尔塞甚至认为，集体行动是一种"不耐心者的冲动"。路易斯·庞蒂的冲突五阶段理论认为，在冲突发展的过程中，由感知到的冲突到感受到的冲突对冲突的发展至为重要。③ 当冲突发展到这一阶段后，往往伴随着大量

---

① A. M. Bodtker, J. K. Jameson. Emotion in Conflict Formation and Its Transformation: Application to Organizational Conflict Management, *International Journal of Management*, 2001(6).

② 斯托曼. 情绪心理学——从日常生活到理论. 王力译. 北京：中国轻工业出版社，2006，106.

③ 参见 Louis R. Pondy. Organizational Conflict and Models, *Administrative Science Quarterly*, 1967(12).

的情绪化因素，这种情绪化有可能会使人的头脑暂时失去理智，使人处于一种癫狂的状态，由对“事”的关注转移到对“人”的怀疑与否定，导致了各种负面的冲突。格拉索在冲突升级的九个阶段的研究中提出，当冲突过程中情绪的介入导致分歧强化时，就会导致冲突的升级。在这个冲突升级模型中，冲突是从分歧开始的，伴随着情绪的介入，人们开始进行激烈的争辩，之后双方开始情绪高涨，并最终走向同归于尽。

2. 形成沟通屏障

在情绪的刺激下，人们往往伴随着愤怒、失望和厌恶等不愉快情绪。这种不愉快的情绪会增加冲突双方的误解和偏见，并阻碍他们的有效沟通。诸如愤怒、仇恨、嫉妒和痛苦等负面情绪“会使冲突各方面由准理性状态进入非理性的情绪化状态，表现为各方激烈地争辩，但根本听不进去对方的意见，严重时还会产生情绪化的举动和过激行为，公共冲突的情绪化升级”。① 这种负面情绪强化了双方的立场，对立的双方固执己见，无法进行理智的思考和判断，导致双方进一步防护各自的立场，使得沟通无法畅通。

3. 引发攻击欲望

当主体处于情绪亢奋抑或是失控状态，他基本上无法清晰地思考和理性地做出决策时，就会导致攻击性的欲望和行为，可能是消极的攻击行为，也可能是敌意攻击行为。根据科塞的观点，冲突中成员的情绪卷入越多，冲突越激烈。过多的情绪卷入

① 常健，金瑞. 论公共冲突过程中谣言的作用、传播与防控. 天津社会科学，2010(6).

会使得冲突双方对现实问题的关注转移到对人的攻击。情绪的卷入往往会使现实性的冲突转化为一种非现实性冲突，这无疑增加了冲突化解的难度。正如他所说的那样："由一个或更多进行互动的人释放进攻性紧张状态的需要所引起的非现实性冲突要比现实性冲突更不'稳定'"。[①] 很多研究发现，挫折、愤怒、悲观等负面情绪与攻击或暴力有着密不可分的关系。早期的学者认为攻击和暴力行为的实施来源于现实生活中受到的挫折。[②] 后来有学者对这一论点进行了修正，认为挫折导致攻击（暴力）行为是因为消极情感与攻击（暴力）行为之间有一定的关系。挫折是令人讨厌的、不愉快的情感体验，由这种挫折产生的消极情感，确实能够引起最初的攻击（暴力）倾向和准备性。[③] 也就是说，由挫折引发的负面情绪储备了攻击欲望和意愿。愤怒在研究中是常常与攻击、暴力联系在一起的。愤怒中的行动者处于一种生理亢奋的状态，掺杂着力量感，需要及时地发泄，从而引发攻击的欲望和冲动性。

（二）网络动员对于情绪的作用

在互联网的虚拟空间，由于我国的网络环境极度不宽容并

---

① L·科塞. 社会冲突的功能. 孙立平译. 北京：华夏出版社，1989，5.

② 挫折—攻击理论是最早对暴力行为进行解释的心理学之一，其基本观点就是挫折总会导致某种形式的攻击行为和暴力行为。该理论认为，攻击或暴力总是挫折的结果。挫折总会导致某种形式的攻击，挫折与攻击或暴力行为之间存在着普遍的因果关系。

③ L. Berkowitz. Some Determinants of Impulsive Aggression: Role of Mediates Association with Reinforcement for Aggression, *Psychological Review*, 1974(81).

伴随着各种负面评价，互联网已经成为网民进行不良情绪的发泄场。美国心理学家沙赫特和辛格认为，“情绪受环境影响、生理唤醒和认知过程三种因素的制约，其中环境对情绪的产生起关键作用，它们三者之间相互作用引起了情绪。”[①]互联网同样也是情绪产生的环境因素，在互联网虚拟空间，一个公共冲突事件从它的发生、发展、扩散、被围观到群体聚集，期间都伴随着情绪的激发和相互感染。互联网在激发人们参与冲突的过程中伴随着非理性因素的增加，并且干扰了人们化解冲突的进程。

1. 迅速集聚同情力量

网络动员改变了原有的获得支持的形式和渠道，催生了一种“关注就是力量，围观改变中国”的公共舆论空间。网络作为公共舆论的新生场域，通过个体意义上的赋权和动员，形成了大量网民的同情和支持，汇集了巨量的民间和草根力量。各种群体和力量在这一空间中形成的力量合力，已经不是单一的力量或仅凭行政力量压抑就能改变的。亿万人形成的围观和聚焦，改变了弱者的不利处境，形成舆论上的强大支持，同时也将哪怕一丝不透明和不公正放在此前绝无仅有的探照灯下。“邓玉娇事件”经网络渠道传播后，“三名官员逼迫女服务员提供特殊服务，拿钱炫耀并掌掴邓玉娇，多次将其按倒……”等关键情节的披露，很容易激发起人们对当地官员的愤慨和对邓玉娇的强烈同情。网上舆论几乎一边倒地支持邓玉娇，对烈女极大的同情

---

① S. Schachter & J. Singer. Cognitive, Social and Physiological Determinants of Emotional State, *Psychological Review*, 1962(9).

与支持与对涉案官员的压倒性谴责形成鲜明的对比，而现实生活的支持显然无法发出如此强大的声音。

2. 负面情绪得以迅速释放

在互联网的虚拟空间，主体不再是“人”，而是出现在另一个人电脑屏幕上的信息。互联网的这种匿名性和开放性促使人们更可以自由地表达和宣泄自己的情绪。一般地，情绪的感染是在无压力的条件下产生的，是一种无意识的和不由自主的屈从，由于解除了内心的各种约束，情绪也更易传染给具有共同经验和共同认知的网民。网民在刺激者的情绪感染之下，往往会发出与刺激者相同的情绪，并参与到公共冲突的过程中。因此，在互联网的虚拟空间，人们的情绪得到最大程度的表达和释放，人们的思想观点在互联网上同样会出现极化现象，抱怨、藐视和不信任等消极的冲突表达方式，通常会干扰冲突双方谈判的进程并导致冲突的恶化和升级。

在互联网虚拟空间往往伴随着更多的非理性因素。非理性、容易激动等特征在网民群体中更加突出。态度偏激、言辞激烈、针锋相对、口诛笔伐，很多网民语不惊人死不休，网上话语权的争夺相对现实世界更为惨烈。而负面情绪的特点是越聚越多。愤怒招致更多的愤怒，而网络空间则成为网民怒火积聚和怒瘾生成的温床。恶意回帖、互相谩骂、人身攻击等越轨行为导致网络场域中的情绪化暴涨和讨论的混乱化。情绪的释放和发泄过程往往伴随着偏见、幻想、猜疑等非理性行为，并最终形成一种标签化和模式化的解释话语，即自己代表的是正义的一方，对方则是非理性和非正义的。“在互联网上，没有人知道你是一只狗”，网民在虚拟空间中的道德约束力削弱，人们可以尽情地发泄自己的不满。在2011年的“伦敦骚乱事件”开始之初，就不断有人利用微博网站推特发布信息，抱怨警方的失职之处，号召民众加入街头抗议行动，这种不满情绪开始在参与者之间迅速蔓延。骚乱爆发后，有人不断在推特发布即时动态，动员民众到现场助力，这对骚乱的蔓延起到了推波助澜的作用。

3. 瞬间引爆狂欢热情

网络空间的特点为网民提供了狂欢的舞台和工具。① 大量的草根网民可以方便地用手指尖的小鼠标，自由地穿梭在各种论坛、博客、微博、网聊房间等网络空间中，他们可以毫不避讳地横眉冷对、义正词严；可以任意地自我“秀一把”；可以将自己的智慧和创造让更多的人欣赏和分享；也可以率性地嬉笑怒骂、插科打诨；更可以肆意地针砭时弊、揭露社会丑恶现象，大有一番“人人都是警察，处处都有耳目”的景象。在网络时代中，只要有一台电脑、一根网线，大量的民众可以在发泄感与成就感、偷窥与窃喜、狂欢等各种复杂情绪杂糅在网络中，与现实生活的平淡无奇形成鲜明对比。

在各色的网络狂欢中，汇聚了形形色色的看客、侠客、哄客，人肉搜索无疑是最为引人注目的。② 人肉搜索塑造了一个个无名英雄、见义勇为者，现实中无法实现“侠客”行为的人们的心理需求得以无限满足，尤其是它在反腐和问政方面的正面性得到

---

① 安德鲁·基恩. 网民的狂欢：关于互联网弊端的反思. 丁德良译. 海口：南海出版公司，2010，45.

② 张跣. 想象的狂欢：“人肉搜索”的文化分析. 文艺研究，2008(12).

了最大的彰显，也催生了一种中国式的反腐新模式。2008 年“周久耕事件”中，因对房地产发布不当言论，被网民称之为“最牛房产局长”的周久耕先后被网民人肉搜索出“天价烟”、“戴名表”和“开名车”等。2009 年“中国最年轻市长”事件中，29 岁的周森峰因为网民狂热的人肉搜索而卷入舆论的漩涡。这类现象背后折射的是当前中国民众一贯的思维认识，即如此年轻的干部背后肯定有人、有坚强的后盾。于是乎，从周的家世开始，打伞门、抄袭门、香烟门等对周的人肉搜索一波波袭来，大有不找到猫腻誓不罢休的态势。[①]

（三）网络情绪感染对强弱双方的不同作用

网络情绪的感染对强弱双方具有不同的作用，尤其表现在以下两个方面：

1. 隐忍与传染：网民高情绪状态对强弱双方的影响

面对网络上极端化的言辞，不客观的评论，强者在博弈中的地位被彻底扭转。公开化了的冲突将大大降低强者本身可以利用的取胜工具，比如，原来用一些不光明的强制、威胁手段或许还可以控制冲突，但在完全公开化了冲突中，这种手段将变得毫无用处，弱者若遭受人身伤害或威胁，无论是否是强者所为，都将被民众毫不犹豫地算在强者的头上。在民意沸腾的状态下，强者所能采取的态度只能是隐忍和道歉，甚至强者一方的更权威的机关或人士也不得不出面来表达歉意。而网络上情绪的蔓

① 曹玉兵.如果周森峰因舆论压力辞去市长职务.齐鲁晚报，2009—06—26.

延也会导致冲突中弱者一方的情绪相互传染，原本存在的不满被放大，民众的情绪会使自己的道义感增强，使自己更加充满力量。

2. 反思与发泄：网民情绪对强弱双方的不同作用

强者在强大的网络民意前也不得不让步，原来高调甚至蛮横的行为方式将在民众的质疑、批评、责骂之下得到一定程度的反思。冲突一旦公共化，成为大家聚焦的话题，则强者不合理的行为、片面的证据等都会在网民的相互取证、人肉搜索下失去藏身之地，这种一边倒的情势，即使强者自己感到不服，但不得不屈服于民意，彻底反思自己的行为，并至少在态度上做出一定让步。最近，网络上曝光的"李天一"事件就是一个典型的案例。

与此相对，网民情绪对弱者的作用可能是双重的，一方面，可能会相互传染、积累不满和怨恨；另一方面，也会因为自己得到公众的关注和同情，而将自己之前不满的情绪疏解。受到关注和同情本身就会对弱者的情绪具有疗伤的作用。每一个人在得到别人关注的时候，都倾向于表现自己更大度、更礼让、更人性的一面，这种倾向可能会使原本僵化的认识和要求得到一定程度的缓解。而且在这种情势下，强者的行为不可能再向原来那么放纵，考虑到民意，其赔偿或是其他化解方案都不可能非常不利于弱者一方。

四　网络的行动口号对冲突双方意志的影响

意志是决定行动者将对抗意愿转化为实际行动的重要变

量。在冲突形成和发展的实际过程中,意志的作用既可能是促成这种转化,也可以抑制这种转化,同时主体抗争意愿的强弱同样会影响其行动方式和冲突的对抗程度。网络动员对主体行动意志的作用也是从积极和抑制两种视角来分析的。

(一) 意志在冲突中的作用

意志是主体自觉地确定目的,并支配行动,实现目标的心理过程。人们在认知客观现象的过程中,不仅会形成认知、情绪和判断,而且会采取某些行动,意志则是决定主体是否做出行为反应的重要变量。它体现了主体的意识、行为的能动性,因此也会受主体的立场、观点和信念的制约。

1. 意志促进从想法到行动的转变

人的行为受意志的支配和调节,推动主体采取与实现某种目的相应的行为。因此,意志不仅可以推动主体采取某些行动,同样会影响主体克制一些行为。冲突的最核心是不相容性、分歧,而这种特性在当前中国社会利益急剧分化的过程中尤为突出。冲突既可以呈现为实际的对抗行为,也可以是感觉到的和知觉到的状态或过程。当主体意识到彼此间的利益分歧时,他可能采取积极地争取自身利益的行动,也可能是采取忍让、回避的策略,而决定其是否行动的就是意志。

2. 意志的强弱决定了主体的行动方式和对抗程度

冲突的成本和风险对于行动者来说有时是难以承受的,特别是在冲突升级中。这时,参与者意志的作用就会体现出来,有的上访者可以倾家荡产、日复一日地向各级政府和部门讨个说法，而有些上访人在经历了上访的高成本和身心压力之后最终息事宁人、选择放弃。如果抗争者不惜与对方斗争到底也要捍卫自己的权利和利益，为此可以忍受各种成本和风险，其结果是不断地通过各种渠道进行诉求和抗争，甚至是采取一些“踩线”的行动和集体行动，那么冲突升级也就无可避免了。

（二）网络动员对于意志的作用

网络动员的效果以动员客体行动维度的分析，可以从网上行为和网下行为两方面考察。从现实大量冲突性议题的动员结果来看，采取网上行动的基本是大量的无直接利益相关人，而采取网下行动的多数是冲突议题的利益相关者。

对于那些与议题的无直接利益关系的行动者而言，受到物理上的地域限制，对于非切身利益的问题，他们的行动往往只是限于网上行动，例如表达观点、提供各种支持信息和资源、转帖、讨论、出主意等等。而且网络空间的匿名性、信息发布的低门槛和自由性，提升了他们的安全感和无所顾忌。这些网上行动所展示的持续关注，能够形成一种强大的网上舆论压力，从而促使事件所涉及的主体不得不给予正面的重视和及时的回应，否则将在舆论和道德上处于非常不利的境地。

无须讳言，网络已经成为当前中国社会背景下冲突从意识到行动的基本工具和重要的推动力。[①] 从议题的利益相关者来

---

① 孙正，赵颖．网络背景下社会冲突与控制的几点思考．国家行政学院学报，2005(6)．

看，一些事件表明，网络动员增加了对抗行动的可能性，加速了现实行动的爆发和行动升级。首先，网络动员为利益受损者提供了更多的资源和支持。信息通过网络传播后，同情者的鼓舞、出谋划策、专家观点和意见、律师的法律援助等资源渠道和帮助大为增加。其次，网络动员促使直接的利益相关者表达出行动的意愿，并借助QQ群、论坛、聊天室等各种网络工具将这些人组织起来，实现了分散个体的力量整合，形成人多势众和法不责众的心理感应，并讨论实际行动的口号、时间、地点等更为具体的事宜。最后，实现网上与网下的同步互动，提供了持续行动的动力。事件一经网上发布后，必然引起很多人对行动过程和结果的持续关注和讨论，持续的关注既让行动者感到力量倍增，同时也是一种压力，一定要有个满意的结果推动他们不得不将行动维续下去。

（三）网络动员对强弱双方意志的不同影响

网络动员对强弱双方具有不同的影响，具体而言，主要包括以下两个方面：

1. 着急与不急：强弱双方对冲突解决时间的不同取向

在形成了网络舆论一边倒的情势下，一般强者一方会倾向于迅速地处置，不让这种不利于自己的态势继续发展下去。此时，强者的目标让位于迅速处置，而对具体的利益得失不再如先前重视。在很多公共冲突中，这种网民的加入不仅会对冲突中强势一方形成巨大的社会舆论压力，而且也可能会导致强势一方的背后机构或人员引火上身，被网民也拉下水。比如，在钱云会案件中，人们关注的对立面其实在不断地扩宽，有直接对立的一方，逐渐扩散，导致相关政府机构也不断被置于网民的对立面；在李天一案件中，人民不但会关注李天一本身的缺陷，其父亲李双江的教育办法等一系列相关问题都会被牵扯出来。所以，在这种冲突扩散的局势下，迅速地化解冲突是冲突强势一方最好的办法。

与此相对，弱者此时不着急达成协议。显然，时间的流逝对他们而言是更多的收益，而不是损失。当然，这并不意味着可以无限制地拖下去，而是在网民高度关注的情况下，再延长一些处置的时间，对弱者而言，几乎毫无损失。而且，一般意义上讲，时间拖得再长些，反而会对其利益获得有帮助。

2. 让步与提价：强弱双方对诉求内容的不同取向

在形成公共冲突事件之后，由于网民的高度关注，强者一方会倾向于在自己能够掌握资源的范围内作出让步，以表现自己的诚意，并谋求冲突的迅速处置。从一定意义上讲，这也是一种以“金钱”换“时间”的做法，即通过在利益上满足对方，从而使冲突能够“控制”在一定范围内，避免民意的再次感染，或者避免利益相关方“被”卷入冲突中来。但对于弱者一方而言，他们的诉求因为得到网民的支持，而更加显得理直气壮，不会轻易做出让步，甚至有时，对方会主动地提高诉求标的，希望弱者快速达成共识。

第五章　网络动员的社会作用及其对冲突管理的挑战

网络动员为冲突的升级和爆发提供了可能，而冲突的爆发和升级本身既具有正面的功能，也具有负面的功能。因此，网络动员也是一把“双刃剑”，在现实生活中具有双重效应。同时网络动员也给传统的冲突管理方式带来了极大的挑战，增加了冲突管理的难度。

第一节　网络动员的积极作用

一　保护弱者权利

互联网虽然是个中立的工具，它既可以被弱势群体用来增强自己的力量，也可以被强势群体所利用。但是总的来说，网络动员对于弱者权利的保护作用更为明显。当然，网络动员对于弱者权利的保护，也不能忽略网络动员对强势群体权利的促进和保护作用。一般情况下，就大规模的网络动员而言，当代表着强势群体的成员和代表弱势群体的成员发生冲突时，弱势群体往往更容易获得更多的道义资源的支持。从这个意义上说，网络动员更有利于对弱者权利的保护。网络动员对弱者的权利的保护主要表现为以下两个方面：

（一）网络动员增强了弱者获取资源的能力

阿尔文·托夫勒（A. Toffler）把暴力、财富和知识看作是最重要的三种资源。[①] 这里，阿尔文·托夫勒把信息看作是知识的重要来源。在前网络社会，弱势群体和强势群体获取资源的能力是不同的，不管是在暴力资源、财富资源和知识资源的占有上，弱势群体则处于全方面的劣势。在网络社会，弱势群体和强势群体这种资源占有上的严重失衡现象得到了一定的改善。虽然弱势群体和强势群体在暴力资源和财富资源的占有上依然处于绝对失衡的状态，但是由于网络资源的开放性和低成本性，弱势群体也可以在互联网上与强势群体分享信息。“当我们踏入信息时代时，暴力、财富与知识甚至出现更重要的差异：从定义上说，武力和财富是强者和富人的特征，而知识的真正革命特征则是：弱者和穷人也可以掌握知识”。[②] 知识或者信息不仅是力量的重要来源，它们的变化也在很大程度上引起了力量的转移。

一般来说，暴力和财富具有绝对的排他性，而知识和信息则

---

① 阿尔文·托夫勒．力量转移：临近21世纪的知识、财富和暴力．刘炳章等译．北京：新华出版社，1996，22．

② 同上书，27．

具有很大的开放性和排他性。网络动员具有强大信息传播能力,只要借助于一台电脑或者其他终端联网,任何人都可以方便地发送信息或接收信息,弱势群体因此极大地提高了获取资源的能力。在前网络社会,强势群体还可以借助于强制力来封锁信息和知识,但是在信息时代,强势群体再按照传统的方式来完全封锁信息几乎不再可能。例如在“躲猫猫”事件中,起初晋宁县地方政府还试图隐瞒或者封锁信息,许多网民开始在互联网对其进行质疑和批评,甚至网民还成立了调查委员会,调查真相。最后,在网民强大的舆论压力之下,云南省检察机关公布了事实的真相,还了死者一个公道。

(二) 网络动员增强了对弱者声援的力量

在前网络社会,当强者和弱者发生冲突时,总的来说,强者具有多种打压和制服弱者的资源和手段,即使弱者最终能够战胜强者,也需要付出强大的代价。因此,在小规模的冲突中,冲突总是相对地对强者有利。谢茨施耐德认为:“在极小规模的冲突中,冲突各方的实力对比往往是可以事先预知的。在这种情形下,双方在进行实力较量之前,实力强的一方可能将自己的意志强加给较弱的一方,因为他们往往会在确信自己会失败的情况下主动让步。这一点非常重要,因为冲突的范围在开始时最容易得到控制”。[①] 简单地说,在小规模的冲突中,在冲突过程中

① E·E·谢茨施耐德.半主权的人民:一个现实主义者眼中的美国民主.任军锋译.天津:天津人民出版社,2000,3.

处于优势地位的一方能够轻易地把握住冲突的发展态势，因为在没有更多的人介入之前，他们可以控制冲突的结果。

然而，网络动员则使得冲突开始迅速走向公开化和规模化，伴随着这种公开化，许多旁观者开始介入冲突，影响冲突的走向。一般地说，在大规模的网络动员背景下，人们有着同情弱者的普遍心理，网民可以通过集体沟通与协作的方式来声援弱者。"动员中网民创建的集体协作模式，大多是'面向单一目标'，虽然松散但却能量巨大。草根阶层通过虚拟串联自组织起来的集体力量，在某一'交锋点'上(即使不是整个'交锋面上')掀翻大组织或政府的剧目在国内外不停地上演。"①

网民对弱者的声援主要是在"网上"，体现为通过网上的发帖和评论，形成一种压制性的网络舆论，迫使强者作出退步，或者倒逼政府重视问题的解决。这种援助方式最便捷也更普遍。因为，对于大多数的网民来说，参与现实中的集体行动是需要付出精力和成本的，而网络声援的成本几乎为零，这在满足他们的"正义感"的同时，也发泄了他们心中的不满情绪。但是，正是通过他们这些"大多数的小努力"，许多弱者的权利才得以得到保护。例如在"罗彩霞事件"和"张海超开胸验肺"事件中，正是网民的网上声援形成的强大舆论压力，倒逼政府面对问题、解决问题。

网上声援虽然能够形成强大的舆论空间，但是弱者也需要很多现实的支持和帮助。许多网民开始从"网上"走向"网下"，

---

① 娄成武，刘力锐.论网络政治动员：一种非对称态势.政治学研究，2010(2).

直接声援弱者。例如在“宜黄拆迁事件”中，当钟如九通过微博发出救母的请求之后，一些网民直接联系医生和医院，并顺利地把钟家转进医院。

二　推动更广泛的民主参与和监督

网络动员促使了人们对公共事务的关注和参与，促进了平等、参与、共享等民主意识的传播。网络动员对民主化进程的推动主要表现在以下两个方面：

（一）民主参与

网络动员本身就具有巨大的民主潜力，它会促使民主更加有活力。哈壬（Noriko Hara）教授列举了网络动员有利于民主参与的三个因素：“第一，它降低了信息分配和参与的成本；第二，它提高了人们的集体认同感；第三，伴随着认同感的提高，网络动员也会推动网络社区的发展”。[①] 网络动员推动了我国网民的民众参与热情，它主要表现在以下两个阶段：

1. 民主协商

虽然有的学者依然怀疑我国互联网空间是否能形成理性讨论和交流的公共领域，但是，网络动员拓展了民众参与和民众讨论的空间，则是一个不争的事实。互联网虽然尚没有成为一种

---

① Noriko Hara. Internet use for political mobilization voices of participants. American Journal of Sociology, 2009(5).

绝对理想的商谈环境，但是通过这种网络民主协商，民主的成果不断得到巩固。例如在 2008 年的厦门 PX 事件中，政府开设网上调查平台，征求人们对 PX 项目的态度。之后，政府又通过互联网报名的方式，抽选网民组成听证会，对 PX 进行环评，并最终决定将 PX 项目迁出厦门。

民主协商的可贵之处就是能够保障每个人的平等发言和表达的权利，在网络动员之下，尤其要注意塑造良好的民主氛围，防止“舆论一律”和网络暴力等侵权行为的发生。

2. 网络调查

网络调查主要是网民由“线上”走到“线下”，直接参与有争议的公共网络事件的调查。网民的民主调查一方面反映了政府网络素养的提高，另一方面也反映了网民已经作为一支重要的力量日益发挥着重要的作用。影响最大、最早的网民民主调查源于“躲猫猫事件”。2009 年 2 月，由网名为“风之末端”为主席的调查委员会对“躲猫猫事件”进行调查，虽然调查结果令人失望，但是这种民主的方式值得肯定。

（二）网络监督

网络动员在推动人们对政府的社会监督方面发挥着越来越重要的作用。目前，互联网已经成为中国公众监督政府的重要手段。人们通过互联网反映社会各个领域存在的问题，对政府的工作提出建议和批评等。网络监督是一种新型的网络舆论监督方式，它降低了公民进行民主监督的心理负担，因而提高公民进行民主监督的积极性，提升了民主监督的效果。例如被称为

“网络反腐第一例”的周久耕就是由于其不当言论，而被网民曝料抽“天价烟”，从而形成了网络热点，网络监督的效果可见一斑。

网络动员有利于对政府的监督。虽然我国宪法规定，我国公民有监督各级政府及其官员的权利，在前网络时代，这种权利的落实受到各种阻碍。网络监督使得公民对政府监督的成本极为低廉，任何人都有可能成为网络监督的主体，它使得宪法规定的公民监督权真正地落到实处。现在，越来越多的公民开始选择把互联网当作对政府监督的重要工具。“据 2009 年 1 月人民日报和人民网联合做的一项网上调查，参与调查的网民有 87.9％非常关注网络监督，当遇到社会不良现象时，93.3％的网民选择网络曝光”。[①] 网络动员使得网络监督无处不在，政府官员的任何违法活动都有可能通过互联网曝光，成为引爆网络的热点问题。网络监督已经成为公民进行权利保护以及制约政府权力的重要手段，形成一张监督和制约公共权力的“天网”。

三　释放社会的深层压力

社会冲突具有“安全阀”功能，为各种负面情绪的释放提供了窗口。网络动员则使得社会冲突迅速走向公开化和社会化，它虽然具有聚集能量的效应，会增加暂时的社会压力，但是它通

---

①　张小兵.网络表达与社会稳定.中国人民公安大学学报(社会科学版)，2009(3).

过提升人们的认同感和归属感以及合理发泄情绪，而有效地释放了社会的深层压力。

（一）提升认同感和归属感

马斯洛（Abraham Maslow）的需求理论指出，人类有五种基本的需要，即生理上的需要、安全上的需要、情感和归属的需要、尊重的需要、自我实现的需要。在马斯洛看来，情感和归属的需要十分重要，它是连接低级需要和高级需要的纽带。“通常来说，由单独的个人转变为集体成员，进而成为组织的成员，与其他成员共享目标、策略和有目的的行为，会大幅度提升正面的自我评价，提升属于一个有意义的事业和有意义的团体的感受”。[①] 总的来说，认同感和归属感是人的一种心理需要，较强的认同感和归属感可以提升公众的满意度，也可以缓和情绪，减轻社会压力。如果认同感和归属感缺失了，社会成员就会缺乏心灵的归宿，紧张的情绪也难以得到释放，反而会增加社会的压力。

网络动员有助于提升网民的认同感和归属感。首先，互联网拓展了人们交往的空间。不管是何种身份、何种性格的网民在互联网的虚拟空间总能够找到与自己的观点相近或相似的网民，换句话说，网民总是倾向于登录与自己观点相近的网站，他们在这些网站中的交流不仅是观点的交流，也是情感的交流，从而增强了归属感。其次，网络动员促使了对抗边界的激活。这种激活主要是通过“他”的中介和“我”发生联系，从而促使“我

---

① 常健. 公共冲突管理. 北京：中国人民大学出版社，2012，10.

们”意识的产生。“我们”意识的产生过程也是认同感和归属感形成的过程。“具有最广泛面相的‘我们’身份所引发的强烈共鸣是在网民中建构集体认同感并进一步形塑集体行动框架的基础。”①可以说，“我们”意识正是网络动员发生的心理基础。从短期来看，“我们”意识有可能导致冲突规模的扩大和冲突的升级，但是从长期来看，“我们”意识也促使“我们”内部的团结和凝聚力，提升了“我”对“我们”的心理归属和依附，从而有效地释放了社会的深层压力。

（二）合理发泄情绪

诸如不满、愤怒等负面情绪的聚集往往会伴随着各种生理反应，比如出汗、心跳加快、血压升高等。这种负面情绪不仅会影响人们的身体健康，还会阻碍双方的交流和沟通。聚集的负面情绪就如同蒸汽锅中的蒸汽一样，如果没有合适的排气渠道，整个蒸汽锅就会由于蒸汽的压力而导致爆炸。因此，过多的负面情绪的聚集也会带来很多社会问题。合理发泄情绪是缓解压力的重要通道。这种情绪的发泄可以将敌对情绪转移到替代目标，从而起到“降压”的“安全阀”作用。正如科塞所言：“我们使用‘安全阀’制度这个术语用以表示将敌对情绪引向替代对象的制度，而不是指这种制度可以使冲突表现出来”。② 总之，合理发泄情绪不仅有利于改善双方的交流和沟通，也有助于从根本上

---

① 刘琼.网络动员的作用与管理对策.学术论坛，2010(8).

② L·科塞.社会冲突的功能.孙立平等译.北京：华夏出版社，1989，8.

缓解社会压力。

网络动员有助于公民情绪的发泄。网络动员给公民情绪的发泄提供了合适的借口。网络动员的发起需要一定的话语，而维护“社会公平”往往承当了网络动员的话语，而在网络动员的行动者看来，社会不公平的现象随处可见，他们的任务就是向这个“不公平的社会”喊出自己的声音。在“社会公平”的话语之下，公民在互联网上肆意地发泄情感就获得了某种道义上的支持。“在网络上，通过交流、讨论，网民之间有了共同的话语，形成群体的认同。社会上的不公平、工作中的重压、怀才不遇的感慨以及委屈、愤懑等情绪都可以通过网络宣泄出来并得到回应，从而释放紧张情绪、减缓恐慌心理、消除现实的孤独、补偿难以实现的愿望，获得心理上的平衡和满足。”①

网络动员的过程是一个争取资源，获得支持的过程。在这个过程中，许多与事件无直接利益相关者的加入，可能使得冲突局势的发展难以预料。而这些无直接利益相关者并没有具体的利益诉求，他们的加入往往是由于现实社会缺少表达的渠道，而借以表达他们的不满和发泄情绪。因此，这种情绪发泄并不以挑战现实的社会制度为目标，只是希望自己的诉求得到关注。人们在网络中进行意见表达，并非总是为了参与社会事务，有时仅仅是为了宣泄个人情绪。从这个意义上，网络动员过程中情绪的合理发泄，并不会冲击社会的秩序，反而会从整体上缓解社

① 张小兵.网络表达与社会稳定.中国人民公安大学学报(社会科学版)，2009(3).

会的压力。

四　为改革提供动力和契机

社会的发展需要不断地进行改革，但是在某些情况下，由于体制和惯性的影响，改革很难启动。网络动员则使得社会问题得到彻底的暴露，倒逼政府正视问题，从而降低了改革的阻力。同时，网络动员也使得问题得以“聚焦”，并有可能进入政策议程，为可能的改革提供了契机。

改革是社会发展的动力，它是化解社会冲突、推进社会整合的关键。但是我国目前的改革面临着一系列的障碍和阻力，这种阻力主要来自三个方面：一是既得利益集团，他们已经从改革中受益，希望维持既有的分配格局；二是改革者，主要是政府官员，他们害怕改革的风险会影响自己的仕途；三是渐进式改革形成的“路径依赖”，造成制度缺陷固化。因此，在缺少外界力量的推动之下，改革总是难以取得突破。

网络动员则使得原来已经存在但潜藏的关键问题暴露出来，从而将改革的事宜提上日程。“有时候，冲突不仅会促进改革，而且也会促使变革更容易被接受，甚至被人们所渴望。”[①]网络动员能够使得某些社会问题在民众之间达成共识，从而使得那些反对改革的声音迫于舆论的压力而保持沉默。网络动员作为改革的一种强有力的推动力量，为改革的进行制造声势、提供

---

① 常健.公共冲突管理.北京：中国人民大学出版社，2012，9.

了强有力的舆论支持，并且通过强大的舆论压力倒逼政府作出回应，从而增强了改革力量、削弱了反对改革的力量，降低了改革的阻力。

民意是推动改革的强大动力。改革要尊重民意，而网络动员则有利于增强政府对民意的认识。“在网络传播时代，公众使用网络诉诸表达权，不受审查，没有传统媒体那种严格的把关，可以毫无顾忌地直接、全面、方便地把自己的想法向官员们诉说，这是公众参政的最好形式，也是政府求之不得的执政资源。”①当代中国的社会已经进入了一个社会结构和社会利益高度分化的阶段，社会成员的利益日益多元化。因此，在网络动员的过程中，这种利益的多元化就表现为互联网上的“多元化声音”。各个群体的成员都可以在互联网上自由地表达自己的观点和诉求，而观点和主张的多元化，有助于政府对民意的全面了解和把握。在网络动员之下，民意面对暴露的社会问题，往往会提出改革的要求，从而为改革的进行提供了强大的支持力量。

例如在“郭美美事件”中，在网络动员的作用之下，网民对“中国红十字会”的公信力提出了质疑，从而为“中国红十字会”的改革提供了动力支持。面对着民众的质疑和改革诉求，“中国红十字会”被迫于 2011 年 12 月 8 日公布了其 2011 年度的财务收支情况报告，从而启动了“中国红十字会”改革的序幕。

---

① 张小兵.网络表达与社会稳定.中国人民公安大学学报(社会科学版)，2009(3).

第二节　网络动员的消极作用

网络动员是把“双刃剑”，它既有保护弱者权利、推进民主化进程、缓解社会压力、提供改革机会、促进社会整合等正面功能，也有冲击社会秩序、侵犯人权等方面的负面功能。

一　冲击社会秩序

网络动员降低了公民参与集体行动的成本，使得跨越地理疆域而联盟和行动成为可能。当数量巨多的网民被动员起来参与集体行动之后，就使得这种冲突进一步公开化和扩大化，这就增加了冲突管理的难度。集体行动的参与者在情绪的相互感染之下，就有可能采取暴力等对抗手段，从而对社会秩序形成一定的冲击。这主要表现在以下两个方面：

（一）网络动员诱发了大规模冲突的爆发

小规模的、多元化冲突可以从整体上防止社会整体性的分裂，而大规模冲突的集中爆发则使得冲突能量迅速聚集和释放，从而会导致各种强烈的对抗行动和大规模的破坏，对社会秩序形成一定的冲击。

网络动员为大规模冲突的爆发提供了条件。首先，网络动员为大规模冲突的爆发提供了人力储备。由于现实表达渠道的不畅以及现实生活中形成的各种压力，网民需要找到发泄的通道。在网络动员的作用之下，网民不仅直接从事“在线集体行动”，而且也从网上走到网下，直接参与“离线集体行动”。其次，网络动员为大规模冲突的爆发提供了思想和舆论准备。网络动员能够成功发生的前提，是能够增强网民的认同感，从思想上打动网民。网络动员的发起者通常运用“悲情弱势”策略，从而刺激网民最敏感的神经。特别是当弱势群体和强势群体发生冲突时，网络动员的行动者对社会公平的强调、对社会不公的失望和批判都为大规模冲突的爆发提供了舆论准备。特别是涉及到民族矛盾和宗教矛盾的冲突被放到互联网上时，往往更会引起人们的广泛关注。

2009 年发生的新疆“7・5”事件，就是通过短信和互联网动员的结果。早在 2009 年的 7 月 1 日，“世维会”就在清风网、露水网等 21 个维语网站和“我们的维吾尔”等 100 多个 QQ 群发表聚众闹事的消息。当日，“世维会”的一成员在网上上传了一段剪辑和加工过的视频，并动员说：“我的同胞们，血债要用血来还，汉族人把我们的姑娘扒光了往头上砸石头”。① 7 月 4 日 22 时 17 分，在“兄弟”QQ 群发布了这样一条信息：“明天下午 5 点，在广场有 namyixa(游行)，你们去吗？是维族就去把(吧)”。据统计，该汉字信息至 7 月 15 日 17 时共被 1245 名网民在 3357 个 QQ 群中转发了 4720 次，受众达 5 万余人。②

① 乌鲁木齐“75 事件”始末. 新民网：http://news.xinmin.cn/rollnews/2009/10/16/2736881.html.

② 娄成武，刘力锐. 论网络政治动员：一种非对称态势. 政治学研究，2010(2).

（二）网络动员推动了冲突的恶性升级

网络动员对冲突的影响不仅表现在会诱发大规模冲突的发生，也表现在推动冲突的恶性升级。它主要是指在冲突爆发之后，通过网络动员和网络宣传，更多的人开始关注和参与冲突，从而导致冲突的进一步升级与恶化。冲突发生之后，“信息会通过各种媒介而传播，特别是网络媒体，民众自由参与讨论和评价，由于网络舆情具有一定程度的非理性和情绪化，很容易过度宣传社会阴暗面等负面消息，加上有些人恶意歪曲事实或是偏激的评论，容易给其他网民一种误导，这种负面舆情，会加剧群体性突发事件的恶性发展，使参与群体性事件的人增多，使冲突升级，增加处理难度。”①

冲突的恶性升级会冲击和破坏稳定的社会秩序，它主要表现为冲突手段的变化，由网络“围观”、网络“吐槽”等和平手段到打砸抢烧等攻击性暴力手段的运用。例如在2009年的“石首事件”中，当死者涂远高的尸体被停放在其生前工作的酒店大厅时，群众使用手机、相机等拍摄了现场的照片和视频，并被发布至网络，这起到了很好的动员作用。特别是当互联网上盛传“涂远高的死亡和其老板有关，而老板受到石首市部分领导的保护”时，当地网民开始由“线上”围观走到“线下”，为“保护尸体”与警察发生冲突，并最终发生了打砸抢烧的群体性事件。

① 张明善，占英春. 网络舆情传播对群体性突发事件的影响模型. 西南民族大学学报(自然科学版)，2011(3).

二　"人肉搜索"侵犯了公民的隐私权

网络动员常常会引起网民的"人肉搜索",过度的"人肉搜索"会把民众的各种基本信息暴露于互联网的公共平台之上,是对公民隐私权的严重侵犯。

"人肉搜索"是指"利用现代信息科技,变传统的信息搜索为人找人的关系型网络社区活动,变枯燥乏味的查询过程为'一人提问,八方回应'的人性化搜索体验。"[①]过度的"人肉搜索"在方便了人们获取知识和信息的同时,也严重地侵犯了公民的隐私权。来自五湖四海、成千上万的人通过不同途径从不同角度对同一个人进行搜索挖掘,很快就能掌握这个人的所有信息。"网络侦探"们在寻找事实真相的同时,往往也"人肉"出当事人的照片、地址和电话的个人隐私。

人格尊严属于人权的基本内容。法治社会应该平等地保障每一个公民的人格尊严和个人隐私权。正如胡泳所言:"隐私是我们每个人都有的对一种不受他人打扰、侵犯、为难的私人空间的欲求,也是一种控制自己的个人信息的披露时间和方式的责任和努力。"[②]我们原以为自己的生活处于绝对安全之中,现在这种乐观的态度正在发生改变:几乎任何拥有一台电脑、一个宽带连接的人都可以进入你私生活的最隐秘之处,把你的个人记录

---

① 郑根成.人肉搜索的伦理反思.道德与文明,2010(5).

② 胡泳.众声喧哗:网络时代的个人表达与公共讨论.桂林:广西师范大学出版社,2008,162.

一览无余，而且同时也很方便地把你的这些个人记录公之于众。因此，“人肉搜索”是有界限的，它不应该侵犯公民的个人隐私权。在人肉搜索的过程中，“许多网民转身变为信息兜售的掮客，并堕落为网络世界的暴民”。① “人肉搜索”的强大威力使得任何公民的隐私权都有可能受到侵犯，“一旦有人将你当作‘人肉搜索’的对象，那么你的一切将被迅速暴露在阳光下，随之而来的是来自网络和现实的双重的舆论压力。”②

例如在 2009 年的“上海女生打人事件”中，为了响应“屠熊大会”的号召，许多网民把打人者“熊姐”的姓名、电话、学校、年纪、班级和 QQ 等都发布到互联网上。在“熊姐”的 QQ 留言上到处都是谩骂之声，甚至有的网民还从“网上”直接地走到“网下”，要求学校开除“熊姐”。

三 网络暴力引发了民众的不安全感

网络动员常常伴随着各种网络暴力，网络暴力也是对人的基本权利的侵害，造成了民众的普遍不安全感。网络动员的过程中，网民经常以鼠标和键盘为武器，并且以道德的名义，谩骂、诽谤和攻击他人，奋不顾身地“跳入网络空间去扮演法官和陪审团的双重角色”，③最终堕落为网络暴民。虽然有的学者并不认

---

① Samuel J. Best, Brian S. Krueger. Analyzing the representativeness of internet political participation, *Political Behavior*, 2005.

② 杨卓超. 论人肉搜索的合法界限. 行政与法，2009(7).

③ Ching-ching Ni. Chinese Log on for Retribution. *Los Angeles*, Sep. 5, 2006.

同网络暴民这一说法，“网络暴民是个伪命题，如果我们把注意力过分集中在这个词汇本身，不但偏离解决问题的动向，而且我们自己也容易陷入以暴易暴的尴尬境地。”[①]但是，网络世界中充斥着网络暴力却是个不争的事实。

网络暴力主要表现为一种群体暴力，是群体非理性的表现。勒庞指出个人心理和群体心理有本质的不同，“群体是冲突、易变和急躁的；群体易受暗示、轻信；群体既有可能表现出极低的道德水平，也可以表现出根本达不到的崇高”。[②] 在网络时代，许多网民因网络的匿名性、开放性及相互交互性等特点，而更容易聚合为一群“乌合之众”，成为网络暴民。理性从来不是网络社会的通行证，不少网民往往会在从众心理的驱动下，做出平时个人独处时不能做出的极端行为。

人们对“人肉搜索”的作用尚存有质疑和争论，而网络暴力则受到了人们的一致谴责和批判，它往往以道德的名义侵犯他人的合法权利，每个人都有可能成为网络暴力的受害者，公众的不安全感凸显。

网络暴力主要表现为两个方面：第一，语言暴力。语言暴力是网络动员中最经常见到的一种网络暴力现象。由于网络动员的匿名性和低成本性，网民在互联网上批评和谩骂他人几乎是零成本，这也同时释放了他们积聚已久的不满情绪。语言暴力主要采取“污名化”策略，把对方塑造成为“道德矮人”，从而在互

---

① 李方.直斥网络暴民相当于以暴易暴.南方都市报，2006—06—16.

② 古斯塔夫·勒庞.乌合之众——大众心理研究.冯克利译.北京：中央编译局出版社，2005，12—41.

联网上对其起而攻之。第二,现实暴力。网络暴力最大的危险还表现在,这种网络暴力往往还延伸到现实的空间,影响了他人的正常生活。网民已经不满足于网络空间的攻击和谩骂,而是从“网上”走到“网下”,直接面对面地对其进行骚扰和攻击。

在“药家鑫事件”中,我们见证了网络暴力的威力。在药家鑫归案之后,一些网民不仅对药家鑫进行辱骂,称其“天生杀人脸,死有余辜”,而且还对药家鑫父母进行了人肉搜索,并在互联网上公布了药家鑫父母的工作单位、家庭地址、手机号码、身份证号码以及照片等一些私密性的信息。更有部分网民直接到药家鑫父母住处进行辱骂和骚扰,甚至出现在药家鑫父母住处倾倒垃圾以及在其门上涂抹狗屎的行为,网民的行为严重地影响了药家鑫父母的正常生活,构成了对其个人隐私权和名誉权的严重侵犯。

四　“媒体审判”对公正审判的干扰

网络动员常常能够形成强大的舆论压力,出现网络舆论干预司法的情况,这就是一种“媒体审判”。“媒体审判”有违无罪推定原则,它与社会正义的要求是背道而驰的。①

“媒体审判”一词是个舶来品,指的是“新闻报道干预、影响审判独立和公正的现象,其最主要的特征是:超越司法程序抢先对案情做出判断,对涉案人员做出定性、定罪、量刑以及胜诉或败诉等结论。”②最近几年,“媒体审判”呈现出愈演愈烈之势。

---

① 孙健,徐祖迎.网络舆论监督及其规范.中国行政管理,2011(12).

② 魏永征.新闻传播法教程.北京:中国人民大学出版社,2002,113—114.

“湘潭黄静案”、“沈阳刘涌案”、“杭州飙车案”、“湖南罗彩霞案”、“湖北邓玉娇案”以及“药家鑫案”等在吸引网民眼球的同时，也引发了人们对“媒体审判”与社会正义的思考。

在2009年5月的“邓玉娇案”中，人们争论的焦点是邓玉娇是否应该免除刑罚？邓玉娇案发后不久，网络上就出现了一边倒的舆论支持邓玉娇。在法院审判之前，舆论就认定邓玉娇是正义的一方，而丧命的官员则属于强奸未遂、咎由自取。在此案中，媒体审判的特征表现得淋漓尽致。在法院开庭审判之前，媒体审判的裁决书早已下达。我们无法推测，法院最终的审判在多大程度上受到媒体审判的影响，但如何平衡网络民意与司法理性的关系应该引起人们的思考。

媒体审判有违法治精神，它既违背了无罪推定原则，又危害了司法独立。实际上，媒体审判并不是媒体民主监督的一部分，而是媒体舆论监督权的一种滥用。媒体审判并不等同于媒体审判可以干扰司法独立。司法独立是国际通行的准则。英国法律规定，媒体审判如果严重影响到司法独立和司法工作，将被处以“藐视法庭罪”。我国宪法也规定，法院独立行使审判权，不受任何行政机关、社会团体和个人的干扰。

目前需要注意的是，要努力避免媒体的审判，切不可忽视网络等大众传媒对司法独立的影响。同时，防止媒体审判并非要限制公民的表达权。在网络社会，不仅不能不限制公民的意见表达权，还要充分保障公民的意见表达权。网络民意对于推进行政以及司法透明化、公正化具有重要意义。在很多案件中，网络民意成了网民进行行政问责的重要推手。因此，在防止媒体审判的同时，充分保障公民的表达权，既是一种理性的回归，也是社会正义的要求。

第三节　网络动员对冲突管理的挑战

网络冲突管理的目标就是发挥网络动员在冲突管理的正面功能，抑制其负面功能。网络动员使得传统的冲突管理有了一定的难度，它对我国的冲突管理带来了一定的挑战，主要表现在以下四个方面。

一　网络动员对信息管理的挑战

信息管理贯穿于冲突管理的始终。冲突管理的整个过程包括诊断、干涉、效果和反馈等几个阶段，这几个阶段都需要信息的有效搜集和分析，因此冲突管理目标的实现有赖于对信息的有效管理。由于网络动员的匿名性和快速传播性等特点，它对信息管理带来了严峻挑战，主要表现在以下几个方面：

（一）信源的多元化导致真相难以辨认

有效的冲突管理有赖于对冲突事项和冲突事实的深刻把握。网络动员促进了信源的多元化，QQ、博客（微博）、论坛等都可以成为网络信息的重要来源。信源的多元化以及互联网的隐身功能使得信息在传播的过程中发生了扭曲，尤其为网络谣言的传播提供了舞台，这就导致了事实的真相难以辨认。

网络谣言的广泛传播常常导致事实的真相难以辨认。网络动员之所以导致事实的真相难以辨认，除了因为网络谣言了满足了人们的信息需求之外，还因为网络谣言的传播往往伴随着某些所谓的细枝末节的描述，或者当事人的“证言”。例如在“钱云会”事件中，有两个据称是目击者的村民也声称钱云会是被谋杀的。一个名叫钱成宇的村民描述：“四个人把钱云会按住碾死”，而另一个目击证人黄迪燕也向媒体描述：“3个男人推着钱云会将他的脖子推向车轮下。”这些网络谣言通过“目击者”对案件的具体细节描述，再加上钱云会的多次上访经历，以及政府不能提供事发时摄像头所拍下的录像，大部分的网民开始相信这场事件根本不是一场普通的交通肇事案，而是一场蓄谋已久的谋杀。

网络谣言往往以图文并茂等细节形式的“佐证”，固化了人们的认识。我们之所以相信网络谣言，是因为谣言的内容和我们的心理预期是一致的。我们在认识某些事件之前往往存在着一种固定的思维模式和解释框架，如果谣言的内容和我们的心理预期或者解释框架是一致的，我们一般比较倾向于相信谣言的内容，特别是如果谣言能跟图文并茂等细节形式“相互印证”，就更加固化了我们对事件的最初认识。一般来说，图片是对事实真相最直接、最真实的描述，网络世界中所谓的“无图无真相”强调的就是图片在揭露事实方面的重要性。但是图片并不一定总能够反映事实，在网络谣言的传播中，人们往往通过对图片的操纵来扭曲事实。

这种操纵主要是通过两种方式来实现：第一，通过图片的拼接来歪曲事实。科学技术的发展为人们进行图片造假提供了技术支撑,有的网民就通过对照片的PS,来推动谣言的传播。如在2007年的“华南虎照”事件中,周正龙就是通过不同照片的裁剪和拼凑,宣布发现野生华南虎;第二,通过图片的空间移动来“佐证”事实。这种操纵主要是借助于网民丰富的想象力,把原本和事件并没有直接关联的图片和某些热点事件连接起来,以对其进行“佐证”。

如在2009年的湖北“石首事件”中,截止6月21日,事件逐渐开始平息,围观群众也逐渐散去。但是,当天网络论坛上出现了“酒店又挖出两具尸体”的帖子,并配以照片。事后证明这张图片为作者从其他的论坛转载而来,它反映的并不是一种事实。但是在“有图有真相”的心理作用下,6月22日,永隆大酒店附近再次聚集数百名群众。网络谣言通过对图片的扭曲利用,进一步加深了人们对谣言的认知。面对着这种错误的社会认知,政府往往陷入进退两难的境地。一方面,政府很难在第一时间内迅速辟谣,纠正网民的错误认识;另一方面,由图片而“佐证”的信息如果得不到政府的积极回应,将会进一步地增加网民的不满情绪和愤怒感。

(二)信息的快速扩散加大了政府回应和管理的难度

冲突管理要求对公共冲突事件进行及时、快速的回应与管理。在前网络社会,人们提出了突发事件处置的“黄金24小时”法则,即在事发24小时之内发布事件的真实信息,以澄清谣言,引导舆论的发展。一般地说,冲突管理的难度与冲突扩散的速度和范围成正比，正如谢茨施耐德所言："冲突的后果取决于四种维度：冲突的范围、受关注程度、冲突的激烈程度和冲突的向度"。[①] 而网络动员无疑拓展了冲突的范围、提高了冲突的受关注度，从而也增加了政府管理的难度。

冲突的扩散导致旁观者的卷入，增加了冲突管理的难度。"因为就A和B的冲突而言，一旦C介入A和B之间的冲突，冲突的性质也必然会发生改变，C可能与A联合使力量平衡向着有利于A的方向发展，或者可能支持B从而使力量向有利于B的方向发展，他也可能打破现有的对抗结构，或将自己的意志强加于A和B。然而不管C怎么做，他都将使一对一的冲突转变为二对一或三方的冲突。所以，每一次新主体的介入都会仅凭通过冲突的范围改变对抗结构"。[②] 而网络动员则极大地便利了冲突的扩散，特别是在互联网的虚拟场域，冲突的扩散往往会导致冲突规模的扩大，在"群体无意识"的心理支配之下，人们的情绪会相互感染，从而有可能出现破坏性行为，促使冲突的升级。

冲突扩散是指随着冲突从它的初发地转移和扩散到其他地方，这主要表现为冲突场景的转换以及参与人数的增加。在每一次社会冲突中，其主体主要包括两个部分，一个是处于冲突核心地位的积极参与者和被吸引到现场的旁观者。冲突扩散的过程就是冲突的积极参与者动员和吸引旁观者参与冲突情境的过程。在斗争周期内，"最特别的不是所有群体同时期朝相同方向

---

① E・E・谢茨施耐德．半主权的人民：一个现实主义者眼中的美国民主．任军锋译．天津：天津人民出版社，2000，16—18．

② 同上书，2．

‘揭竿而起’，也不是特殊人口群体以一次次相同的方式活动，而是早期造反者展开的集体行动的示范影响，在通常较沉默、资源较少的群体中引起各种各样的扩散、延伸、仿效和感应作用。”[①]“每一次冲突的结果取决于旁观者的卷入程度。也就是说，冲突的扩散程度决定着冲突的结果。”[②]从这个意义上说，冲突扩散的程度取决于人们掌握冲突信息的多寡和方便程度，无疑互联网为人们进行冲突信息的交流和传递提供了绝好的平台。

在2011年的“占领华尔街”运动中，互联网成为“占领华尔街”运动的催化剂，人们借助于Twitter、Facebook和Meetup等平台交流信息和建立联系，从而迅速地聚集起来。在很短的时间内，这种社会冲突和“占领运动”就迅速地从纽约扩展和蔓延到波士顿、芝加哥和华盛顿等大城市并在全球数十个国家和数百个城市同时进行，其扩散和蔓延的速度之快，令人惊奇，也让人们见证了互联网快速信息传播功能对冲突扩散的作用。

（三）信息的匿名发布使得政府很难找到协商和谈判的对象

在现代社会，谈判和协商是传统的冲突管理的重要手段。“在解决冲突时，有三个潜在目标：一是试图改变对方；二是试图改变局势；三是试图改变自己。改变别人的做法是不太可能

---

① 西德尼·塔罗.运动中的组织：社会运动与斗争政治.吴庆宏译.南京：译林出版社，2005，194.

② E·E·谢茨施耐德.半主权的人民：一个现实主义者眼中的美国民主.任军锋译.天津：天津人民出版社，2000，2.

奏效的……，因此只能用谈判和劝说来实现第二个和第三个目标”。[①] 在冲突管理的过程中，通过谈判和协商来化解冲突至少有以下几个方面的好处：首先，谈判和协商是双方之间的一种相对平等的讨论和沟通，在很大程度上反映了双方的意愿；其次，谈判和协商对于冲突的双方来说是一种“头脑风暴”的过程，在此过程中，有可能激荡出一种创造性地解决冲突的方法；再次，由于谈判和协商是在自愿的基础上完成的，因此谈判或协商的结果更能得到双方的认同和遵守。因此，通过谈判和协商来化解冲突已经成为冲突管理的重要方式。

传统的社会动员主要是一种有领导、有组织的集体行动的发动过程，政府和社会组织及其精英人物在社会动员中起着规划动员任务的作用，所以它主要是一种组织动员。传统的社会动员“是由一定的组织者发起的、有明确目的地引导社会成员共同参与，以完成一定社会任务的社会活动，不是无组织地的自发行动。[②]”但是在网络时代，任何网民都可以就感兴趣的事发表观点并发起动员，这种动员往往缺乏组织性。在网络动员的过程中，由于动员主体的匿名性，在冲突聚焦和升级之后，政府往往发现很难找到协商的对象。特别是在冲突升级和暴力运用的阶段，这时的集体行动往往涉及到“散步”、堵路、拉横幅甚至冲击政府机关等实质阶段，为了避免惹上各种麻烦，在动员群众参与集体行动之后，动员的发起者往往选择隐身，集体行动呈现出无

---

① 芭芭拉·A·布贾克·科尔韦特．谈判与冲突管理．刘昕译．北京：中国人民大学出版社，2009，41—42．

② 甘泉，骆郁廷．社会动员的本质探析．学术探索，2011(12)．

组织化的特点。集体行动的无组织化造成了网民意见表达的离散化和随机化，每个人都在表达自己的观点，但是却很难达成共识。这种无组织化的集体行动给冲突管理带来的挑战就是当冲突爆发以后，政府希望找到协商的对象来化解冲突，解决问题，但是却往往发现无法找到具体可以谈判和协商的对象，政府即使有心化解冲突，也往往无处发力。

2012年7月26日，天涯论坛上出现了以"谁能拯救启东"为标题的动员帖：

> 最近，江苏省南通经济技术开发区与日本王子制纸株式会社签订合作协议并已批准，在南通经济技术开发区内总投资19.8亿美元，建立王子制纸集团(南通)有限公司，进行超大规模的制浆造纸生产。这势必造成以下几种后果：一是启东的海水养殖业将会受到重创甚至消失；二是近海渔业资源将遭受重大影响；三是渔民的生存将面临危机；四是以水产品为原料的加工企业及相关行业面临倒闭。
>
> 因此，启东人民决定在7月28日、29日、30日在启东市汇龙镇永安广场集合，进行游行活动，和平表达自己的合理诉求，请各大媒体进行关注！

这个帖子在短时间内得到了极大关注，7月29日上午，有2万多人在市委、市政府门口进行集会和示威，并有部分市民冲击市委机关进行暴力破坏活动。事后一名当地官员回忆起这场事件时提到："当时大家一看这阵势就都懵了，黑压压的一片人在你面前晃动，可就是找不到领头者……，没有领头者，我们根本不知道该和谁进行对话。”[①]这类事件有种共同的特点，它们都是通过网络而被动员起来的，呈现出“无组织、无领袖、无经验”的趋势，使得政府在面对公共冲突时失去了对话的对象，从而无法进行有效沟通和协调。

二　网络动员对情绪管理的挑战

任何冲突都会伴随着一定的情绪内容，有的学者把利益、情绪和价值观视为冲突必不可少的三个要素，“在任何冲突中，冲突的情绪性因素应当放在首要处理位置”。[②] 因此，在应对社会冲突的过程中，需要对情绪进行适当的管理。网络动员导致了情绪的强化和升温，对情绪管理带来了一定的挑战。

（一）情绪的升温阻碍了有效沟通

负面情绪的强化和升温会导致冲突双方的相互指责和批判，加深双方的误解，破坏双方的信任关系，从而阻碍了双方的有效沟通。网络动员作为一种聚众过程会调动网民的各种情绪，它使得双方迅速地从准理性状态进入非理性状态，从而形成各种负面的情绪。互联网则为各种负面情绪的相互感染提供了

① 刘封.“启东事件”带给我们何种启示？凤凰网：http://news.ifeng.com/mil/special/index.shtml.

② 彼得·康戴夫.冲突事务管理——理论与实践.何云峰等译.上海：上海世界图书出版公司，1998，8.

最好的温床，在群体无意识的心理支配之下，网民的负面情绪会迅速强化和升温。

情绪的强化和升温会导致非理性因素在沟通中占据支配地位，导致冲突双方根本无法听进不同意见，从而导致冲突的升级。有效的沟通应当是理性的，如果情绪性的非理性因素在沟通中占据主导地位的话，往往会形成两种极端情况，要么是极力排斥对立的观点，要么易被对方所操纵和控制，完全接受对方的观点。而网络动员由于网民情绪的相互感染，无疑大大增加了其非理性行为。

"在传统上，情绪是与理性相对立的，这一观点在日常生活中具有很大的影响力，即便是在作为科学的心理学中依旧具有一定的影响。"[①]网络动员是一种引导人们的思想和行为发生变化的过程，为了达到动员的目的，动员的发起者往往会综合运用多种策略，比如通过悲情弱势策略获得网民的同情，或者运用诙谐戏谑策略引起网民的关注，甚至不惜通过散布谣言来突出事态的严重性。总之，动员发起者希望能够带动网民的情绪，全身心地参与其中。

在网络动员的作用之下，情绪的释放和发泄过程往往伴随着偏见、幻想、猜疑等非理性行为，并最终形成一种标签化和模式化的解释话语，即自己代表的是正义的一方，对方则是非理性和非正义的。这种情绪化有可能会使人的头脑暂时失去理智，

---

① 斯托曼.情绪心理学——从日常生活到理论.王力译.北京：中国轻工业出版社，2006，106.

使人处于一种癫狂的状态，由对“事”的关注转移到对“人”的怀疑与否定，导致了各种负面的评价和冲突。一旦形成了这种固定化的认知和思维模式，网上的不同观点的表达就不是一种交流和沟通，而完全是站在道德的高度，对对立观点的批判和压制，有效沟通也就无从谈起。

在“钱云会”案件中，由于钱云会的非正常死亡和多次上访经历，互联网上出现了各种“阴谋论”版本。人们纷纷在互联上表达自己的观点，这种观点往往集中于一个焦点就是对政府的质疑和钱云会“冤死”的不满，而对立的观点经常受到激烈的嘲弄和谩骂，从而迫使对立观点的网络表达益发困难。

（二）情绪感染加剧了观点的偏激和极化

在现实生活中，人们的观点也有可能出现偏激和极化情况。由于网络动员的匿名性和低成本性，各种负面的情绪都可以无所顾忌地在互联网上释放。在群体无意识的心理支配之下，网民的负面情绪极可能会出现相互感染和相互强化，而这则使得人们更难听见不同的声音和观点。互联网上负面情绪的相互感染，则无疑进一步地加剧了观点的偏激和极化。

在互联网的虚拟场域，存在着严重的群体无意识情况，在这种意识的驱动之下，人们往往易于受到情绪的感染和相互传染，人们的认识和想法最后往往趋于一致，即使是最极端的想法在互联网的世界中也能找到市场。凯斯·桑斯坦用“群体极化”一词来概括观点的自由市场中这种人云亦云和观点最后趋于同化的现象。

凯斯·桑斯坦认为，群体极化现象是指："团体成员一开始即有某些偏向，在商议后，人们朝偏向的方向继续移动，最后形成极端的观点。简言之，群体极化是指群体成员中原先存在的倾向性，通过群体的作用而得到加强，使一种观点或态度从原来的群体平均水平，加强到具有支配性地位的现象。"①凯斯·桑斯坦通过对60多个网站的随机调查研究，发现在互联网存在着更多的群体极化现象，他指出："群体极化倾向在网上发生的比率是现实生活中面对面的两倍多。②"

网络动员过程中的"协同过滤"现象无疑进一步地加剧了群体极化现象。这种"协同过滤"主要是通过在网站上提供相似或相近观点的网页链接，这种链接在提供方便的同时，也导致了信息的"窄化"。在"协同过滤"的作用机制之下，网络动员中的信息体现一种观点极化的现象，对立或不同的观点受到压制。例如在厦门的PX事件中，到处呈现出一种反对PX的声音，对PX进行理性讨论和分析的帖子数量极少，网民"寂寞去听海"在天涯论坛上发表"厦门PX项目之重新审视"的帖子，提出要对其进行理性的对待：

> 厦门究竟是否真的需要PX项目？从城市的定位来看，厦门市作为一个国际性的旅行城市，其最大的魅力就是安全、舒适、休闲的城市环境，凭空在市里建设一个PX项

---

① 凯斯·桑斯坦.网络共和国——网络社会中的民主问题.黄维明译.上海：上海人民出版社，2003，67.

② 同上书，71.

> 目，是否会影响城市的环境质量？从经济发展的角度来看，PX项目可以给厦门市民提供大量的就业岗位，在保障项目安全性的情况下，启动PX似乎也无不妥之处？总之是否需要启动PX，需要综合多方面的因素理性分析，不能盲目启动，更不能一个简单的“不”字了事！

即使这样一个比较温和的帖子，在回复中得到了一致的反对甚至谩骂：

> 这个人是不是“五毛党”，还是智商有问题？厦门绝不允许存在PX项目，这还有什么可以怀疑的？认为厦门可以启动PX，真是其心可诛！

就是这样一条充满着谩骂和侮辱的帖子，竟然在网上得到了大量的回帖和支持，可见网民观点之偏执和固化。

三　网络动员对评价管理的挑战

评价是指人们根据一定的价值观念对公共冲突双方的是与非、善与恶、喜好与厌恶等的一种主观评判，这种评判常常涉及到人们对冲突双方的品德和态度等深层次的感知。相对于主流媒体而言，人们在互联网上的评价更趋向于负面化。特别是由于网络动员的匿名性，人们在互联网上的发言相对地可以无所顾忌，这就给评价管理带来了极大的挑战，它突出地表现为人们评价思维的简单化以及负面评价的极端化。

网络动员中的简单化思维主要是一种价值判断上的二元对立，即对应着一种非黑即白、非善即恶的解释图式。“从总体上来看，很多中国网民易被简单化思维所主导，这表现为他们对一些事物或人物的判断是基于简单的价值框架，如‘对’与‘否’，同时，他们喜欢用贴标签式的方式、符号化的方式来简化复杂事物”。[①] 在公共冲突事件中，将复杂的事件简化为善与恶、是与非、强与弱的简单对立，就是一种简单化的思维模式。

在公共冲突事件中，网络舆论已经被一种简单化的思维模式所主导。这种简单化思维已经成为网民一种普遍的认知模式：一个有着弱势身份标签的受害者，一个无恶不作的坏人；或者是一个“跟我们一样的底层人”，一个垄断着各种资源的强者；或者是一个强势的政府部门，一个求告无门的“受欺凌者”——这样的简单新闻故事占据媒体报道的很大部分，很容易唤起一种共同的“受害”感觉，形成热点。

这种简单化的思维方式其实也是身份边界的一种激活和划分。在社会冲突中，边界的标记是非常重要的，人们倾向于发展一套“我们——他们”对立的解释框架，这个框架突出了社会的不公正程度，也界定了群体的边界。在抗争政治理论中，边界激活机制提高了区分两个行动者之间“我们—他们”之间差异的显著性，边界激活机制提高和增加了边界的显著性，有利于集体认同的形成。[②]

---

① 彭兰.现阶段中国网民典型特征研究.上海师范大学学报(哲学社会科学版),2008(6).

② 谢岳.抗议政治学.上海:上海教育出版社,2010,23.

社会学家很久以来一直强调社会冲突在突出群体边界以及强化内部团结时的作用。人们通常通过网页、QQ(群)、博客和论坛等媒介来交流信息,了解有关冲突的进展,在这个过程中,人们划定一个明显的“我们—他们”边界。通过选择地“重述”过去和现在所处环境中的某些情境、事件和体验,网友将“人们面前的这个世界”进行了简化和压缩的解释,公共冲突事件的相关情境被辨别和标记为“我们被深深地伤害或者我们的利益被侵害”等不公正境遇。① 这也是人们有选择性地“界定和标签”发生于他们身边冲突事件的过程。

任何一种社会冲突或者社会运动都包含认同、敌人和目标三个方面。其中,“参与者必须要把自己界定为一个群体,而它的成员则必须发展出关于社会运动的共享观点,发展出共同目标,以及有关集体行动的可能性和局限性的共通意见。如果一个群体不能产生集体认同感,那么它就无法完成集体行动。”②这个集体认同感的构建过程就是“我们—他们”边界的形成过程。在此,“我们”与“他们”得到了界定并被赋予了新的意义。在“瓮安事件”中,“我们”是被羞辱和欺骗的对象,“他们”是试图利用权力逃避制裁的机会主义者;在“抵制家乐福”事件中,我们是强烈的民族主义和爱国主义者,“他们”是榨取我们的利润并反对我们的敌人;在“天价烟”事件中,“我们”是追求事实真相的公

① 王英.网络新社会运动中的集体认同感构建.人民网:http://media.people.com.cn/GB/137684/10595704.html.

② 贝尔特·克兰德尔曼斯.抗议的社会建构和多组织场域.见艾尔东·莫里斯,卡洛尔·麦克拉吉·缪勒.社会运动理论的前沿领域.刘能译.北京:北京大学出版社,2002,95.

民，“他们”是享有各种特权的寄生虫和腐败者；在“占领华尔街”运动中，“我们”是被剥夺的底层，“他们”是引发金融海啸的罪魁祸首……。这种“我们—他们”身份边界的确立和激活是网民能够响应网络动员并参与集体行动的心理基础。

特别是涉及到公权力大、公益性强、公众关注度高的“三公部门“及其公职人员的社会冲突和抗争的事件中，“三公部门”及其公职人员往往被标签化为恃强凌弱的道德批判对象，弱者则被赋予一种受害者和无辜者的形象。这种简单化思维往往把某一群体的个体行为上升到对整个群体的声讨和鞭挞。发生于2009年的“邓玉娇案”就凸显了网民的这种简单化对立思维。邓玉娇因不堪被三个索要“特殊服务”的基层官员凌辱，愤而用一把修剪刀手刃官员的举动，被不少网民喻为替天行道的“抗暴英雄”，而被刺死的官员几乎没有得到半点同情。

“邓玉娇”案发生之后，我们随处可以看到网友对邓玉娇的支援以及对被刺死官员的嘲讽和攻击，如网友“何大拿”就直接地表达了他的无奈和悲愤：

> 我实在无话可说。我只觉得所住的并非人间。联想到邓女的遭遇，使我艰于呼吸视听，哪里还能有什么言语？
>
> 真的猛士，敢于直面惨淡的人生，敢于正视淋漓的鲜血。这是怎样的哀痛者和幸福者？然而造化又常常为庸人设计，以时间的流逝，来洗涤旧迹，仅使留下淡红的血色和微漠的悲哀。在这淡红的血色和微漠的悲哀中，又给人暂得偷生，维持着这死人非人的世界。我不知道这样的世界

何时是一个尽头！①

同时，许多网民对以邓大贵为代表的强权官员进行了控诉，并把对他们的不满建构为对政府官员的仇恨，这种帖子在互联网上比比皆是，如网友老刀11认为：

目前，一批贪污腐败分子已经形成了一个新兴的反动阶层，这个阶层利用他们的权势在政治上利用手中掌握的国家机器，经济上利用其权力强取豪夺，邓大贵正是这些人的代表；

而邓玉娇正代表着千百年来受剥削、受压迫的底层人民百姓——她含辛茹苦，为了生存，不得不在达官贵人的娱乐场所谋取一点微薄的收入，而当邓玉娇遇到邓大贵的时候，就像喜儿遇到“黄世仁”，遭到的是金钱和暴力的羞辱，抑或更严重的伤害。

这起案件不能孤立地看，必须与贵州习水的官员嫖幼、湖南的罗彩霞被冒名案等联系起来——反动阶层的作恶已经不是一个、两个的问题，而是已经形成一个反动的阶级。这个阶级的第一步是利用其权势完成对生产资料的占有——这一步已经有很大的动作，所谓腐败，只是对财富占有的一个简单说法，从阶级分析观点来看，腐败，是这个反动阶级完成对生产资料占有的一个阶段。②

---

① 杜俊飞. 沸腾的冰点：2009年中国网络舆情报告. 杭州：浙江大学出版社，2010，265.

② 老刀11. http://www.tianya.cn/publicforum/content/free/1/1595210.shtml.

"邓玉娇"案被网民赋予了极强的象征符号——一边是拥有政治权力、经济权力等强权的官僚，一边是被侮辱、被压迫、被剥削的底层民众。这种二元对立的图景植根于公众的潜意识中，且不断被现实证实。这种简单化的思维方式往往把某一群体中个体的不良行径上升为对整个群体的声讨和鞭挞，人们对事物的认识往往也被局限在这样简单的对立关系中。

四 网络动员对行为管理的挑战

现实集体行动的参与需要一定条件，它不仅要求行动者具备参与的能力，也要求拥有参与的意愿，并不是所有的行动者愿意承担参与行动的成本。而网络动员则大大地降低了参与的风险和成本，对行为管理带来了极大的挑战。这主要是由于以下几个方面的原因：

（一）降低了人们参与的成本

传统的动员理论认为，人们是否会响应动员并参与集体行动，建立在他们对利益的衡量基础之上。如果仅仅以利益作为人们是否参与集体行动的唯一考量的话，人们倾向于不参与集体行动，这就是奥尔森提到的"搭便车"困境。

然而，在互联网的虚拟场域，由于网络动员的隐蔽性、便捷性和快速性，人们参与集体行动的成本极其低廉，只要轻点鼠标就可以相应动员并参与集体行动。这种参与既可以表现为一种线下参与，更经常的是一种在线参与。这主要有两个方面的原因：第一，网络世界中的匿名性，使得坚守负责任行为的可能性降低。即使参与动员和集体行动，人们也可以完全在“身体不在场”的情况下完成，这就带来了政府进行责任追究的难度。第二，网络世界的参与以“身体的不在场”为典型特征，这种参与可以降低组织内部分裂和内讧的可能性。

网络动员降低了人民参与集体行动的门槛，“让那些只介意一点的人能参与一点，而他们汇总起来则十分有效。在过去，少数几个动力十足的人和几乎没有动力的大众一起行动，通常导致令人沮丧的结果。那些激情四射的人不明白为什么大众没有更多的关心，大众则不明白这些痴迷者为什么不能闭嘴。而现在，有高度积极行为的那些人能够轻易地创造一个环境，让那些不那么积极的人不必成为积极分子而能同样发挥效用。”①

格兰诺维特曾经从互动的频率、感情力量、亲密程度和互惠交换四个维度来界定关系的强弱。他认为弱关系是指那种互动频率较小、感情较为淡薄、关系不太密切以及相互间互惠交换较少的关系。网络空间中的人际关系是一种典型的弱关系，这种弱关系大大增进了信息库的容量以及信息的多元化，在某种程度上，它也降低了人们参与集体行动的障碍。面对面的关系虽然重要，但是这种未曾谋面的弱关系更会降低人们参与集体的心理负担。

---

① 克莱·舍基.未来是湿的.胡泳，沈满琳译.北京：中国人民大学出版社，2009，111.

网络动员降低了人们参与集体行动的障碍和心理负担，这主要是由于网络动员降低了人们的心理阈限值。在不确定的或危险的状况下，个体参加集体行动的倾向建立在他对风险评估的基础上。在传统的社会动员中，人们参与集体行动主要以“身体的在场”为典型特征，这就增加了他们被识别和追究的几率。而在网络动员下，大部分的集体行动主要是一种“身体的不在场”，即使这种集体行动由网络走到了网下，由于网络动员的快速传播性，在短时间内可以动员大量的行动者参与行动。这种“法不责众”的心理状态也激发了人们参与集体行动的可能性。正如查德威克(Andrew Chadwick)所言：“阈限理论意识到了在许多直接行动的实践中，包含‘你先来’和‘人多势众更安全’的场景”。[①] 心理阈限值过高人们倾向于不参加集体行动，因为这种行动会给他们带来一定的风险。但是在网络动员的过程中，由于互联网可以把你参与或即将参与行动的信息迅速地传递给其他的大量网民，并且动员的隐蔽性也降低了被惩罚的可能性，因此互联网降低了一些网民的心理阈限值，从而使集体行动更容易发生。

在2011年的大连PX事件中，有网民在天涯论坛上发帖描述了PX项目将会给大连人民带来的灾难，并在帖子的末尾这样劝说人们参与行动：

发帖不一定有用，但是不反发帖肯定没有用。厦门PX

① 安德鲁·查德威克.互联网政治学：国家、公民与新传播技术.任孟山译.北京：华夏出版社，2010，186.

> 事件不正是通过网络而被人们认识，政府才被迫取消的吗？只要我们都行动起来，让全国范围的人都了解大连的PX项目以及我们的处境，这种情况或许能够改变。这里不需要你为我们奔走呼号，也不需要你到街头游行示威，你所需要的就是对这个帖子转载到其他论坛上，转载到你的博客上，这对你没有任何风险，你的举手之劳却可能改变大连人民的命运！

网络动员的隐蔽性、便捷性和快速传播性在一定程度上可以减少“搭便车”现象的发生，它通过降低人们的心理阈限值，从而使集体行动更容易发生。

（二）增强了人们的“赋权感”

赋权通常指个人、团体和组织增强了自己的力量，有能力采取某些行动并改进现状的过程。正如韩鸿所言，“赋权是指人能支配自己的生活，制定自己的生活议程，获得技能，建立信心，解决问题，能够自立。它不仅是集体的、社会的、政治的过程，而且还是个人的过程。它不仅是一种过程，也是一种结果”。[①] 赋权主要针对的是社会中那些“无权”的群体或者我们通常所说的“弱势群体”，它的最重要的特征就是参与和自信，提高“无权”者的自信心和参与意识。

---

① 韩鸿．参与和赋权：中国乡村社区建设中的参与式影像研究．国际新闻界，2011(6).

在网络社会时代，互联网是一种可资利用的弱者的武器，普通民众会突然有种被赋权的感觉，觉得自己会无比强大。互联网增强了人们的赋权感，让人们感觉到自己比以前有了更多的力量，能够完成以前不能完成的工作，实现以前无法实现的理想。

互联网无疑体现了一种市民主义的倾向，“网络媒体的开放性、交互性、隐匿性以及双向传播性等特点使得普通个人能够轻松地获取在传统媒体背景下无法得到的海量信息，打破了社会精英对信息的封锁和控制，彻底扭转了在信息占有上的不对等情况”。① “由于技术的优势，相对于空间有限和管制严密的传统媒体，互联网首次为普通民众提供了直接面向公共空间表达意见的机会，以及与政府和官员直接沟通、直接发声的渠道，具有‘赋权’和解放的意义。”②

这种赋权使得网民可以以互联网为武器，直接参与集体行动，实现冲突的快速扩散。如在厦门PX事件中，有的网民就在论坛上发帖强调了互联网的赋权作用以及网络动员对社会冲突的快速传播：

> 原先看样子PX项目肯定会落在我们厦门，你想一想连政协委员提出的一号提案都不起作用，还能有什么办法？幸亏有了互联网，通过互联网的报道，全世界的人都知道了PX事件，事情闹大了，政府就不得不做出表态。

---

① 孙健，徐祖迎．网络舆论监督及其规范．中国行政管理，2011(12)．

② 周葆华．突发公共事件中的媒体接触、公众参与与政治效能——以“厦门PX事件”为例的经验研究．开放时代，2011(5)．

（三）加剧了网络行为的失范

公民具有在互联网上进行自由表达的权利，但是这并不意味着公民的网络行为不受约束和控制。网民的行为要受到一定的规范和约束，现有的法律无力解决网络动员中出现的新问题，从而对公民的某些行为进行规范和约束，这在一定程度上加剧了网民行为的失范。

网络动员出现了许多新问题和新情况，而传统的法律和政策无力解决这些问题。尼古拉·尼葛洛庞帝在其著作中曾经用“垂死的鱼”来描述我们现在的法律面对“数字世界”时，将会出现的窘境。尼葛洛庞帝说：“这些垂死的鱼拼命地喘着气，因为数字世界是个截然不同的地方。电脑空间的法律中，没有国家法律的容身之处。”①这就说明了我国的法律和政策具有严重的滞后性，必须通过网络立法和政策更新来解决问题。例如，在网络动员过程中出现的网络暴力和人肉搜索行为，这些都是在网络空间出现的新现象。它有可能对公民的权利形成侵犯，而现有的法律和政策很难对这些行为进行有效的规范，这就使得网民的行为具有更大程度上的随意性。

（四）加大了责任追究的难度

传统的集体行动是以“身体的在场”为突出特征，这就增加了他们被识别或辨认的几率。网络动员的匿名性使得“身体不

---

①　尼葛洛庞帝.数字化生存.胡泳等译.海口：海南出版社，1996，278.

到场”成为可能，从而加大了进行责任追究的难度。

网络表达权虽然是公民的基本权利，这并不意味着公民的网络表达可以无所顾忌。当这种表达或行动伤害到他人的权利时，公民就应该为自己的行为负责。就以网络谣言而言，网络动员的匿名性加大了责任追究的难度。

谣言作为一种未经证实甚至是虚构的信息，在公共冲突过程中，它通过导致认知偏差、激发负面情绪、形成单向度的价值判断和强化群体性思维四种机制促进了冲突的升级。① 因此，在冲突管理的过程中，必须要对那些恶意的谣言制造者进行进行责任追究，以减少谣言的传播。

从源头上治理谣言，不仅要求敢于和谣言进行“赛跑”，及时地公布事实的真相，打消人们的疑虑，对谣言的恶意制造者的责任追究也是一种释疑和管理的重要手段。传统的谣言主要是通过口耳相传的方式，借助于人际网络传播的。传播双方在现实生活中往往有着地域、职业、亲情和友情等方面的联系，谣言的这种传播方式需要身体与身体的接近，其传播方式是单点对单点，谣言传播的主体和受众相对清晰可辨，因此对谣言传播的责任追究相对容易。

在互联网的虚拟场域，没有人知道你是谁，任何人都可以自由地发表信息，这时候对新闻事件的猎奇和娱乐心理就有可能超出对新闻客观真实性的追求。“网络谣言往往发端于 BBS 论

① 详见常健，金瑞.论公共冲突过程中谣言的作用、传播和防控.天津社会科学，2010(6).

坛区、网站留言板、个人博客、即时通信和手机短信，但其起源通常无法查证，大部分的谣言信息来源不明，而网络特有的匿名作用，使得谣言来源不明的特性更加明显，上述发端地可能也只是网络谣言传播的中转站”。[①] 这时的谣言的传播并不需要身体的在场，传播方式也往往是面对面的。网络的这种隐蔽性特征带来责任追究的难度，网络时代人们以较低的成本来发布信息，但是信息核实的成本却极为高昂。正如乔丹(Tim Jordon)所言：“在因特网上，完全没有人知道你是谁，没有人知晓你的种族和性别。这种肤色盲和性别盲对很多人具有积极意义，因而大受欢迎。”[②]

不仅网络谣言制造者的责任难以确定，网络谣言的传播者由于过于庞大和分散，也难以进行追究。传统的谣言传播具有明显的地域性特征，而网络谣言则是跨区域的，任何地区的网民都有可能成为网络谣言的二次传播者。“在传播过程中，会产生‘核裂变’效应，每个网民都可以根据自身的感受和体会不断加工，以至于事实的内核甚至于网络谣言本身都会变得面目全非，责任主体更是无从查找，给网络谣言的监管和治理带来很大困难”[③]。在网上经常会看到这样的情况：一个传闻被炒得沸沸扬扬，造成了严重后果，查实之后却发现是子虚乌有，但是要追查起因确实无人负责，只能不了了之。

---

① 胡泳. 谣言作为一种社会抗议. 传播与社会学科，2009(9).

② Tim Jordon. Cyber power: the culture and politics of cyberspace and the internet, NY: Routledge, 1999, 67.

③ 陈东冬. 网络谣言的治理困境与应对策略. 云南行政学院学报，2012(3).

第六章　国内外网络管理的现状及存在问题

早期的部分互联网研究者认为自由和开放是互联网的本质，因此极力否认和排斥政府对互联网的干预，他们认为“网络空间造就了现实空间绝对不允许的一种社会——自由而不混乱，有管理而无政府，有共识而无特权”。① 伴随各种网络侵权和网络犯罪现象的出现，政府在积极推动互联网技术的发展，利用互联网积极作用的同时，也开始加强对互联网的管理。互联网的发展与管理成为一对相伴而生的孪生课题，受到各国政府的重视。

第一节　中国互联网管理的现状

一　互联网管理的内容

中国十分重视通过法律法规来约束民众的网络行为，对互

① 黄荣贵.互联网与抗争行动：理论模型、中国经验及研究进展.社会，2010(2).

联网上的内容进行规范和管理。在众多与互联网有关的法律法规中，很多的法律法规都直接规定了互联网禁止发布的内容。

我国对互联网上内容的管理主要采取的是一种列举的办法，它通过列举的方式否定和禁止一些信息在互联网上的发布。根据对我国法律法规的研究，在当下中国，互联网上不得含有以下内容：第一，反对宪法确定的基本原则的；第二，危害国家统一、主权和领土完整的；第三，煽动抗拒、破坏宪法和法律、行政法规实施的；第四，泄露国家秘密，危害国家安全或者损害国家荣誉和利益的；第五，煽动民族仇恨、民族歧视，破坏民族团结，或者侵害民族风俗、习惯的；第六，破坏国家宗教政策，宣扬邪教、迷信的；第七，散布谣言，扰乱社会秩序，破坏社会稳定的；第八，宣传淫秽、赌博、暴力或者教唆犯罪的；第九，侮辱或者诽谤他人，侵害他人合法权益的；第十，危害社会公德或者民族优秀文化传统的；十一，损害国家机关荣誉的；十二，煽动非法集会、结社、游行、示威、聚众扰乱社会秩序的；十三，以非法民间组织名义活动的；十四，含有法律、行政法规禁止的其他内容的。

上述对互联网内容的控制和管理，不仅可以在许多互联网立法中找到，在规范其他大众传播媒体的法律法规和部门规章中，也有大量类似的规定。由于我国的儒家文化传统和集体主义价值观的影响，我国对互联网内容的管理较为严格，而且更为注重对公共利益的强调和保护，特别是在表达权和公共利益的选择上，我国更加注重偏向于对公共利益的保护。

二　互联网管理的方式

目前我国的互联网管理主要采取控制和引导两种方式。① 具体而言，控制和引导的方式又主要分为以下四种方式：

（一）法律法规

法律可以调整、规范和约束人们的行为，法律法规是国家进行互联网管理的前提和依据。目前我国已经形成了复杂的法律法规体系，它主要包括两套体系，即现实的法律体系和互联网专门法律体系，这种法律法规支撑着我国的互联网管理。现实的法律体系规定的内容在互联网上虽然同样适用，但是互联网场域出现的一些新情况和新问题使得传统的法律规制出现了盲区，因此必须要加强网络立法。

我国极为重视通过与互联网相关的法律法规和部门规章对互联网进行管理，我国有关互联网方面的基本法有《全国人民代表大会常务委员会关于维护互联网安全的决定》和《电子签名法》以及《全国人民代表大会常务委员会关于加强网络信息保护的决定》，其余的都是国务院各部委根据需要颁布的部门规章。我国的互联网立法比较繁多和复杂，成为世界上该领域法律法规最多的国家，"直接规范互联网服务提供者和网络用户行为的法律、法规和规则就有 27 部"。② 网络立法已经成为我国政府进

---

① 钟瑛．我国互联网管理模式及其特征．南京邮电大学学报(社会科学版)，2006(2)．

② 李永刚．我们的防火墙：网络时代的表达与监管．桂林：广西师范大学出版社，2009，75．

行互联网管理的重要依据，这些法律法规主要是由国务院各部委制定的规章制度，如表 6.1 所示：

表 6.1　我国现阶段的主要网络法律法规和部门规章

法规条文名称	实施时间	制定或颁布单位
中华人民共和国计算机信息系统安全保护条例	1994 年 2 月 18 日	国务院
中华人民共和国计算机信息网络国际互联网管理暂行规定	1997 年 5 月 20 日	国务院
中华人民共和国电信条例	2000 年 9 月 25 日	国务院
互联网电子公告服务管理法规	2000 年 11 月 6 日	国务院
全国人民代表大会常务委员会关于维护互联网安全的决定	2000 年 12 月 28 日	全国人民代表大会常务委员会
互联网出版管理暂行条例	2002 年 8 月 1 日	新闻出版总署、信息产业部
互联网文化管理暂行规定	2003 年 7 月 1 日	文化部
中华人民共和国电子签名法	2005 年 4 月 1 日	全国人民代表大会常务委员会
互联网新闻信息服务管理规定	2005 年 9 月 25 日	国务院新闻办公室、信息产业部
信息网络传播权保护条例	2006 年 7 月 1 日	国务院
互联网视听节目服务管理规定	2008 年 1 月 31 日	国家广播电影电视总局、信息产业部
全国人民代表大会常务委员会关于加强网络信息保护的决定	2012 年 12 月 28 日	全国人民代表大会常务委员会

（二）行政监督

除了法律法规之外，政府相关机构也要对互联网进行有效的监督和治理，通过行政监督来打击互联网上的违法犯罪行为，形塑良好的网络环境。这种行政监督主要表现为互联网管理部门有规律地干预网站内容，布置网络工作重点等。目前，我国可以直接或者间接管理网站的上级部门多达 20 个，主要有信息产业部、国务院新闻办公室、公安部网络管理处、中共中央宣传部、新闻出版署、文化部等等。公安部对网络有害信息、网络犯罪、网络安全进行管理，网络新闻办对网络内容进行管理，信息产业部管理网络运营、接入安全问题，新闻出版署管理网络出版、知识产权，文化部门管理网络游戏、网吧等等，各司其职。[①] 为了配合政府部门的多头管理，有些大型网站甚至专门成立政府公共关系部门，委任专人负责协调相关工作。

我国的网络管理非常重视行政监督，由各部门联合组织开展的专项活动也司空见惯。这些活动的共性是：某个领域的问题累积，经由单一事件的诱发、监管层的主管判断和民众意愿部分合流，公共政策的“机会窗口”出现，很快出台重大行动，并且力道凶猛，表现出“防火墙”的巨大“防火”能力。[②] 如 2006 年 2 月 21 日，信息产业部启动了一项名为“阳光绿色网络工程”的活动，旨在用不到一年的时间采取措施净化互联网环境。2006 年 12 月，全国“扫黄打非”工作小组办公室等十部门联手组织开展了“保护知识产权，反盗版天天行动”活动。2007 年 4 月，我国公

---

① 钟瑛. 我国互联网管理模式及其特征. 南京邮电大学学报(社会科学版)，2006(2).

② 李永刚. 我们的防火墙：网络时代的表达与监管. 桂林：广西师范大学出版社，2009，89—93.

安部等十部委联合组织开展了为期半年的依法打击网络淫秽色情专项行动，重点打击网上传播淫秽色情信息、组织网上淫秽色情表演等行为，以及网上盗窃和诈骗等违法犯罪活动。

（三）行业自律

在互联网管理中，行业自律的呼声最高。我国政府在加强网络监管的同时也主张通过行业自律来净化网络环境。中国的互联网协会就是一个重要的互联网管理与协调机构，它通过制定一些网络自律协议规范网民和互联网服务商的行为。2002年中国互联网协会正式发布了《中国互联网行业自律公约》，该公约在总则和自律条款中规定了自我管理、自我约束、互相监督、共同发展的行业自律机制，通过这种严格的行业自律机制，有效地配合政府对互联网进行管理。

中国互联网协会不仅通过公约约束网民和互联网服务提供商的行为，还直接展开行动规范网络行为。如 2002 年 11 月，互联网协会成立了反垃圾邮件系列小组，并展开一系列的活动来反对垃圾邮件。此外，2004 年 6 月 10 日，互联网协会开设了“非法和不良信息举报中心”，任何网民可以在这里举报违法法律和法规的网站，包括邪教网站、危害国家安全的网站、宣扬暴力和色情的网站以及违反知识产权的网站。

不仅如此，各大网站也纷纷展开各种自律活动规范网络行为。如 2006 年 4 月，北京千龙网等多家网站联合发出《文明办网倡议书》，并签署了《北京网络媒体公约》。在随后两周的自查自纠中，14 家发起网站共计删除不健康帖文、图片近 200 万条，关闭论坛600余个，收到网民举报1万多件，警告了100多名用户。[①] 2006年6月，新浪网和搜狐网的部分论坛因涉嫌未能过滤一些敏感言论而关闭；7月5日，以论坛活跃文明的凯迪网、天涯网开始自行清理调整。

（四）技术控制

我国的网络管理必须采取“疏”与“堵”相结合的措施来规范网络行为。如果说网络立法和行业自律主要是一种“疏”的办法，技术控制无疑是一种“堵”的办法。

目前我国的主要技术手段有以下几种：[②]

1. 国家入口网关的IP地址阻断

目前我国国家级网关出口主要有三个，分别分布在北京、上海和广州。在国家级入口网关直接进行IP地址阻断，是有效地阻挡有害信息进入的技术手段。因为每一个网站都对应着一个IP地址，阻断IP地址，网站就无法正常访问。目前我国依然存在着一些由外境敌对势力支持的反政府组织，他们通过互联网散布一些不利于社会稳定的各种谣言以及对政府的恶意攻击，政府往往通过这种IP地址阻断的方式进行管理。

2. 主干路由器关键字阻断

2002年左右，我国研发出了一套系统，交由各主要互联网

---

① 搜狐网：搜狐网等网站联合发出文明办网协议书. http://news.sohu.com/20060409/n242710941.shtml.

② 李永刚. 我们的防火墙：网络时代的表达与监管. 桂林：广西师范大学出版社，2009，131—134.

服务提供商使用。它能够从计算机网络系统中的关键点收集分析信息，过滤嗅探指定的关键字，并进行智能识别，检查网络中是否有违反安全策略的行为。利用这些设备可以进行精确的网址过滤和全网范围内的网页内容过滤。如果数据流里的敏感字符符合事先给定的规则，路由器则向用户端发送一个数据包，自动打断用户与服务商的会话连接，使数据中断，从而在终端电脑上显示“该页无法显示”。

3. 域名过滤

DNS或者说域名系统，可以看作登载网站的电话簿。每当键入一个网站时，域名系统会去检查与这个网站对应的IP地址。如果DNS被控制，返回一个空地址或者错误的抵制，用户当然就不能到达争取的网站——就像打电话却被告知一个错误的号码，当然就找不到到正确的人。

4. 内容发布过滤

这是一种内容审查行为的技术，即通常所说的敏感词过滤。大多数网站、论坛、聊天室以及QQ等即时通讯软件，根据影响力不同都会采用或者接受程度不同的敏感词预先过滤或延后发布，其结果是任何出现涉及敏感词汇的言论不能挂在网上发表或被删节后才能发表，个人电子邮件或即时消息有时也会被阻挡或删除。

总的来说，我国互联网管理取得了一定的成效。可以看到，倘若单纯以法律法规覆盖的范围、规定的细密以及惩罚的力度而言，它们织就的内容监管体系对各级政府、互联网接入服务提供者以及网民都提出了明确的规定，网络立法为我国的互联网管理提供了依据。同时行政监督可以使得政府主动出击，打击互联网上的违法犯罪活动，特别是带有专项整治性质的行动，虽然由于非常规性和非制度性受到人们的指责，它在集中打击互联网违法活动、整顿互联网秩序方面发挥了突出作用。同时，我国现阶段的互联网管理虽然主要以外在的控制为主，行业自律也开始发挥一定的作用。“中国的互联网协会为治理垃圾邮件做出了不懈努力，使中国的互联网邮件占全球垃圾邮件的比例从2002年的23％下降到2009年的4.1％”。[①] 同时我国的互联网行业自律的范围也越来越宽，互联网开始由被动自律向主动自律转变。我国的技术控制措施虽然也存在着侵犯他人权利的可能性，但总的来说，这种技术控制就如同某种“防火墙”，主动地对各种不良信息进行拦截，有效地净化了我国的互联网环境。

第二节　中国网络管理存在的问题

一　网络立法层级不高，缺乏系统性和可操作性

我国的网络立法存在着一些问题，不能够适应网络社会时代的发展，这种不足主要表现在以下几个方面：[②]

第一，网络立法缺乏系统性。我国目前的网络立法主体多，立法内容缺乏统一性。目前我国关于互联网方面的基本法只有

① 中国互联网状况．国务院新闻办公室网站：http://www.scio.gov.cn/zxbd/wz/201006/t660625_7.htm.

② 唐守廉．互联网及其治理．北京：北京邮电大学出版社，2008，24.

《全国人民代表大会常务委员会关于维护互联网安全的决定》、《电子签名法》和《全国人民代表大会常务委员会关于加强网络信息保护的决定》，其他都是国务院各部委根据需要颁布的部门规章，而非完全意义上的法律，因此立法层次较低。在这些法律法规中，只有10余部属于法律和行政法规，其他绝大多数属于部门规章、地方性法规和地方政府规章。“立法层次低的直接后果就是法律效力低，适用范围有限，尤其是地方性法规具有很强的地域性，效力范围仅限于本地区，直接影响实施的效果”。[①] 其次，我国互联网政策法规体系建设长期以来“头痛医头，脚痛医脚”，缺乏整体性，不同主管部门之间缺乏支持、映射和关联，法规之间存在冲突，给法规的执行造成了障碍。

第二，立法存在着薄弱环节和空白领域。现在网络空间出现的许多新问题、新现象是传统的法律所无法应对和解决的，应该加强这方面的立法。例如博客引发的互联网不良信息传播、网络侵权、实名制等问题，存在着立法空白。博客和微博已经成为很多人自我表达的重要舞台，它同时也是一种公共场所，而对博客和微博的监管一直处于“真空地带”。

第三，立法的可操作性比较差。我国目前的法律法规和行政规章中声明性的内容比较多，条文不精细，可操作性差。例如，《电子签名法》出台的初衷是要解决电子商务发展中面临的各种法律问题，但与国外相关立法比较，该法规没有对电子合同

---

① 谢永江，纪凡凯．论我国互联网管理立法的完善．国家行政学院学报，2010(5)．

的格式作出规定，特别是没有对电子签名的认证程序以及认证机构与受认证方的合同作出明确规定，也没有规定管辖权的问题。①

二　“多头管理”带来了“对接”和协调的困难

我国目前的互联网采取“多头管理”体制，在很长一段时间内保障和促进了互联网的发展，但也存在着部门职责划分不明确、权限不清的问题，致使有利益的地方部门均想插手，而无利益的地方部门之间则相互推诿，造成监管空白。② 这方面存在的一个主要的问题就是没有哪部法律、法规规定具体应由哪个部门去具体执行。一些具有互联网管理权的部门只是按照自身的“执行惯性”，按照之前的典则标准去监管已熟知的互联网领域，这就形成了争利现象。在一些领域每个部门都想要插足，而在另一些领域却门可罗雀。2009 年在网络游戏问题上发生的两大主管部门打架，就是部门本位主义之间利益羁绊的结果。正如互联网专家谢文指出的：“对网络业的管理从来都是群龙治水，天下大旱。这次整顿行动一来，章法更是大乱，好像参与行动的九个部门人人都有发言权、审判权和执行权。”③

---

① 唐守廉.互联网及其治理.北京:北京邮电大学出版社,2008,20—27.

② 谢耘耕,刘锐,徐颖.当前互联网管理和舆论引导工作存在的问题及对策建议.科学发展,2012(8).

③ 林天爱,吴晓宇.中国互联网进入严管时代.IT 时代周刊,2010(12).

三　立足于控制，对“自律”重视不够

目前，我国的互联网管理体系中，政府部门占据绝对主导的地位，着重于外在的强制规范，“他律”的色彩较浓，而对于网络“自律”的重视不足①。网络社会的健康运行，并不完全依赖于外在强加的“他律”，还靠内在自生、良性循环的“自律”因素，而这需要经过长期的、精心的培育。我国互联网行业第三方自律组织对于加强互联网自律、有效实施互联网管理具有重要意义。我国互联网行业协会作为行业自律组织，自身的内部结构和运作并不够成熟，职能并不完善，其功能尚未得到充分发挥。

四　信息封锁引发民众猜疑

当互联网上出现一些指责政府的信息，特别是这些信息有可能严重地影响政府形象时，政府往往希望采用一种快速处置的办法来解决问题，在实际工作中，他们经常采用删帖和断网等强制手段来封锁信息。

通过封锁信息的办法来应付冲突，是一种最不明智也最无效的办法。互联网最大的特点就是离散性和无中心性，信息可以自由地流通。互联网的自由和开放的特征，决定了政府虽然

① 谢耘耕，刘锐，徐颖. 当前互联网管理和舆论引导工作存在的问题及对策建议. 科学发展，2012(8).

可以硬性地关闭一些本地的论坛，却无法阻止网络信息的广泛传播。在很多情况下，政府对本地网站和论坛的封锁，反倒会刺激民众转战到全国性的论坛或者网站。“在网络环境下，政府首先应当恪守的准则，就是尊重民众的选择，不要轻易地通过立法或其他技术手段，破坏民众自我教育，自我发展的条件”。[①]

在网络时代，由于互联网的开放性和便捷性等特点，政府希望用“堵”的方法来封锁消息也变得不再可行。例如在厦门 PX 事件中，厦门市当地论坛“小鱼论坛”成为当地市民对 PX 项目进行最初讨论和交流的主要平台，但是为了封锁信息，厦门市当地政府对“小鱼论坛”进行了删帖和关闭，这反而激发了市民的质疑和斗志，他们开始转战到天涯论坛、西祠胡同等全国性的论坛，政府不仅没有“堵”住信息的扩散，反而使得厦门市民的抗争获得了更多的同情和道义上的支持。相反，厦门市政府后期采取“疏”的策略，和市民进行沟通和对话，反而为冲突的解决创造了有利条件。

如果政府一味地封锁信息，反倒会激起民众的各种遐想和猜测，一些民众反而会坚定认为其中肯定存在着某种“猫腻”行为，或者至少说明这种信息有可能是真实的。政府采用删帖、断网等方式来封锁信息，其初衷在很大程度上是为了避免事件的恶化和扩大化，“但事与愿违的是，一味的‘堵’反而会使网络中各种谣言和传言泛滥，导致社会公众对政府产生严重的不信任感。更可怕的是，一些不法分子和社会不安定因素很可能会趁

① 王四新.网络空间的表达自由.北京：社会科学文献出版社.2007，57.

虚而入，借机肆意煽动民愤，恶意造谣，使一些网民群体为他们所用，盲目参与到网络群体性事件中去，使本来可控的局势短时间内恶化失控。”①

防民之口，甚于防川。通过断网、删帖等硬性控制的方式来封锁信息，不仅无法阻止信息的传播，也会在很大程度上失去民心，导致民众对政府的不信任和怀疑，甚至会形成与政府对峙的局面。

五　拖延战术错失解决良机

政府在网络冲突管理过程中，也会刻意地使用拖延战术，企图通过不回应或者推迟回应，使得网络舆论自动消停。政府采用拖延战术有其固有的逻辑，就是寄希望于对不了解的信息或者有可能引起争议的信息保持缄默，从而避免“引火上身”。一般地说，及时准确地发布信息不仅是民众的期待也是政府的职责所在，在很多情况下，政府对一些网络事件采取不回应的态度。事实上，政府的不回应不仅会加深民众的猜测和怀疑，还使得政府失去话语权，从而使民众政府公信力受到重创。

此外，政府还往往通过拖延的战术，寄希望于网络舆论的自然消退。前网络社会，人们提出了突发事件处置的“黄金 24 小时”法则，即在事发 24 小时之内发布事件的真相，以澄清谣言，引导舆论的发展。但是在网络社会，随着微博、即时通信和社交

---

① 刘春湘，姜耀辉. 话语理论视角下政府应对网络群体性事件的善战之道. 情报杂志，2011(12).

网工具的广泛应用，现在新闻在网上的呈现与传播不是以小时计，而是以分秒计，近乎于实时。因此“黄金 24 小时法则”逐渐失效。人民网舆情监测室重新提出了“黄金 4 小时”法则，即“随着 QQ、BBS、微博等新兴网络技术和应用的普及，政府发布信息、引导舆论的速度应该由 24 小时提升为 4 小时”①。如果政府不能迅速地提供充分的信息，进行回应和辟谣，谣言就会占据更多的地盘，从而导致冲突的升级。

一般情况下，政府对网络信息不能够及时回应除了有主观上的原因之外，还因为金字塔式的官僚体制阻碍了信息的快速有效传递。政府对网络热点信息的认定，“并非直接由社会民众和网络，而是通过职能部门自下而上层层汇报，其结果使得政府信息采集速度缓慢、知晓判断的时间延长。”②现实中很多网络群体性事件都是由于政府的拖延或者政府回应不及时造成的，这些网络事件一般都遵循着这样的逻辑，即“小事托大，大事拖炸”，此时，面对着汹涌澎湃的民意，政府才被迫出来回应。例如在 2009 年的“石首事件”中，面对着“死者被谋杀”的谣言，当地政府却反应迟缓，没有及时地进行辟谣，从而导致了 6 月 19—20 日的群体性打砸事件。

一般地说，对话具有“社会疗伤”的功效，政府的及时回应有助于消除民众的信息饥渴和焦虑感。而政府在网络冲突管理过程中往往采取拖延的战术，政府多是在事件成为网上舆情热点

---

① 李鹤. 新媒体时代：处置突发事件的“黄金 4 小时”法则. 人民网：http://media.people.com.cn/GB/40606/10906658.html.

② 刘春湘，姜耀辉. 话语理论视角下政府应对网络群体性事件的善战之道. 情报杂志，2011(12).

的时候，才“千呼万唤始出来”，这就错过了改变舆情意见的良好时机，从而使得事件失去控制，导致了冲突的升级。

六　无原则妥协形成示范效应

政府在应对网络冲突时，往往容易走向两种极端。在信息传播的初期，政府经常对民意的诉求不进行回应，或者采取拖延战术，寄希望于网络舆论的自然消退。而在信息传播的中后期，当事件已经被炒作为网络热点问题时，政府又希望迅速地解决冲突，改变消极被动的状态。在强大的网络舆论压力之下，政府往往采取一种妥协的策略来转移民众的注意力。

一般地说，政府对集体行动的态度会影响到冲突的扩散，而这种影响到底是正面的还是负面的，目前尚未有定论。无疑，政府的妥协策略会造成一种示范效应，从而被更多的行动者所模仿，甚至会造成民众对政府的要挟。拉瑟勒(Karen Rasler)通过对伊朗革命的研究发现：“面对着国内高涨的抗争和反对，在暴力镇压手段失败之后，伊朗政府往往采取与民众妥协的策略和手段，而这种妥协则使得抗议在全社会迅速扩散和升级”。[①] 波特(Della Porta)也在研究中指出了妥协策略的这种示范效应[②]，他认为，政府如果对集体行动采取容忍的策略并和行动者达成妥协，这将会使得行动者认

---

① Karen Rasler, Concessions, repression, and political protest in the Iranian revolution, *American Sociological Review*, 1996(14).

② Della Porta, Donatella, *Policing Protest: The Control of Mass Demonstrations in Western Democracies*, Minneapolis: University of Minnesota Press, 1998.

识到行动的零风险性，从而为后期的集体行动提供了行动范式。

网络动员使得有关冲突的信息能够迅速传播，从而给政府的管理带来了严重的压力。在“维稳”的压力之下，政府往往希望能够迅速地平息事件，从而极容易不分原则地和民众达成某种妥协。2007年的厦门PX事件成为公民维权的重要里程碑，在“六一散步”之后，政府通过召开座谈会以及重新进行环评，从而决定将PX项目迁出厦门，这也反映了厦门市政府对民意的重视。然而，公民维权的胜利却给民众留下了这样一种错觉，即只有把事情闹大，政府才会出面解决。从2007年的厦门PX项目到2012年的宁波PX项目，这些冲突事件大多是按照同样的模式进行：项目建设——民意抵制——相互博弈——群体事件——事件升级——政府妥协——项目延期、迁建或停止。[①] 当然，这并不是否定政府回应民意的积极作用，也不意味着项目的延期、迁建或停止存在着某种不妥。只是面对着部分网民的反对时，政府不经过任何的论证和程序就直接决定废止项目，这其实并不是一种真正地对民众负责任的态度，反而会造成一种双输的结果。

第三节　国外的网络管理及其启示

一　国外网络管理的主要方式

国外对互联网的管理也主要是统筹运用法律法规、行政监

---

① 媒体称宁波PX事件虽平稳解决，但结局“双输”．腾讯网：http://news.qq.com/a/20121030/000096.htm.

督、行业自律和技术控制等手段，只不过不同的国家的侧重点有所不同。就国外互联网的管理而言，主要存在着两种模式：一种是政府主导型模式，一种是政府指导行业自律性模式。前者强调政府在网络管理中的作用，通过政府立法、司法以及网络过滤技术进行网络管理。后者在政府的指导之下，倚重网络行业的自律进行管理，在基本法律框架之下，尊重网络行业的分级制度、自律规范等。① 不管是哪种模式，国外的互联网管理都要统筹运用法律法规、行政监督、行业自律和技术控制手段。

（一）法律法规

立法是互联网管理的基础，发达国家的政府看似很少对互联网实施监管，而事实上已利用法律对互联网上的行为做出了明确的规范。截止 2007 年，"有关部门对世界 42 个国家的相关调查表明，大约 33％的国家正在制定有关互联网的法规，而 70％的国家在修改原有的法规以适应互联网的发展"。②

美国虽然主张对互联网"少干涉"的原则，但是它主要是通过相关的法律法规对互联网进行间接管理。美国是世界上对互联网管理最为松散的国家之一。起初美国对互联网采取"不干预政策"，认为不必要的限制会妨碍互联网的发展，但是面对着各种网络犯罪和网络侵权现象，美国也不可能无动于衷，它主要是通过网络立法来进行网络管理的。

---

① 钟瑛.互联网管理模式、原则及方法探析.三峡大学学报(人文社会科学版),2010(1).

② 王雪飞，张一农，秦军.国外互联网管理经验分析.现代电信科技，2007(5).

作为互联网发源地的美国，对互联网的管理主要通过互联网相关专门法规。“在互联网管理的法规上，美国以 130 多项法规居世界之首。”[①]早在 1978 年，美国佛罗里达州就率先通过了《电脑犯罪法》。随后，美国共有 47 个州相继颁布了《电脑犯罪法》。1984 年，美国国会通过了《联邦禁止利用电脑犯罪法》。1987 年，美国国会又通过了一项议案，批准成立国家电脑安全技术中心，并制定了《电脑犯罪法》。

美国关于互联网管理的立法包括联邦立法和各州立法。联邦立法中关于互联网的专门立法主要有《1998 年儿童在线隐私保护法》、《1998 年数字千年版权法》、《反域名抢注消费者保护法》、《未成年人互联网保护法》和《反垃圾邮件法》等。美国各州也有一些关于互联网管理的专门法规，如对邮件的骚扰问题，因为缺乏统一的联邦立法，绝大多数州都有自己的立法，并规定了具体的处罚方法。

美国有关互联网的立法及其他有关法律涉及范围相当广，其重点在于规范互联网版权、域名管理、成人网站管理和儿童互联网权利保护、垃圾邮件、以电子邮件进行骚扰、互联网通信监控等问题，相应法律条款都非常具体，触犯的惩罚也都很严厉。

法国涉及互联网管理的立法在欧洲处于领先水平，目前法国管理互联网的主要法律依据《信息社会法案》是利用社会原有的法制基础。法国的民法和商法比较完备，有些只需移植或借

---

① 任海军，高原. 美国立法加强互联网管理，信息流动绝不任其放纵. 新华网：http://news.xinhuanet.com/2011—04/19/c_121322321.htm.

用到互联网领域就可以了，而有些则要建立新法规。

德国是世界上第一个对互联网应用和规范提出法律约束的国家，据统计有50条法律适用于互联网管理，但其中只有7条专门针对互联网。大多数法律法规经过修改完善，同时适用于网络内外，如1997年8月开始实施的世界上第一部规范互联网的《联邦多媒体法》，其中三分之二内容就是对相关法律进行修正后使其适用于互联网①。

日本政府主要通过法律手段不断加强对互联网的监管。早在1984年，日本就制定了管理互联网的《电讯事业法》。进入21世纪之后，随着互联网技术的发展和网络的普及，日本相继制定了《规范互联网服务商责任法》和《打击利用交友网站引诱未成年人法》、《青少年安全上网环境整备法》和《规范电子邮件法》等法律法规，有效遏制了网上犯罪和违法、有害信息。

（二）行政监督

西方的发达国家虽然主要采取间接控制的方式对互联网进行管理，但是他们也会采取行政监督的方式过滤互联网不良信息。特别是亚洲国家和地区，如新加坡、韩国、越南和台湾等地区，更是通过行政监督对互联网严加管理。

为了维护公共安全和公共利益，新加坡一直采取较为严格的互联网管理措施。② 1996年7月11日，新加坡广播管理局

① 徐世甫.全球化时代网络监管国际经验之诠释及启示——兼论网络和谐生态的构建.南京社会科学，2008(6).

② 唐守廉.互联网及其治理.北京：北京邮电大学出版社，2008，25.

(SPA)宣布对互联网实行管理,实施分类许可证制度。那些被政府认为有可能从事非法内容服务的国际互联网服务商和内容提供者都必须申领许可证,并保证作出最大努力来将包括在其服务中的法律禁止的内容予以删除。网络服务的提供者需要保证提供的服务不含有非法内容,有义务协助 SBA 就其关于可能违法规定的行为进行调查,并根据 SBA 的指令来封锁含有非法内容的站点。SBA 定期对网络服务的提供者所提供的内容进行抽查。国际互联网接入服务的提供者有义务将 SBA 认为还有非法内容的站点和网页予以删除,只能加入经 SBA 认可的新闻组,并且帮助政府识别那些已经接入被列入黑名单站点的用户。

值得注意的是,新加坡对于网络管理并不是采取"一刀切"的方式,而是提出在实行内容严格审查的基础上应遵循四项原则:一是对进入家庭的资料的检查应严于对进入公司企业的资料的检查;二是针对未成年人的信息利用要严于对成年人的信息利用;三是对公共消费信息的检查要严于对个人消息的检查;四是仅用于艺术、教育等目的的资料的检查较为宽松。①

新加坡虽然实行了严格的互联网管理措施,却得到了大多数民众的认同和支持。据 2002 年新加坡发起的对内容审查制的调查显示,70%的受访者对互联网的审查标准比较满意,新加坡民众已经认可了这种严格的互联网管理。

---

① 刘振喜.新加坡的因特网管理.国外社会科学,1999(3).

（三）行业自律

“少干预、重自律”是当前国际互联网管理的一个共同思路。英国是世界上最重视网络管理过程中行业自律的国家，它主要通过以下四种方式鼓励行业自律[①]：

第一，制定并落实行业规则。英国于 1996 年 9 月 23 日颁布了世界上第一个网络监管的行业性法规——《3R 安全规则》，这个行业法规是由英国网络服务商协会制定的。3R 分别代表分级认证、举报告发、承担责任。该法规的宗旨是消除网络儿童色情内容和其他有害信息，对提供网络服务的机构、终端用户和编发信息的网络新闻组，尤其对网络提供者进行了明确的职责分工。

第二，对外开设热线，接待公众投诉。网络观察基金会为鼓励从业者自律，它与由 50 家网络服务提供商组成的联盟组织、英国城市警察署和内政部等共同签署了《安全网络：分级、检举、责任协议》，制定相应的网络内容管理措施。[②] 基金会在接到公众投诉后，会评估特定网上内容是否违法，如果认定是非法内容，将通过网络 IP 地址确定内容来源，将问题移交给相应的执法机构来处理，同时通知网络服务提供商将内容从服务器上删除，如果服务商不配合，会承担法律责任。

第三，设立内容分级和过滤系统，让用户自行选择需要的网

---

① 唐守廉. 互联网及其治理. 北京：北京邮电大学出版社，2008，27—28.

② 罗静. 国外互联网监管方式的比较. 世界经济与政治论坛，2008(6).

络内容。除了法律明文禁止的不良内容外，该基金会主张对其余内容分类标注，让用户自行决定是否要浏览。1997 年 9 月，网络观察基金会邀请德国、法国、比利时、瑞士、澳大利亚等国家相关人士召开国际会议，以联合各国政府与产业界力量，全面推广网络内容选择平台标准。该标准将网上内容按照色情、裸露、暴力、侮辱等标准进行分类，将电子签植入网页当中进行标记。这样一来，用户可以根据自己的意愿需要浏览信息。①

第四，进行网络安全教育。英国内政部开展了名为“如何在网上保护你的孩子”的宣传活动。此外，英国教育和技能培训部还设立了专门的网站向家长传递最新的安全信息。

英国通过行业自律的方式来管理互联网取得了良好的效果。据 2004 年 IWF 年报显示，英国网络上的非法信息从 1997 年的 18%下降到 1%。欧盟资助的一次最新调查发现：“在控制和监管网络非法信息方面，行业自律比国家立法更有效，而且由于基金会的努力，英国目前在发展更安全的网络方面已经走在世界的前列”。②

行业自律已经成为互联网管理的重要趋势，越来越多的人开始意识到，仅仅依靠政府是无法对互联网进行有效管理的。美国的网络行业组织在日益发挥重要作用，如美国电脑伦理协会制定了“十诫”、美国互联网保健基金会的网站规定了八条准则、各大论坛和聊天室的服务规则与管理条例等，美国在 1998

---

① 唐守廉. 互联网及其治理. 北京：北京邮电大学出版社，2008，27.

② 骆兰兰. 英国网络管理：行业自律唱主角. 监察日报：2004—11—20.

年出台《网络免税法》，对自律较好的网络商给予两年免征新税的待遇。新加坡全国互联网咨询委员会是新加坡互联网的管理和服务组织，它早在1998年就制定了互联网行业行为规范，其原则是实现"电子平等"。日本在1996年也确立了互联网管理的方针，即以自我约束为主，采取互联网行业自主管理、自我约束的方针。

（四）技术控制

互联网技术的发展带来了诸如网络侵权和网络诈骗等新问题。为了有效地克服这种"技术灾难"，较好的出路可能就是"以技术对抗技术"①，进一步地加强技术控制。目前国外采用的技术控制主要有以下几种：

1. 内容分级技术

这是一种国际上非常流行的控制不良信息的技术手段。比如英国网络观察基金会认为，除法律明文禁止的儿童色情内容之外，对于成人色情、种族主义言论等内容，主张通过内容分类标注技术，让用户自行决定是否要浏览。这种技术将互联网上的信息分为不同等级，轻度级别的需要自动询问用户是否继续，中度级别的需要进行身份验证才能查看，高度级别的则需要强制关闭。

2. 内容发布过滤技术

这是一种内容预审技术，是各国通用的最为常见的过滤手

---

① 王海英. 论政府对网络时代的信息监管. 福建论坛（经济社会版），2003(11).

段。其核心要素是对所发内容中包含的敏感词进行过滤。通常做法就是提前充分列举较为敏感、可能会影响网络秩序的词汇，并形成敏感词数据库，只要网民所发的内容中包含这些关键词，就会不予显示。

3. 信息标签技术

这是一种对用户所发信息进行明确标注，确定信息来源的控制技术。从生产的角度来说，网民通过网络个人媒体所发布的信息，也是一种产品，因此应当标明来源出处。但是当前的现状确是，不良信息在网络空间出现及转发，造成不良影响后，却不知道信息的最初来源，无法找出信息的发布者。因此标签技术要求网站运营商能为用户所发的信息内容实行标签制，通过后台技术，给每一个网友内容都贴上来源和出处，犹如商品的标签，以加强对不良信息的控制和防范。

国外通过法律法规、行政监督、行业自律和技术控制对互联网进行了有效管理，但是也存在着一些争议。首先，言论自由已经成为公民的一种基本权利，这种观念根深蒂固，因此民众担忧政府的立法以及行政监督和技术控制措施会影响到公民的言论自由，因此往往对互联网的强制和控制措施不满。在民众看来，许多西方国家对互联网的管理往往涉及到民众隐私权和自由表达权的侵犯。如美国的预先控制监视就备受争议，这种网络监视使得政府在电子网络中搜寻痕迹并不容易被发现，从而有可能侵犯民众的隐私权。同样，一些自由派人士认为，网络服务提供商或其他组织采取互联网内容过滤手术，意味着在监视和拦截互联网信息传播，直接威胁到了《宪法第一修正案》所规定的言论自由权。[①] 同时，由于互联网的无国界性，而国家立法则是有国界的，这就形成了冲突。“互联网的世界是无国界、无国别的，渗透性超强，各国的法律条款差异性太大，单纯一个国家的立法，依然会面临顾此失彼的尴尬局面”。[②] 其次，行业自律已经成为网络管理的重要发展趋势，但是面对着互联网行业的逐利动机，行业自律往往也显得极为脆弱。

二　国外网络管理的经验

他山之石可以攻玉，我们从国外互联网管理的实践中可以得出以下几种认识：

（一）一国的互联网管理是和该国的政治文化及其历史传统相一致的

虽然各国往往综合统筹利用法律法规、行政监督、行业自律和技术控制手段来进行互联网的管理，但是这种管理的重点和立足点是不同的，这往往是与该国的政治文化和历史传统相一致的。美国十分强调对言论自由的保护，因此在涉及言论自由和其他的权利冲突时，美国更愿意把自由表达权放在优先的价值序列上。而欧洲国家更注重表达权和隐私权等各种权利的平衡，例如德国由于受到纳粹统治的荼毒，严禁在互联上传播有关

---

① 安德鲁·查德威克. 互联网政治学：国家、公民与新传播技术. 任孟山译. 北京：华夏出版社，2010，368.

② 罗静. 国外互联网监管方式的比较. 世界经济与政治论坛，2008(6).

纳粹的言论、思想和图片。英国由于受到自由主义传统的影响，特别强调行业自律的作用。新加坡由于受到集体主义价值观和儒家文化传统的影响，倾向于采取更为严格的管理措施。

（二）对青少年的管理是网络管理的重要内容

许多国家的互联网管理，特别是发达国家，都把保护未成年人放在重要位置。无论是从立法、民间机构的监督、新技术的开发等都会首先考虑保护青少年，使其免受来自互联网不健康内容的侵害。各国普遍高度重视互联网上色情、暴力等不良内容对未成年人的侵害。为此，几乎所有的国家都制定了专门的在线法律或采用保护未成年人的普遍性法律进行管制，如表 6.2 所示：

表 6.2　主要国家保护未成年人立法情况

国家/地区	法律名称
美国	《儿童在线隐私保护法案》、《未成年人互联网保护法》
欧盟	《保护未成年人和人权尊严建议》、《儿童色情框架决定》、《保护未成年人和人权尊严建议》
英国	《青少年保护法》
法国	《未成年人保护法》
德国	《传播危害青少年文字法》
韩国	《青少年保护法》
巴西	《青少年保护法》

各国都十分重视保护未成年人的成长环境。如何在网络世界将成年人和未成年人区分开来，限制未成年人的上网权限，尤其受到政府的关注。互联网管理非常宽松的美国，从 1996 年起

已通过了《儿童在线保护法》、《儿童网络隐私规则》和《儿童互联网保护法》,从法律上严格禁止儿童在网上接触只有成人才能接触的内容。以打击儿童色情为例,自 1996 年以来,美国立法部门通过了《通信内容端正法》、《儿童在线保护法》、《儿童互联网保护法》及《儿童网络隐私规则》等法律,对色情网站加以限制。一旦发现有人制造、持有及传播儿童色情,立即会被起诉。在网上下载及在电脑里保存儿童色情资料,也会被定罪。[①]

(三) 互联网管理必须依法进行

互联网是公民进行言论表达的重要平台,对互联网的删帖以及网站的封锁必须要依法进行,这可以在最大程度上减少政府的随意行为,有利于对公民权利的保护。许多国家都存在着实际的信息过滤,但是这种过滤的目的是为了过滤不良信息在互联网上的传播,而不是通过为了垄断和封锁信息,剥夺公众的知情权。这种过滤必须要遵循明确的法律程序,只有这样才能获得公众的理解和认同。

(四) 注重网络行业自律

"少干预、重自律"是当前国际互联网管理的共同发展趋势。不管是政府主导型网络管理模式还是政府指导行业自律型管理模式,都认同行业自律在互联网管理中的重要作用,只不过是对

---

① 任海军,高原.美国立法加强互联网管理,信息流动绝不任其放纵.新华网:http://news.xinhuanet.com/2011—04/19/c_121322321.htm.

行业自律的重视程度不同而已。在强调网络立法的美国以及严加管理的新加坡同样都十分重视行业自律，美国的“网络十诫”广为人知，新加坡也制定了《行业内容操作守则》。从互联网发展的趋势来看，政府不可能控制互联网上的所有不良信息，而且具备这种强大能力的政府也是民众最为担忧和忌惮的。“互联网具有排斥政府管制的本性，互联网用户在网络应用中所形成的习惯和网络文化可以成为有效的网络自律规范”，①互联网管理显然不仅仅是政府的职责，也是社会各界力量通力合作之事。

---

① 金太军，姚虎. 政府信息公开制度创新困境的内在机理探究. 江汉论坛，2011(8).

第七章　网络管理的相应建议

“冲突管理的目标是控制冲突的升级，将公共冲突限制在适当的程度、范围和时间段内，以便使其正面功能得到更充分的发挥，负面作用得到更有效的控制”。[①] 而网络动员则对我国的冲突管理影响要具体分析，它既有促进冲突化解的积极方面，也有推动冲突升级的消极方面。因此应该利用网络动员的正面功能，抑制其负面功能。就网络动员对社会的积极作用而言，网络动员有利于保护弱者权利、缓解社会压力、提供改革机会、促进社会整合等，而这些都是建立在网络动员扩展了公民的表达机会基础之上的。因此，发挥网络动员的积极作用，就要从制度上尊重和保障公民的网络表达权，并对公民的网络表达进行适当及合理的限制。发挥网络动员的积极作用，还要求建立网络的自我约束机制以及政府运用有效的手段来管理冲突。

① 常健.公共冲突管理.北京:中国人民大学出版社,2012,14.

第一节　对网络表达权的尊重、保障与限制

网络动员在给我国的冲突管理带来极大挑战的同时，也极大地畅通了公民的表达渠道、拓展了其表达机会、实现了权利的保障、促进了社会整合等。因此，如何利用网络动员的这些积极效应来化解冲突，就成为摆在各级政府和管理者面前一个重大和现实的课题。网络动员对冲突管理最直接的影响就是拓展了公民的表达渠道，改变了前网络社会弱势群体和强势群体表达失衡的格局。因此，从优化网络表达入手，化解公共冲突，就成为公共冲突管理的重要内容。这可以考虑从以下三个方面做起，即尊重网络表达权利、保障网络表达权利、对网络表达权进行合理限制。

一　尊重网络表达权利

（一）网络表达自由是公民的基本权利

表达自由是公民的一项基本人权。作为一项基本人权，表达自由受到许多国际条约的尊重和保护。《世界人权宣言》第19条规定：人人享有主张和发表意见的自由；此项权利包括持有主张而不受干涉的自由；和通过任何媒介和不论国界寻求、接受和传递消息和思想的自由。作为一项基本人权，国家就应该尊重和保护公民的表达权利。除此以外，表达自由不仅是个人自我实现的需要，也有助于激发公民对追求真理的热情以及促进社

会的民主，实现正义。

言论和表达自由被认为是公民的一项非常重要的权利，在《公民权利和政治权利国际公约》中，就明确规定：人人有自由发表意见的权利；此项权利包括寻求、接受和传递各种消息和思想的自由，而不论国界，也不论口头的、书写的、印刷的、采取艺术形式的、或通过他所选择的任何其他媒介。“网络个人媒介中的言论自由，因其依托平台的特殊性，有区别于一般言论自由的特点，具体表现为：宽松的传播空间、最大程度的多样化、更具平等性、传播的交互性”。[①] 它向所有人开放，任何人所拥有的发布和接收信息的权利都是完全平等的，在这样一个虚拟的空间中，更多的人感受到真真切切的言论自由。网络表达自由是公民表达自由的重要组成部分，它拓展了公民表达自由权利体系的框架。

在1996年的达沃斯论坛上，《网络空间独立宣言》就指出了尊重和保障网络表达自由的重要性。《网络空间独立宣言》指出：我们正在创造一个任何人都能参与的，不存在因种族、财富、暴力和出身差异而生产特权与偏见的社会。在我们正在创造的新世界中，任何人都可以在任何时间地点，自由地发表自己的意见和主张，而不会被胁迫保持沉默和屈从。

近些年来，联合国也通过若干个文件，把尊重和保障网络自由作为重要使命。2011年6月1日，联合国言论和表达自由特别报告会、媒体自由欧洲代表处安全与合作组织、美洲表达自由

---

① 唐守廉.互联网及其治理.北京：北京邮电大学出版社，2008，197.

组织的特别报告员、非洲人权和人民权利委员会特别报告员联合签署了一份《关于言论自由和互联网的联合宣言》。[①] 宣言指出：保障言论自由要求各国积极履行义务促进全球互联网自由访问，各国政府必须将此列为优先处理事项。在处理互联网数据和流量的时候不应该有任何歧视。限制访问世界信息网络是一种侵犯人权的行为。2012 年联合国人权理事会第 20 次会议通过了首个关于保护个人互联网言论自由的决议，该决议的目的是为了保障互联网自由，包括互联网信息流通自由和互联网言论自由。

在网络环境下，政府要首先学会尊重公民的网络表达权。与其他的媒介相比，互联网具有更强大的信息储备和信息传播功能，也就更能快速有效地提升公民自由和表达的能力。“在互联网上，每一个人都有权把自己认为有价值的内容展示出来，和大家分享。事实上，互联网的生命就在于无数人以各种形式不断地在网上提供新的内容。这是任何政府、任何商业行为都不可能做到的。”[②]正是通过这种方式，互联网使得公民发表言论和表达意见的空间急剧扩大。表达自由是公民的基本人权，这已经得到了人们的普遍认可。作为表达自由权利体系的重要组成部分，网络表达自由无疑是公民的一项基本权利。

---

① 妮娜·卡尔帕乔娃.自由使用互联网：是人权还是对人权的威胁.北京：第五届北京人权论坛论文集.2012—12—14.

② 罗楚湘.网络空间的表达自由及其限制——兼论政府对互联网内容的管理.法学评论，2012(4).

（二）网络表达自由有利于平衡强弱群体的主张表达

表达自由虽然是公民的一项基本人权，但是表达自由权利的实现需要借助于一定的载体或者渠道。在前网络社会，由于传统的表达媒介受其物理形式和传播时间的限制，只能让有限的信息和言论得到传播。媒介资源的稀缺性使得弱势群体和强势群体的意见表达严重失衡。传统的媒体往往成为强势群体进行表达自己观点和立场的重要平台，而弱势群体由于缺乏“接近”传统媒体的资源，其表达自由权的真正实现受到极大阻碍。

互联网则彻底地改变了强势群体和弱势群体在主张表达方面的严重失衡状况，通过媒体发布言论和表达主张不再是少数强势群体的优势。互联网大大降低了中国民众发表意见的门槛，扩大了发表言论的主体，减少了发表言论的成本。只要借助于一台电脑和其他终端联网，任何一个人都可以自由地在互联网发表自己的主张和观点。网络表达大大地提升了社会弱势群体自由表达的能力，使得那些弱势群体在和强势群体对抗的过程中，能够发出自己的声音，使得公众的讨论更加民主和多元，相对地削弱了强势群体对舆论的操纵和控制。网络表达也增加了弱势群体参加公共讨论的可能性，从而为其通过自己的言论来改变自己的不利地位和不同层面上的公共决策，提供了强大的技术支持。

（三）网络表达自由有利于对政府的监督

目前，互联网已经成为人们对政府进行监督的重要手段。

网络监督是网络民主和民众监督的结合体，它本质上是一种重要的社会监督方式。众多网民通过在互联网上自由地发布信息，从而引起社会舆论，形成对政府的强大监督力量。“互联网培育了一批市民记者，网民可以通过键盘轻松地举报腐败官员，并且追究真相，一种原子式的舆论监督方式正在不断地改善原有的政治生态。”[①]网络表达自由有利于对政府的监督这主要表现在两个方面：首先是监督主体的广泛性。由于公民具有网络表达自由的权利，使得公民对政府监督的成本极为低廉，任何人都有可能成为网络监督的主体。它使得宪法规定的公民监督权真正地落到实处。其次是监督通道的多元化。网民可以通过QQ群、网络论坛、博客等途径对政府进行监督。再次是监督效果的高效率。根据人民网和腾讯网多家媒体对政府官员的调查，现在多数的政府官员患有“网络恐惧症”。根据调查，“70%的受调查者认为，当代中国官员患有‘网络恐惧症’，60%的受调查者表示，‘担心工作疏漏等不良现象曝光，影响前途’，”[②]这从一个侧面说明了网络监督的强大威力。

虽然被动员起来之后，公民网络表达会在一定程度上出现不利于政府的各种多元化声音，但是这也是公民行使表达自由和民主监督的重要途径。而且这种多元化声音在给政府工作提供带来挑战的同时，也能够促使政府正视民意、改善工作作风，从而为政府提高社会管理能力和冲突化解能力的提升创造了可

---

① 孙健，徐祖迎. 网络舆论监督及其规范. 中国行政管理，2011(11).

② 刘旭涛，周晓燕. 多少官员患有“网络恐惧”症. 人民论坛，2010(13).

能。因此，尊重公民的网络表达自由权不仅是民主政治的要求，也是提升政府的社会管理能力和冲突化解能力的要求。

二　保障网络表达权

保障公民的网络表达自由权，就要对政府的权力设立相应的边界。在现实生活中，公民的网络表达自由权受到的侵害，往往是政府权力干涉的结果。因此，合理地划分政府权力的边界，对政府权力进行约束和限制是保障公民的网络表达自由的先决条件。

网络监管需要正确地处理"堵"与"疏"的关系。目前，在网络监管的过程中，"堵"仍然是一种重要的通道。"堵"就是通过技术手段对有可能带来即刻危险或者网络色情等信息进行屏蔽或者删除。"政府有关部门应组织专业人员对互联网上出现的一些反动言论及时进行删除，必要时可以采取相应的技术措施，及时过滤或屏蔽网上出现的暴力、色情等信息，限制浏览网络上的不健康内容，尽可能地降低由此产生的消极影响。"[①]"疏"就是通过柔性的方式，疏导网民的负面情绪，从而实现冲突的化解。目前的网络监管要体现"堵"与"疏"并用，但以"疏"为主的原则。

政府网络监管中"堵"的手段主要是指删帖和对敏感词汇的屏蔽等。目前，对政府的网络监管权力的合理限制主要是指约

---

①　孟卧杰．论政府网络监管的正当性及其有效改进——以"谷歌事件"为表述对象．湖北行政学院学报，2010(5)．

束其随意删帖的行为。对于互联网上对政府的一些质疑和负面评价，政府应该用“疏”即引导而不是删帖的方式来回应。由于网络动员的快速传播性特点，一些地方政府部门担忧一些信息在互联网传播、变异之后，会带来管理和控制的难度，因而总是惯性地进行封帖、删帖，甚至断网。在冲突发生之后，政府是否应该采用封帖和删帖等技术手段，这当另当别论。但是，政府如果一味地用封帖和删帖这种强制手段来控制不利于自己的言论，这既是对公民的网络表达权的侵犯，也会带来适得其反的效果。由于“禁果”效应的存在，越是政府的封帖和删帖，民众越是认为其中存在着很多“猫腻”，这反而会刺激网民的窥探欲望，推动冲突的升级。

在2007年的“石首事件”中，政府的草率“断网”和“删帖”行为就引发了民众的质疑和批判。6月20日，部分群众和警察发生肢体冲突，造成了群体性事件。为了控制事件信息的传播，石首市区开始强制断网。该夜，石首市区网吧断网，永隆大酒店一带一度断电，路灯也被熄灭。部分网友的评论以及文字照片报道被删。这种强制断网和删帖的做法又引发了网民的各种猜测和质疑。“到底在隐瞒什么?”对政府作为的讨伐声愈演愈烈。6月21日凌晨，湖北石首市政府网站被黑，上面写着“真相只有一个！——BY柯南”的字样，而网页的标题则为“杨叫兽留言板V1.6”。这是网民在向政府的“信息不公开”行为进行严正抗议。政府本来寄希望于通过删帖和断网等强制手段，切断负面信息的传播渠道，结果反而形成了网民对政府更大规模的抗议和不满。因此，在冲突事件爆发后，政府应该慎重使用删帖、断网等强制手段。“在网络环境下，政府首先应当恪守的准则，就是尊重民众的选择，不要轻易地通过立法或其他技术手段，破坏民众自我教育，自我发展的条件”。①

三　网络表达权的合理限制

保障公民的表达自由权并不意味着公民在互联网上的发言不受到任何限制，否则这将会蜕化为一种网络无政府主义。因此，公民的表达自由是有限度的，在保障公民自由表达权的同时，必须对网络表达权进行合理的限制。合理限制网络表达权，就是要对网络表达的内容进行规范。这主要从以下几个方面做起：

（一）不得侵犯他人的权利

表达自由并不是绝对的权利，它需要受到一定的约束和限制，这种权利的形成不能构成对他人权利的侵犯。孟德斯鸠曾经说过：“自由是做法律所许可的一切事情的权利；如果一个公民能够做法律禁止的事情，他就不再有自由了，因为其他的人也同样会有这个权利。”②这就意味着公民的表达自由有个基本的界限，在保障公民表达权利的同时，要对其进行约束和限制。“一切意见应该运行其自由发表，但条件和方式上须有节制，不能越出公平讨论的界限”。③《世界人权宣言》第二十九条明确规

① 王四新.网络空间的表达自由.北京：社会科学文献出版社.2007，57.

② 孟德斯鸠.论法的精神.张雁深译.北京：商务印书馆.2004，96.

③ 密尔.论自由.程崇华译.北京：商务印书馆，1996，56.

定:人人在行使他的权利和自由时,只受法律所确定的限制,确定此种限制的唯一目的在于保证对旁人的权利和自由给予应有的承认和尊重。

互联网因其匿名性和责任难以追究等特征而呈现出一种众声喧哗的乱象。网民行使表达自由权利的同时,侵犯他人的权利时有发生。在网络环境下,这种对他人权利的侵犯主要是指对公民隐私权和名誉权的侵犯,它主要表现为人肉搜索和网络暴力。目前的网络暴力有愈演愈烈之势,已经成为对公民权利的严重侵犯。例如在"死亡博客事件"中,众多网民不仅在互联网上对死者的丈夫王菲进行指责和谩骂,而且这种网络暴力也开始延展到现实空间中去,发展成为一种现实的暴力。有的网友不仅把王菲父母的电话和家庭地址公布在互联网上,还通过打骚扰电话、往其门窗上喷油漆等方式对其进行指责和恐吓。

尊重和保障公民的表达自由权,同时不得侵犯他人的权利,这主要有三个方面的含义:首先,公民在行使网络表达自由权的同时,不得侵害他人的隐私权和名誉权等权利;其次,当这些权利受到侵害时,就应该受到政府的惩罚和制裁;再次,当表达自由和其他的权利相冲突时,法院应该根据公平正义原则,平衡相互冲突的权利。表达自由权和诸如隐私权等权利同等重要,两者并没有在价值上的优先排序,不能以牺牲某一种权利的方式促进另一种权利的发展。

(二) 不得危害公共秩序

良好的公共秩序是社会的一种公共产品,是人们追求"善"

的生活的需要。因此，规范公民的网络表达的内容，也不能危害社会的公共秩序。网民在互联网上尽心表达和交流时，同样也要不能带来“清楚而即刻危险”①，这种带来“清楚而即刻危险”的思想和观点会对社会的公共秩序带来极大的挑战，因此不属于表达自由保护的内容。

密尔虽然没有明确地提出“清楚而即刻的危险”这个标准，他的整个思想的核心就是要对公民的内容和方式加以限制，以保证真正自由的实现。在《论自由》中，密尔指出了公民表达自由的限度。他认为，在报纸上撰文指出饥荒的原因，并批判厂商的囤积行为时，这是受法律保护的言论自由；而面对一群饥民时，指出饥饿的原因是由于不良厂商的囤积居奇，则有可能是一种不受保护的表达。因为这样有可能带来饥民的哄抢，从而危及社会的公共秩序。

在网络背景下，人们的表达自由权得到了极大拓展，网络表达同样应该遵循不能带来“清楚而即刻的危险”，否则会有可能危害到社会的公共秩序。在互联网上，发布足够引起社会混乱的网络谣言、煽动民族仇恨以及动员人们参与暴力行动的言论等都有可能带来“清楚而即刻的危险”。

（三）不得影响青少年的身心健康

青少年由于身体和心智尚处于发育阶段，尚未形成判断是

① 这是美国著名的法学家奥利弗·温德尔·霍姆斯（Oliver Wendell Holmes）提出的表达自由的标准，即这种危险不是宪法第一修正案保护的言论。

非的能力，因此在行使网络表达自由权利时，要考虑到保护青少年的权利，不得发表影响青少年身心健康的言论。诚如《儿童权利宣言》所示：儿童因身心尚未成熟，在其出生以前和以后均需要特殊的保护和照料，包括法律上的适当保护。

为了保护青少年的身心健康，西方许多国家都规定对互联网发表的言论要进行分级管理并进行内容控制。早在 1995 年 5 月，澳大利亚政府就制定了《澳大利亚广播法修正案》，对互联网内容进行审查。这个修正案规定，澳大利亚国内网站上少儿不宜的色情内容等，或者不经过成人身份确认不分等级的内容，必须撤下，并受到重罚。此外，澳大利亚 2009 年 12 月还决定制定了新法律，将拒绝分级的网站列入封锁黑名单，以阻止暴力或色情内容在互联网上传播，影响青少年的身心健康。①

为了保护青少年的权利，我国政府主要通过内容控制方式加强互联网管理。如 2000 年通过的《维护互联网安全的决定》规定：互联网上不得制作、查阅、复制和传播妨碍社会治安的信息和淫秽色情等信息。此外，我国政府还通过对象限制的方式，禁止向未成年人传播影响其身心健康的信息，如 1999 年颁布施行的《预防未成年人犯罪法》就明确规定：任何单位和个人不得利用通讯、计算机网络等方式提供诸如含有渲染暴力、色情、赌博、恐怖活动等危害未成年人身心健康的内容及信息。

---

① 世界各国打击互联网和手机淫秽色情信息. 腾讯网：http://tech.qq.com/a/20100115/000194.htm.

第二节　建立网络的自我约束机制

互联网具有自我净化的功能，许多网络舆论和网络谣言都是来源于互联网，也迅速消解于互联网。因此，遵循互联网自身的“生态逻辑”，以“无形的手”调节网络舆论生态，建立网络的自我约束机制就成为一种必然。建立网络的自我约束机制，需要做好以下几个方面的工作。

一　网络交流平台建设

表达机制和交流机制是冲突管理的两大机制。目前，我国的表达机制建设取得了长足发展，公民的表达渠道开始增加，而交流机制的建设则严重不足。特别是在网络背景下，互联网极大地拓展了公民表达的渠道，但是这种渠道并没有大幅度地增加公民的有效沟通。由于“沉默螺旋效应”的存在，同质化声音开始增多，甚至会形成群体极化效应。多元化的声音是有效沟通的前提，因此加强网络交流平台建设，首先就是要正视和允许多元化声音的存在，其次要发挥平台的交流和沟通功能，防止平台的渠道化。

（一）正视和允许“多元化声音”的存在

沟通和交流是人与人之间信息的交换和理解，它不仅需要不同观点的表达，更需要不同观点的碰撞和交换。沟通和交流的过程就是对不同观点的加工和处理过程，如果观点和声音过于同质化，输入的信息和输出的信息本质上并没有什么本质的不同，有效的交流机制建设就会受到严重阻碍。现在是一个多元化的世界，多元化的社会必然会有多元化的声音。由于我国处于社会转型的关键时期，各种不同的利益诉求以及各种不同的观点和主张，共同构筑了一个复杂多元化的社会。

多元化的世界要求人们要正视多元化声音的存在。然而，当前我国部分政府在宣传工作的过程中存在着“舆论一律”的倾向，一些地方政府总是希望用一种统一的思想来引导社会舆论，它们把这种多元化、异质声音的存在看作是对政府管理工作的极大挑战。当网民被动员起来形成不利于政府的网络舆论时，一些地方政府希望用删帖和断网等强制手段来消除“噪音”，而这往往会带来网络民意更强烈的反弹。

政府和民众是基于契约而建立起来的一种委托—代理关系，作为委托方的民众有权监督和批评政府。然而，在现实生活中，一些地方政府往往视不同的声音为洪水猛兽，甚至不惜用暴力手段来消弭这种声音。这种压制多元化声音的做法往往会适得其反，反而会进一步地增强对立方声音的力量，促进冲突的升级。例如在河南灵宝的“跨省追捕案”中，当地政府就试图消除各种“杂音”，反而导致更多异质声音的出现。因此，在这个多元化的世界中，加强沟通和交流就要求政府首先要正视和允许“多元化声音”的存在，这是有效沟通的前提和基础。正视和允许“多元化声音”的存在就应该认识到，政府的“独奏”往往是苍白无力的，只有多元化声音的“交响乐”，才能有助于良好的交流机制的建设。

（二）防止“平台的渠道化”

公共冲突的有效管理需要建立有效的表达渠道和交流平台。“表达渠道主要是冲突双方的利益诉求和意见表达等信息得以输送的通道，它是一种单向的信息传递通道。交流平台则是冲突双方能够进行平等对话和意见交流的场所和机会。”①与表达渠道中信息的单向流通不同，交流平台要求信息能够得到回应和反馈。

目前，在网络环境下，公民的表达渠道得到了极大拓展，而有效的交流平台仍然不足。加强网络的交流平台建设，除了要正视和允许“多元化声音”的存在之外，还要防止“平台的渠道化”②，从而为有效的沟通和交流创造条件。

就我国政府而言，最重要的是加强我国政府的网络交流平台建设。目前各级政府网站大多都有市民论坛、领导访谈、利益诉求和民意征集等几个方面，这是政府和公民进行沟通和交流的重要平台。但是总体来说，这几个方面的建设都存在着严重不足。政府的这些平台更多地是作为公民进行表达

---

① 参见常健，方扬．论公共冲突管理中表达渠道与互动平台的平衡．学习论坛，2011(5)．

② “平台的渠道化”是指平台本身是作为信息的处理器，它使得信息应该能够得到交流和反馈。但是平台的这一功能并没有得到发挥，它只是成为信息的中转站，输入的信息和输出的信息并无二样的现象。参见常健，方扬．论公共冲突管理中表达渠道与互动平台的平衡．学习论坛，2011(5)．

的渠道而存在。与民众汹涌澎湃的利益诉求相比，政府的回应相当迟缓、回应的数量不多。据作者对某市政府网站“政民互动”板块的观察，截止 2013 年 2 月 5 日，建议和投诉的主题帖共有 4647 条，而回复的仅仅有 978 条，而且回复的内容极为空洞，很多都是“网友您好，针对你所提出的问题，我们会尽快进行调查”、“您所反映的问题已经反映到相关部门，请您耐心等待”等。

因此，加强政府的网络交流平台建设，就要真正地发挥网络平台的交流功能，防止网络平台的渠道化。这就要求政府通过网络平台积极地回应民众的各种诉求，做到以下两点：首先，这种回应必须要及时有效，坚决杜绝那种公民的观点表达出来之后，却迟迟不见回复的现象；其次，这种回应要真实，必须能满足民众的真实需求。这就要求政府在对公民的诉求进行回应时，必须要针对公民提出的具体要求进行回应，杜绝那种空洞无物的回应。例如在 2008 年有网民给南京市长邮箱写信，提出“关于纬七路过江隧道收费问题”以及“关于建议将情侣园搬至雨花台烈士陵园风景区”问题，这两封邮件分别被授权给市建委和市园林局进行答复。市建委仅仅是粘贴了 2008 年的一段政府公文而未加修改，而市园林局则在没有调研的情况下，草率地答复“将积极促成此事”。这两封回复邮件被网民晒到网上，引起了网民的哗然和指责。这种回复方式仅仅只是一种面子工程，内容空洞，并没有达到信息的有效供给和交流的目的。

二　网络交流规范建设

互联网是把双刃剑，作为“言论的自由市场”，互联网保障了人们的表达自由。同时，一些含有不良或者非法内容的信息也在互联网上传播，因此必须要加强互联网的交流规范建设。

网络交流规范的功能主要包括两个方面：“第一，从网络规范功能效应的外在性来看，当任何个人或网络共同体在网络社会中进行行为选择或价值评判时，往往会向一种共同的网络规范靠拢，并希望其他人也能够如此，由此逐渐形成一种网络社会中的人际互动秩序。第二，从网络规范功能效应的内在性来看，随着网络规范在电脑空间中的逐渐普及并积淀在人们的意识之中，它将会逐渐地获得人们的认同和接受，从而自觉或不自觉地影响人们网络行动的展开。”①总的来说，网络交流规范有利于净化互联网环境，引导人们有效地表达和参与。目前，规范网络交流的责任主要落在“网站编辑”和“版主”身上。

（一）“网站编辑”的隐性规范

“网站编辑”与“版主”之所以能够规范和管理网络交流，是因为他们都是作为“把关人”角色而存在的。“把关人”理论是由传播学大师卢因率先提出来的，它意指信息传播网络中充满着

---

① 赖光昌.试论网络规范的构建.广西民族学院学报(哲学社会科学版)，2004(6).

“把关人”，这些“把关人”负责信息的审查和过滤，他们决定着何种信息最终能够登上大众媒体。

“网站编辑”对网络交流的规范主要是一种隐性规范。“网络编辑”虽然也直接面对网民，但是他们和网民的联系并不像“版主”和网民的关系那样密切。“网络编辑”对网络交流的规范并不是通过删帖、剔除会员等强制手段进行的，而是通过对有价值信息的过滤和选择，间接地对网络交流进行隐形规范。“网站编辑”通过对那些具有煽动性和破坏性的网络言论的把关和过滤，规范着网络的交流。同时，网站编辑还注重网络舆论的引导，他们通过组织社论和述评等方式，直接地影响和引导社会舆论。

（二）“版主”的显性规范

与“网站编辑”的隐形规范不同，“版主”的工作就是对网民信息发布的管理，因此他们对网络交流的管理更主要地表现为显性规范。这种显性规范主要是通过制定版规、删帖或把有价值的帖子放到“精华区”以及设置话题等方式进行的。

1. 制定“版规”

“版规”是由所在论坛的管理员或者“版主”为了规范网民发言，而制定的规则和规定。一般来说，加入论坛某个板块，就视为对“版规”的默认，网民不能发布有违“版规”的帖子，否则版主有权对其进行删除。例如天涯杂谈的版规就规定了要禁止的内容，即色情和不健康的信息；谩骂、污言秽语和人身攻击；广告和刷屏。除此之外，天涯杂谈还列出了三类不受欢迎的帖子，即有违公序良俗的；涉及政治或者重要政治人物的；非原创内容，仅仅几句话的灌水、咨询和调查。除此之外，“版规”还规定了对违反这些内容的惩罚，即凡含有禁止或不受欢迎内容的帖子，版主可以删除、转移或者封存。“版主”通过对“版规”的制定，直接地表明了板块的特色和“版主”的态度，这是对网民交流行为规范的原则性规定。

2.“删帖”

“删帖”是“版主”对帖子的内容审查，它是对有违“版规”的帖子进行的删除。“删帖”除了和“版主”的性格、意愿等相关之外，也与不同板块的要求相关。如强国论坛是“只要格调健康、讲礼貌，那么可删可不删的，就不删；但是对于故意捣乱的帖子，则执行另一个标准，即可删可不删的，就坚决删。”而《联合早报》电子论坛的做法则是：“对于那些情绪化，有民族或政治偏见的，对参加讨论的网友进行人身攻击的，或者和讨论主题无关而要借题发挥的来信，一般不刊出或者予以删节。”但是总的来说，“版主”的删帖行为总会引起网民的不满，他们有可能认为这是对他们表达权的侵害。因此，“版主”要慎重对待“删帖”。如果说“版规”是对网络交流规范的原则性规定，那么“删帖”则是“版主”对网络交流的直接约束和限制。

3. 设置和引导话题

由于网民的分散性和差异性，网民的兴趣点和所关注的话题也有极大的差异性。面对这种兴趣各异的网民，“版主”可以精心设计、选择一些热点问题供网民进行交流，这样可以形成对问题的聚焦，提升交流的质量。例如在 2008 年的南京“天价烟事件”中，署名为华阁的网友在天涯社区网站的经济论坛中发表

“赞一下那个要处罚低价售房的局长，看人家抽的烟”一帖，首次提出了“天价烟”。但是，这个帖子起初并没有得到人们的注意。版主发现这个帖子之后，立刻觉察到了它的新闻价值。之后，版主通过在帖子前面加上“红脸”，以示推荐。这个“红脸帖”立刻走红，一天之内，点击率超过 7 万，回复近 2000 条。

同时，如果网民过分地长期关注于某一问题，特别是对某一问题的“就事论事式”的发言和交流，就会让这种交谈只拘泥于事件本身，而没有进行制度性的反思。这时候，“版主”就可以通过引导网民对事件的制度性思考，从而提升交流的质量。例如，在“宜春拆迁事件”中，网友的发帖起初大多都是针对钟氏家族悲惨遭遇的同情和支持以及对当地政府的不满和愤怒，很少有网民进行制度的思考。最后，天涯杂谈的“版主”就及时地进行了话题引导，让网民讨论造成悲惨后果的制度性原因。如果说“删帖”是对网络交流的消极应对，设置和转移话题则是“版主”对网络交流的积极引导和规范，这种引导和规范更能起到良好的效果。

三　网络交流道德建设

目前，互联网在拓展人们的表达渠道的同时，也加剧了道德失范现象的发生。“作为社会组成的个体要自我约束，自我控制，把个体的所作所为主动纳入诚实守信的道德范畴里去。”[①]因

---

① 王明雯.论网络隐私权及其保护.西南民族大学学报(人文社科版)，2005(12).

此，自律是应对网络空间的道德示范，加强网络交流道德建设的重要途径。目前，网络交流的道德建设主要是通过互联网行业自律和网民自律来共同完成的。

（一）互联网行业自律

目前，政府主导和行业自律已经成为世界许多国家管理互联网的重要模式。互联网行业自律通过建立行业自律机制，从而对网民的不道德行为进行约束。互联网行业自律对网络交流道德的促进和保障，主要是通过以下三个方面来实现的：

1. 制定行业规则

行业规则是对网民的行为进行规范和约束的重要依据，目前，我国已经建立了一系列的互联网行业规则。中国互联网协会自成立以来，已经成为联系网民和互联网行业的重要桥梁和纽带。自从2002年发布《中国互联网行业自律》以来，中国互联网协会已经发布了《互联网信息服务自律公约》、《建设诚信政府互联网宣言》和《网吧自律公约》等。这些公约或者行业规则，对互联网行业从业者和网民的行为都提出了要求和限制，对于维护互联网秩序具有重要作用。

2. 协助治理

互联网的自律组织还通过开辟辟谣网站、接受网民对服务商的投诉等方式协助政府治理。例如中国互联网协会互联网新闻信息工作委员会开设了“非法和不良信息举报中心”，对于“哪些属于违法信息和不良信息”、“哪些属于淫秽和色情内容”以及如何举报违法信息都作出了明确规定。这对于净化互联网的环境、规范网络行为都起到了重要作用,也极大地调动了网民的参与热情。如2013年2月份,“违法和不良信息举报中心通过网上举报平台和举报电话共接到各类公众举报信息51091次,各类举报数量比例如下:淫秽色情80.4%、诈骗11.2%、侵权2.6%、赌博1.6%、违背社会公德0.6%、攻击党和政府0.5%、违背宪法原则0.3%、病毒0.3%、宣传邪教0.2%、私服外挂0.1%,其他2.2%。”①

3. 开展宣传教育

行业自律组织还通过召开会议和发动活动等方式,增强会员单位和普通网民对行业自律精神的认识和了解,从而引导他们合理运用互联网。例如为了促进交流、规范人们的网络行为、应对网络暴力,中国互联网协会主办了多次“蓝海沙龙”,帮助会员单位发掘互联网领域的“蓝海”。2006年4月,北京互联网14家知名网站响应和参与了“阳光绿色网络工程”和“大兴网民文明之风”等活动,加深了网民对互联网公约的认识和了解。

(二) 网民自律

加强网络道德交流建设,不仅要重视互联网组织的行业自律,更要依靠网民的自律。“一个健康的网络社会,人们的网络行为不是被法律逼出来的,而应是公民意识在网络世界的自我觉醒,是人在自然理性所激发出的网络理性下的冷静选择,它固

① 中国互联网违法和不良信息举报中心. 2013年2月举报情况公告. http://net.china.com.cn/jbqk/txt/2013—03/11/content_5791141.htm.

然有赖于网民的法治精神，更要靠网民的道德与法律自觉下的自治：宽容、不偏执、不专断。”[①]规范人们的网络行为，既可以通过法律制度的强制规范，也可以通过提倡自律的约束作用。从社会控制的角度来看，法律制度是某种硬控制，而自律则是一种软性控制。法律制度虽然可以约束人们的行为，但对网络道德塑造的作用是有限的。网络道德的建设是一种长期的心理工程，只有依赖于网民的自律和真正信仰。因此，加强网络道德交流建设，重塑网民表达的伦理性要求，关键在于网民自律。

网民自律要求网民对自己的网络行为负责，规范自己的行为，在网民中营造一种公德意识环境。而网民的自律或者说对自己行为的约束需要遵循某种行为规范，从而形成一套有效的道德评价标准和行为准则。美国电脑伦理协会制定的互联网“十戒”，成为公民进行自我教育和自我约束的重要依据。网络十戒即：

(1) 你不应该用计算机去伤害他人；

(2) 你不应该去影响他人的计算机工作；

(3) 你不应该到他人的计算机文件里去窥探；

(4) 你不应该用计算机去偷盗；

(5) 你不应该用计算机去作假证；

(6) 你不应该拷贝或制作你没有拷贝的软件；

(7) 你不应该使用他人的计算机资源，除非你得到了准许或者作出了补偿；

---

① 张子成.“人肉搜索”的宪政之维.学术交流，2009(4).

(8) 你不应该剽窃他人的精神产品；

(9) 你应该注意你正在写入的程序和你正在设计的系统的社会效应；

(10) 你应该始终注意，你使用计算机时是在进一步加强你对你的人类同胞的理解和尊重。

中国的互联网协会也发布了几部自律性法规，号召网民从“我”做起，营造良好的互联网环境。特别是2006年4月19日发布的《文明上网自律公约》，作为一种道德公约，为公民的网络自律行为提供了蓝图。全文如下：

自觉遵纪守法，倡导社会公德，促进绿色网络建设；
提倡先进文化，摒弃消极颓废，促进网络文明健康；
提倡自主创新，摒弃盗版剽窃，促进网络应用繁荣；
提倡相互尊重，摒弃造谣诽谤，促进网络和谐共处；
提倡诚实守信，摒弃弄虚作假，促进网络安全可信；
提倡社会关爱，摒弃低俗沉迷，促进少年健康成长；
提倡公平竞争，摒弃尔虞我诈，促进网络百花齐放；
提倡人人自爱，消除数字鸿沟，促进信息资源共享。

互联网的道德建设不仅是互联网行业组织和网民内部的事情，也是社会各种力量通力合作之事，它需要全社会为公民的网络道德建设提供良好的环境支持。但是，道德作为一种调节人的心理规范，它最终需要通过人而起作用。因此网络自律，特别是网民自律是促进互联网道德建设的根本出路。

第三节　合理发挥政府在网络冲突管理中的作用

互联网虽然有自我净化的功能，但是这种功能的发挥是有限度的。网络上的很多冲突和谣言完全靠自我净化是很难解决的，而且互联网上造成的伤害也无法靠网络的自我净化和自我规范消除。因此，在建立网络的自我约束机制的同时，也要合理发挥政府在网络冲突管理中的积极作用。这主要从以下四个方面做起。

一　及时进行信息的发布和回应

信息的交流和沟通是冲突管理的重要内容，如果不能进行有效的沟通，就可能会引起冲突从而也会阻碍有效的冲突管理。网络动员带来的信息快速传播特征，要求加强信息沟通机制建设，否则就有可能带来信息的异化甚至表达渠道的超载。在网络环境下，发挥政府在网络冲突管理中的积极作用，首先就要及时地进行信息发布和回应。这主要从以下两个方面入手：

（一）加强网络回应机制建设

回应性是民主政府的基本要求。由网络动员而形成的网络舆论要求政府能够对其作出积极回应，正如王锡锌所言："面对网络舆论，回应不光是一种权利，也是一种责任。”[①]当网络舆论形成之后，政府的有效回应可以起到解疑释惑的作用。因此，加强回应机制是信息沟通机制建设的重要内容。加强网络回应机制建设，要求做到以下几点：

1. 多层级、多渠道地进行回应

政府要重视对网络舆论进行回应，但是这并不意味着政府是网络回应的唯一主体。一般来说，网络回应的方式有三种：[②]一种是当事人的回应，即当事人以自己的真实身份上网，陈述对网络舆论的说明和意见；第二种是官方正式回应，即宣传部门或政府主管部门根据对事件的调查了解，以新闻发布的形式正式回应网络舆论；第三种则可以网民的身份在网上披露。有些事件当事人无法出面回应，官方出面回应又显得太过郑重其事，因此就应该选择以普通网民的身份，在网上传播信息。

政府对网络舆论进行回应时，应该大力鼓励新闻发言人进行回应。新闻发言人是传统新闻发言人适应网络工作需要进行的平台延伸和机制深化，涉及到信息的搜集、整理和回应等各个环节，它通过针对网友的质疑，以实名的方式直接和及时地进行解释和沟通。一般来说，当网络发布之后，在很短的时间就可以传播全国。这时候网络发言人就应该在尽可能短的时间内对网友的要求和诉求进行回应。

---

① 王锡锌.政府信息公开语境中的“国家秘密”.政治与法律，2009(3).

② 叶皓.正确应对网络事件：政府新闻学网络案例.南京：江苏人民出版社，2009，86.

2. 回应要有针对性

目前很多的网络热点问题并不是缺乏回应，而是由于政府的回应缺乏针对性，往往是顾左右而言他，这更增加了民众的质疑和反感。目前，“答非所问，已经成为一种重要的话语回应策略”①，但是政府如果在回应网友的诉求时采用这种策略，不仅会使得回应的效果大打折扣，也会严重地削弱人们对政府的信任关系。因此政府的网络回应要具有明确的针对性，决不能敷衍了事。例如在 2012 年 2 月，当人们对“火箭提拔”为副处级干部侯伟的身份质疑之后，网上纷纷盛传侯伟乃副市长的儿子。针对这种质疑，当地政府倒是迅速地进行了回应：

> 去年年底省人大常委会机关按照干部选用规定程序，对机关处级干部进行了调整，下发了任免文件。之后，在按程序向上级主管部门备案时，主管部门因侯伟工龄不足规定年限，不予备案。2 月 17 日，省人大常委会机关按照要求已重新发文，确认原文件关于侯伟的任职无效。目前，侯伟仍在原岗位任正科级干部。②

这种回应虽然非常及时，但是这条回应并没有对侯伟的身

① 祝洁芳，元国江. 答非所问——一种常用的话语回应策略. 河海大学学报(哲学社会科学版)，2006(2).

② 江锡钰. “火箭提拔”回应不过是敷衍舆论. 网易：http://news.163.com/12/0226/10/7R6D8M0N00014AEE.html.

份之谜进行直接回应，它并没有消除人们的质疑，反而引起了人们更多的质疑和批判。同样在2009年的“石首群体性”事件中，同样也存在由于政府的回应语焉不详，缺乏针对性，而引起了人们情绪的再度激化。因此，政府在回应时，必须有针对性地回应网民的诉求，而不能“答非所问”。

（二）加强网络辟谣机制建设

网络辟谣机制虽然也是一种回应机制，但是他主要回应的是对谣言的反驳和批判。谣言是导致冲突升级的重要因素。① 不管是口耳相传的谣言还是通过普通大众媒介传播的谣言，它的传播过程都有一个较长的时滞。与这些谣言相比，网络媒介的“零时滞”可以导致网络谣言的传播范围更广，传播速度更快，危害性也更大。因此加强网络谣言的管理成为冲突管理的重要内容。

1. 及时公布真相，和谣言“赛跑”

奥尔波特(Allport)和波茨曼(Postman)曾经提出了一个谣

① 2004的重庆“万州事件”中，谣言的传播可以被看作是导致冲突升级的重要因素。2004年10月，重庆市万州区发生了一场规模较大的骚乱。这场骚乱始于两人的街头斗殴。然而，当谣传其中一方是一名政府公务员，甚至是一名局长(他其实既不是局长，也不是公务员，只是当地水果批发市场的一名临时工)时，事情就起了变化：谣言越传越盛，越传越不靠谱。有人说该“公务员”扬言：“打断一条腿，我可以用10万元摆平，20万元就要你一条命。”有人甚至说他看见现场处理的警察对该“公务员”毕恭毕敬，并向他敬烟。随着谣言的扩散，群体变得越来越激愤，现场人群越聚越多，最后达到数以万计，期间有人甚至趁机抢劫及放火烧车。政府为之出动了数以万计的防暴警察，整个事件在第二天才得以平息。谣言已经成为推动冲突升级的重要因素。

言传播的公示：R＝I×A，其中，A（Rumor）意指谣言的能量，I（Importance）意指谣言所涉及的问题对于传播人群的重要性；A（Ambiguity）意指谣言证据的模糊性。[①] 这个公式指出了谣言的产生和事件的重要性和模糊性之间的关系。当事件越重要且越模糊不清时，谣言产生的效力也就越大。如果事件得到了澄清，即意味着事件的模糊性为零时，谣言也就失去了存在的空间。因此降低谣言的效力和加强对谣言的管理就要及时地公布事实的真相，和谣言“赛跑”。

前网络社会，人们提出了突发事件处置的“黄金 24 小时”法则，即在事发 24 小时之内发布事件的真相，以澄清谣言，引导舆论的发展。但是在网络社会，随着微博、即时通信和社交网络工具的广泛应用，现在新闻在网上的呈现与传播不是以小时计，而是以分秒计，近乎于实时。因此“黄金 24 小时法则”逐渐失效。人民网舆情监测室重新提出了“黄金 4 小时”法则，即“随着 QQ、BBS、微博客等新兴网络技术和应用的普及，政府发布信息、引导舆论的速度应该由 24 小时提升为 4 小时”[②]。如果政府不能迅速地提供充分的信息，进行辟谣，谣言就会占据更多的地盘，从而导致冲突的升级。例如在 2009 年的“石首事件”中，在 6 月 17 日晚就在互联网上出现“死者被谋杀”的谣言，甚至还传出“近年来永隆大酒店有至少 3 人死亡”、“永隆大酒店有石首领导参股”等谣言，而石首市政府却反应迟缓，没有及时地进行辟谣，

---

① 奥尔波特等. 谣言心理学. 刘水平等译. 沈阳：辽宁教育出版社，2003，17.

② 李鹤. 新媒体时代：处置突发事件的“黄金 4 小时”法则. 人民网：http://media.people.com.cn/GB/40606/10906658.html.

从而导致了 6 月 19 日—20 日的打砸群体性事件。相反的是，21 日当天又有谣言传播，称该酒店再次发现两具尸体，民众重新开始聚集时，当地政府及时地组织部分群众代表进入实地进行考察来澄清谣言，并且通过互联网及时地公布事情的真相，避免了又一次可能发生的群体性事件。

2. 拓展辟谣渠道

加强对网络谣言的管理不仅需要及时辟谣，还要注意辟谣的效果。目前当互联网上出现各种谣言时，政府往往试图通过自己掌握的传统媒介或政府网站进行辟谣，而这些媒介和网站却恰恰不是网民最关注的领域，这样就使得政府的辟谣信息很难被网民所知晓。因此，政府要通过多渠道地进行辟谣，以保障辟谣的效果。政府网站和传统媒体由于具有较高的严肃性和权威性，依然成为辟谣的主要平台。同时，政府可以考虑通过其他的渠道进行辟谣，比如通过开设政府博客、微博以及与其他的商业网站和公共论坛进行合作的方式，多渠道、全方位地进行辟谣。

3. 创新辟谣方式

辟谣方式的创新也有助于增强辟谣的效果。目前政府主要是通过呆板、晦涩的公文方式等进行辟谣，这些辟谣方式存在的问题是严肃有余而灵活不足。况且这些辟谣方式往往缺乏和网民进行实时互动，因此当网民对政府的辟谣信息进行质疑时，也缺乏实时的沟通渠道，辟谣的效果大打折扣。因此政府可以考虑通过召开新闻发布会、领导人表态、嘉宾网络访谈和网络发言人引导等方式进行辟谣。

二　有效疏导负面情绪

任何冲突都会涉及到情绪的卷入，彼得·康戴夫(Peter Condliffe)把利益、情绪和价值观视为冲突必不可少的三个要素，“在任何冲突中，冲突的情绪性因素应当放在首要处理位置”。① 在冲突管理过程中，情绪的释放并不是完全有害的，有时候旁观者甚至冲突双方通过情绪的释放会消除原先的紧张状态，得到某种替代性满足，这样原有的关系反而会继续维持下去。这也就是科塞所指的“安全阀制度”。正如科塞指出的那样：“如果没有发泄互相之间的敌意和发表不同意见的渠道，群体成员就会感到不堪重负，也许会用逃避的手段做出反应。通过释放被封闭的敌对情绪，冲突可以起维护关系的作用。”②但是过度的不良情绪往往会阻止冲突双方的沟通，并有可能使得冲突双方之间的偏见和敌意进一步固化。因此，要对互联网上的负面情绪进行有效的疏导。

（一）把冲突方的注意力转移到实质问题上来

情绪更侧重于“对人的关注”。当人的行为完全被情绪主导时，就会出现一种弥漫性的生理亢奋状态，这时候对事情的关注就有可能转移到对人的关注和评价上。过度的敌对情绪会使人

---

① 彼得·康戴夫．冲突事务管理——理论与实践．何云峰等译．上海：上海世界图书出版公司，1998，8．

② L·科塞．社会冲突的功能．孙立平等译．北京：华夏出版社，1989，33．

们的价值评价出现逆转,即把对方看作是一种厌恶的、不值得信赖的对象,而导致情绪出现的各种问题则有可能失去解决的机会。

正如科塞所言:"以前,在治疗学上把'发泄'看成是决定性的因素。确实,被阻塞的情绪发泄了……但是,不可能通过这种途径使防御斗争得到真正的、持久的关注。"[①]冲突的解决不可能仅仅通过情绪的释放来完成,有时候过渡到敌对情绪的释放反而是促使冲突升级的重要因素。"情绪只是对手对问题的一种反应,在情绪的背后还有各种导致情绪反应的因素,而这些因素才是需要解决的问题所在。"[②]因此,为了避免冲突并实现冲突的解决,就要及时地把冲突各方的注意力转移到实质问题,即客观分析造成这种冲突局面的原因是什么?采取何种手段来化解这种冲突等。

在网络动员的过程中,参与者经常表现出群情激奋的状态,在这些情绪表达和情绪释放的背后往往存在着各种各样的动机。有的主要是因为现实表达渠道的不畅,而借此释放压抑已久的情绪;有的纯粹是一种无聊空虚的"围观";有的则是对冲突某一方的关注和同情,刺激了他们最敏感的神经。不管这种情绪的背后有什么样的动机,它们都会借此事件和动员过程而得以发酵。把冲突方的注意转移到实质问题上来,就是要把冲突方"对人的关注"(对人的评价)转移到"对事的关注",即关注于

---

① L·科塞.社会冲突的功能.孙立平等译.北京:华夏出版社,1989,33.

② 张朝阳.冲突管理:寻找矛盾的正面效应.广州:广东经济出版社,2000,184.

如何解决问题。如果冲突方不是以“事”为中心，就有可能对对方形成一种先入为主的偏见，从而使得谈判或者调解的可能性大打折扣。如果能够把民众的情绪转移到实质问题上来，就为冲突的化解创造了条件。例如在“厦门 PX 事件”中，针对民众的诉求，厦门市政府通过网络投票、召开座谈会的方式探讨是否应该兴建 PX 项目，这就使得这个实质问题始终得以凸显和聚焦，从而为和平地解决问题创造了条件。

（二）以“专业主义”疏导情绪

目前互联网上存在着各种盲目跟风的情绪，在很多情况下，这种情绪反映了民众的科学素养不高，缺乏独立的判断精神，从而会出现各种“跟风”现象。从 2003 年的“非典”抢醋、日本核辐射危机的“抢盐”风波到 2012 年的“世界末日”风波抢购蜡烛，民众的焦虑和恐慌情绪通过互联网的传播而迅速蔓延。

针对这种由缺乏科学常识和科学素养而引起的网络负面情绪，就要利用专家的知识优势，通过他们的“专业主义”来澄清事实、疏导情绪。专家参与疏导情绪，就意味着专家要承担专业咨询者和科普推广者的角色。如果专家不能及时地进行介入和疏导，一些个人就有可能乘虚而入，他们在媒体上充当专家的情况就会时有发生。这样造成的后果就是公众普遍分不清专家言论和非专家言论的界限，面对互联网上的各种不同言论，民众都倾向于“宁可信其有”的复杂心态，从而弱化了专家的理性说服和科学澄清的效果。特别是专家的缺失，使得各种网络谣言无法得到澄清，民众的焦虑和恐慌情绪会进一步增强。例如在 2011

年由日本核辐射危机引发的“抢盐风波”中，在事件发生的前期，当互联网上呈现“食盐可防辐射”的声音时，专家并没有对其进行解释和澄清，导致了民众恐慌情绪的增加，最终“抢盐风波”开始向全国蔓延。相反，之后，一些科学家通过微博和论坛等方式对“食盐并不会有助于防止辐射”进行了专业的论证，从而在相当程度上缓解了民众的紧张情绪。

专家通过提供专业咨询和科普推广等方式来缓解民众的紧张和恐慌情绪，这主要涉及到两个方面的问题：第一，专家的介入要及时。如果专家不能及时地介入，一些非专家就可以借助专家的名义来误导民众，而在“首因效应”的作用之下，这些非专家的错误观点就有可能被民众视为“真理”，从而增加了专家情绪疏导的难度。第二，专家要积极地利用网络平台进行介入。专家介入要坚持“从网上来，到网上去”的原则，公民的很多紧张和恐慌情绪都来源于互联网的片面宣传，因此专家也要以互联网为阵地，对负面情绪加以疏导。例如在2011年的“抢盐风波”中，一些专家学者起初通过传统媒体对此进行了质疑，并没有起到良好的效果。事情的转折点是一大批的专家开通微博，并通过微博进行宣传和说明，传统媒体和网络媒体的互动和支持缓解了民众的紧张情绪。

（三）通过道歉来缓和负面情绪

目前，政府因自己的工作失误或者失信行为向民众道歉，已经成为民主政府的普遍做法。从根本上说，道歉并不能从根本上化解民众的愤怒、伤痛、攻击欲望等各种负面情绪，但是道歉行为可以表明政府一种真心悔改和认错的态度，从而有利于缓和民众的各种负面情绪。

在最近的网络事件中，民众要求政府道歉是一种常见的现象。如在“躲猫猫”事件中、“7・23”甬温线特大交通事故以及上海的“钓鱼“执法事件中，民众都要求政府进行道歉。然而，很多政府官员却不习惯于道歉，“这里既有他们放下身段的千般不愿，也有他们面对民意的不适，和对上级领导压力的内心权衡，更有他们对如何承担政治和法律责任的复杂思维。”①

道歉有助于疏导与缓和网民的负面情绪，“一方面，道歉作为一种承认自己过失的态度，能够恢复对方因为自己的行为而失去的价值和自尊，具有疗伤的效应。另一方面，道歉也是一种缓和彼此对立的武器，它能够因为自己表现出负责任的态度而重新获得对方的信任，从而减弱对方的愤怒感”。② 同时，道歉也是一门复杂的艺术，它绝对不是一种简单的应付和临时应景，道歉不能流于形式，它应是一种真诚的认错和忏悔。

首先，道歉要进行反思。道歉是政府的一次危机公关，但是又不能完全等同于危机公关。如果把道歉仅仅当成一次危机公关，就会缺失反思和改进的空间，同样的事情还会同质化地频繁发生。因此，从某种意义上说，道歉的目的就是为了反思，就是为了改正问题。政府在道歉的同时，要进行反思：造成这种后果

① 柴会群. 官员道歉十年史：从“叫好一片”到“渐入常态”. 南方周末：http://www.infzm.com/content/37742.

② 许尧. 群体性事件中的冲突升级和政府应对：(博士论文). 天津：南开大学，2011.

的原因是什么？为了避免同类事件的发生，政府应该做些什么？只有进行了反思，政府才能更深刻地认识问题，从而提出改善的可能。

再次，道歉要具有责任内涵。道歉是有过失的官员承担的一种道义上的责任，而不是政治或者法律意义上的责任担当。因此，道歉不能被政府官员拿来作为规避政治或者法律责任的手段。政府官员不能因为其道歉，获得了民众的同情，就作为逃避责任或者规避责任的借口。可以说，有过失的官员的道歉是应付危机和冲突的第一步，更重要的是对过失官员的责任追究，从而塑造政府的公信力。对政府官员的责任追究，可以使民众认识到政府的道歉并不是权宜之计，防止出现对政府道歉的"审美疲劳"。只有建立在问责基础上的道歉，才能获得民众的真正谅解。

最后，道歉要形成制度化。道歉体现了政府对民众诉求的积极回应，是民众政府的基本要求，因此道歉要形成制度化，对道歉责任的界定、道歉的主体以及道歉后的责任追究等都应该有明确的规定。政府的道歉不仅仅是一种常态化，更主要的是形成制度化，通过制度的规范来主动、积极地回应民众的诉求和不满。目前，珠海市正在建设并完善"建立政府失信行为致歉制度"，要求政府及其部门就自己的工作失误或者失信行为，通过媒体向全社会公开道歉，并形成制度化。道歉制度化是民主政府的应有之义，应该成为未来的发展方向。在此，珠海市追求道歉制度化的努力为其他地方政府提供了借鉴。

三　树立政府诚信形象

20世纪60年代初，美国心理学家阿尔伯特·艾利斯（Albert Ellis）提出了情绪管理的“ABC”理论。其中，A（Activating Events）是指不断发生的环境所引发的事件；B（Belief）是指人们所秉持的信念或者观点；C（Consequence）是指所引发的结果。它也被很多人称为“刺激—反应”理论，即通过A导致了C的发生，但是他们却忽略了B的中介。实际上，人们的行为始终受到其信念和价值的影响和制约。在网络动员发起之后，人们会对事件持有各种各样的信念和判断。为了实现有效的冲突管理，政府就应该树立诚信形象，这要做好以下两个方面的工作：

（一）注重信息的细节

在网络动员成功发起并形成网络舆论之后，特别是网络群体性事件爆发之后，政府需要对其作出回应。此时，政府的回应要注重细节，一些定性的、指责性的词汇不宜轻易发布，这可能会引起网民的反感，从而形成对政府进一步的负面评价。“网友对官方信息中的一些关键性的细节显得十分敏感。诸如‘不明真相’、‘别有用心’、‘一小撮’等官方话语体系中的怪用词汇往往也是网络舆论的焦点，许多网友都表示出对此类话语的不满”。[①] 一般情况下，把事件定性为“一小撮别有用心的人组织、

---

① 陈虹，沈申奕.新媒体环境下的危机信息沟通机制研究.现代传播，2011(3).

煽动和策划”以及“不明真相”的群众的参与，这既有贬低群众智慧之嫌，也有逃避责任之嫌。这种对事件的定位，其实是一种传统的思维模式在作祟，它也反映了信息沟通中强烈的“官本位”意识。这些词汇的轻易使用很容易将民众推向政府的对立面，从而进一步地固化甚至强化对政府的负面评价。

因此，政府在对网络动员进行回应的过程中，既不能轻易地把责任推给“别有用心的少数人”，也不能指责“不明真相”的群众，更不能和网民玩“躲猫猫”，进行空洞的回应。这些细节问题貌似无伤大雅，可是在某些情况下，这些细节会加深民众的不满和厌恶，直接地决定着他们对政府的认识和评价。

（二）与民众互动要坦诚

坦诚之所以能够有助于公民的价值重塑，提升政府的正面形象，是因为它表明了政府的这样一种态度，即政府的权力来源于民众的授权，保障民众的“知情权”是它应尽的职责。互联网打破了传统媒体相对封闭的状态，民众对知情权的呼声越来越高，政府的任何欺瞒行为都躲不过网民的“火眼金睛”，反而会引起网民更大的愤怒和更强烈的负面评价。因此，在网络动员发起之后，政府与民众的互动要秉持“坦然面对”和“坦诚沟通”。

1. 坦然面对

坦然面对是指各级政府在面对由于网络动员而引起的网络事件时，既要看到这种事件所带来的社会影响，也要正视各种网络舆论，对各种批评不回避、不反感、不恐惧。许多网络事件在一开始只是普通的网络舆论监督，只是由于政府无法坦然面对，试图采取隐瞒、欺骗和回避等手段，才引起了网民的反感和批判。

在传统社会，由于政府和民众在信息占用上的严重失衡，在面对突发性事件或者危机时，部分政府试图以隐瞒和拖延等方式来解决问题。在网络社会，政府和民众在信息占有上严重失衡的状态得到了一定的改善，政府的隐瞒和拖延行为变得不再可行，这就要求政府坦然地面对问题。“政府官员不能以对抗思维和心态来看待网络舆论，更不能把网络危机事件全然定性为带有负面及贬义色彩的‘网上炒作’。这种思维方式不仅会妨碍对网络事件的形成与发展的准确判断，贻误最佳处置时机，而且还会以处置和回应不当，造成冲突升级，带来更大的负面影响。”①例如在“躲猫猫事件“中，政府不能坦然面对网上的各种质疑，并宣布死者是由于“躲猫猫”而意外死亡。面对政府的这种隐瞒和欺骗，网民认为政府的鉴定“太过草率和不负责任，甚至有些儿戏”。之后，网络上开始流传“你今天躲猫猫了吗?”、“珍爱生命，远离躲猫猫”等充满黑色幽默的戏谑之词，与之前的“俯卧撑”、“打酱油”一起被讥讽为“中国当代三大武林绝学”。网民的这种幽默和戏谑，反映了民众对政府不能够坦然面对问题的不满和愤怒。如果政府能够坦然面对各种质疑和指责，就有可能消除各种疑虑，重塑民众和政府的信任关系。

2. 坦诚沟通

坦然面对是一种态度，如果要改善政府的形象，政府还要把

---

① 曹劲松.政府网络传播.南京:江苏人民出版社,2010,157.

这种态度贯彻到行为中去。政府与民众的坦白互动不仅要求政府要坦然面对各种问题，更要和公民进行坦诚沟通。这种坦诚沟通主要表现在以下两个方面：

第一，与媒体坦诚沟通。首先政府应该善于和传统媒体沟通；虽然由于网络动员而引起的网络事件主要在互联网上发酵，但是由于互联网缺乏独立的新闻采访权，传统媒体的内容就成为网络信息的重要来源。因此，政府应该善于通过互联网来发布信息、表明态度、答复质询等。其次，政府应该善于与网络媒体沟通。目前，互联网已经成为思想文化信息的集散地和社会舆论的放大器，只有通过与网络媒体的坦诚沟通，才能有效地化解由网络动员而引发的社会冲突。政府与网络媒体的沟通，可以通过在网站上设立新闻发言人，及时地回应网民的各种质疑，也可以通过与网络意见领袖的合作，来澄清事实、消除误解。

第二，与网民的坦诚沟通。网络动员的主体是网民，能否化解冲突、平息网民的愤怒，在很大程度上取决于政府和网民的沟通程度。政府要做到和网民坦诚沟通需要做到在网上沟通、与网民平等沟通、用网络语言沟通。政府与网民的坦诚沟通，就要首先放下身段，把网民当作平等沟通的主体，就可以拉近与网民的心理距离。同时，政府在和网民沟通时，还应该学会使用网络语言。政府在互联网上要学会用普通网民的语言来与其进行沟通，杜绝“说大话、说套话、说空话”。即使是涉及到专业主义问题时，政府也要力争用简单通俗的语言进行诠释。

四　抑制破坏性的行动意志

著名学者道格·麦克亚当、西德尼塔罗和查尔斯·蒂利把社会抗争分为有节制的抗争和逾越界限的抗争。[①] 有界限的抗争和逾越界限的抗争最根本的区别，就是在抗争中是否采用政府所认可的抗争手段。相应地，我们可以把通过互联网进行的有节制的动员称为有节制的网络动员，相反则是逾越界限的网络动员。

逾越界限的网络动员由于采取一种体制内禁止的抗争方式，它往往采用一些攻击性的暴力手段来表达诉求和追求目标，会给社会秩序带来一定的冲击，导致冲突的升级。因此要对逾越界限的网络动员进行约束，防止这种破坏性的网络动员由虚拟空间转到现实空间。这种转化的可能性则取决于行动者的意愿和能力，而对其参与行动的意愿的抑制就要使其意识到，由网络动员而发动的集体行动的参与是有成本的。如果这种成本或者代价是行动者无力或不愿承担的，就会降低行动者参与网络集体行动的意愿，这就需要从以下三个方面做起：

（一）通过网络立法约束逾越界限的网络动员

目前，网络时代公民的个人表达和公共评论已经呈现出一

① 参见道格·麦克亚当，西德尼塔罗，查尔斯·蒂利．斗争的动力．李义中，屈平译．南京：译林出版社，2006．

种众生喧哗的乱象。“从‘全民开讲’到‘全民乱讲’到‘全民全讲’,网络自由的边界似乎变得遥不可及。当人们想象的东西真的来到面前的时候,所有的人似乎都显得准备不足。天堂向左,地狱向右。我们到底是要众生平等、自由表达?还是集体癫狂、娱乐至死?这是个问题!”[①]但是,互联网并不是一个可以自由纵横的“丛林世界”,网络动员在拓展了人们表达渠道的同时,也会容易形成网络侵权。法律因其清晰的可预见性和可操作性,而为人们的网上行为制定了一个基本的框架和游行规则。因此,网络立法是约束逾越界限的网络动员、保护人们权利的重要手段。

人类从根本上是理性的动物,他们是否有意愿参与某种行动,取决于他们对参与行动的成本——收益考量。网络立法会对那些逾越界限的网络抗争方式、后果等进行明确的界定和规定,从而降低民众参与逾越界限的抗争行动的意愿。针对网络上的人肉搜索、网络暴力以及延伸到现实空间的集体行动等侵犯人们权利的行为,必须通过立法的形式对其进行惩罚和规范。

尼古拉·尼葛洛庞帝在其著作中曾经用“垂死的鱼”来描述我们现在的法律面对“数字世界”时,将会出现的窘境。尼葛洛庞帝说:“这些垂死的鱼拼命地喘着气,因为数字世界是个截然不同的地方。电脑空间的法律中,没有国家法律的容身之处。”[②]虽然尼葛洛庞帝的这段话未免过于紧张,但他的确反映出一个

---

① 陈晓.博客病了:“乱民全讲”博客如何成了垃圾场.中国新闻周刊,2006—04—13.

② 尼葛洛庞帝.数字化生存.胡泳等译.海口:海南出版社,1996,278.

现实的问题:网络时代需要新的法律规则。

目前,我国虽然已经通过了《关于互联网的经营管理办法》、《互联网信息服务管理办法》、《关于互联网的安全管理办法》等,但是这些"办法"并不是规范互联网行为的正式"法",这些行政法规和部门规章的效力较低。即使是有关互联网方面的基本法《全国人民代表大会常务委员会关于维护互联网安全的决定》和《电子签名法》以及《全国人民代表大会常务委员会关于加强网络信息保护的决定》,也没有厘清网络自由和隐私权保护的关系,对人肉搜索、网络暴力的侵权行为尚未作出明确的界定,对这些侵权行为的惩罚也缺乏具体的可操作性。

互联网立法可以通过对逾越界限的网络动员的规范和惩罚,降低人们参与这种破坏性行动的意愿。但是网络立法也有其自身的缺陷,在"数字化生存"年代,网络立法虽然有助于规范人们的行为,降低公共冲突的烈度和强度,但也存在着不少的缺陷,要通过"立法程序去遏制信息空间的犯罪活动困难重重"①。其原因在于:"网络犯罪难发现、难取证、难破案、难起诉、难定罪。即使在发达国家,网络犯罪案件被发现且被破获的也不到1%。还有立法、执法等方面存在的其他问题,这些都使得网络犯罪难以得到应有的打击。"②因此,网络立法通过对侵权行为的规定和惩罚等,降低人们参与的意愿,但是由于法律的滞后性等特点,使得这一手段运用的效果大打折扣。

---

① 吉恩·斯蒂芬斯.信息空间的犯罪活动.青少年犯罪研究,1986(10).

② 张彦,马力.论网络犯罪及其社会控制.江苏社会科学,2001(1).

我国现行的网络立法层级较低，相比较而言，国外发达国家的法律层级较高，也有较强的约束力。如美国和日本等发达国家尤其关注网络立法的效力问题，“美国和日本纷纷将互联网立法提升到国家信息化战略的层面，全面制定了有关互联网管理的法律，且多为国会立法，法律层级较高。”①因此我国应该提高网络立法的层级，尽快出台信息安全法和个人信息保护法等，为互联网的发展和用户权益的保障提供坚实的法律基础。同时，“要进一步建立和健全互联网建设和管理的相关法律法规，明确各机构的职责分工，加快制定完善网络管理的制度和设施，将行政手段和法治手段有机结合起来，加大依法管理的力度，实现有效多元的统一监管，促进互联网管理迈上制度化、规范化和法治化的轨道”。②

（二）对逾越界限的网络动员的“反动员”

网络立法是以强制和威慑的方式降低人们参与逾越界限的网络动员的意愿，这种硬性方式具有僵化性和低认同度等特点。因此通过柔性的方式对逾越界限的网络动员进行“制动”，就成为降低人们参与意愿的重要替代选择，这主要是通过两点完成的：

1. 加强网络舆情监测

对网络舆情的准确认识和把握，是对逾越界限的网络动员进行制动的重要前提，因此要特别重视对网络舆情的监测。网

① 谢永江，纪凡凯. 论我国互联网管理立法的完善. 国家行政学院学报，2010(5).

② 施雪华. 互联网与中国社会管理创新. 学术研究，2012(6).

络舆情的监测有赖于网络舆情监测网的建立，它由网络舆情站、舆情监测点和舆情监测员三个层次组成，通过这种监测可以及时发现和掌握各种网络舆情的信息源，并有助于分析这种动员行动究竟是有节制的网络动员还是逾越界限的网络动员。

加强网络舆情的监测，首先要注重网络舆情的跟踪机制，即通过对海量的互联网信息进行搜集，从而将网络舆情或者网络舆论热点问题收集起来，作为进一步分析的依据。其次要加强网络舆情的分析机制，对网络舆情的形成、传播和发展的网络生态系统进行具体剖析，找出信息来源、传播路径和网民的诉求等。再次要注重网络舆情的干预机制，在对网络舆情进行细致的评估之后，寻求合适的时机进行干预，从而最大程度地消除网络动员的负面影响。

2. 关注网民的现实诉求

网民之所以响应和参与逾越界限的网络动员，在很大程度上，是由于他们的很多诉求在网下的现实世界无法得到表达和满足。这就需要政府与网民真诚、耐心地沟通，了解他们的现实诉求。“如果网民正确的思想诉求以及对政府公共行政的意见和要求能够在现实社会空间得到及时、合理的解决，那么公民就没有必要在网络社会作为网民再去发动对国家政治稳定有负面影响的破坏性网络政治动员了。”①网民的诉求虽然通过互联网的平台释放出来，但是其根源却来源于现实的世界，只有解决好

---

① 张雷.思想政治工作是消解破坏性网络动员的有效途径.思想政治工作研究，2010(2).

现实世界的各种问题，才能从根本上解决问题。

（三）明确责任主体，进行责任追究

互联网的匿名性、分散性和无中心性等特点，带来了责任确定和责任追究的难度，但是这并不意味着网民可以在互联网上无所顾忌地发言和表达，当网民的表达或者动员对他人的权利进行侵害或者冲击了社会秩序时，就要对其进行责任追究。总的来说，责任确定和责任追究是抑制网民破坏性行动意志的最主要途径。

对网络动员的行动者的责任追究主要表现在两个方面：第一，对行动者的不当言论追究。国家保障公民的网络表达自由，并不意味着这种表达是绝对的，它要遵循合法性原则、合目的性原则以及比例原则等。这就是公民在互联网上的表达不能引起“清楚而即刻的危险”。例如在2008年西藏“3・14”事件中，有的藏独分子在互联网上声称藏族人民受到汉族人民的压迫，号召人们起来反对汉族人民。这种言行并不受到法律的保护，需要对其进行责任追究。第二，这种责任追究还表现在对行动者的行为追究上。网民被动员起来参与集体行动，也必须遵循现实的法律，不能裹挟民意，冲击正常的社会秩序。在“3・14”事件中，一些民众在拉萨市区的主要路段实施打砸抢烧，焚烧过往车辆，追打过路群众，这些行为是对他人权利的严重侵害，应当根据现有的法律对其进行依法追究。但是，政府对行动者的责任追究必须有严格的限制和约束，以防止政府借责任追究干涉言论的自由市场，这不仅不利于冲突的解决，反而有可能导致冲突的升级甚至失控。

结 论

与西方国家相比，中国的网络动员承载了人们过多的期望，它之所以能够引起人们如此的关注，是由于现实利益表达渠道的受阻，它是对现实表达渠道阙失的一种救济。或者说，网络动员功能被过度开发是由于现实的公共表达功能贫血造成的。在民众的现实表达渠道受到阻滞的情况下，互联网就成为公民“发声”的重要平台。同时，在各种网络冲突或者网络群体性事件中，网络动员都成为推动事件发生和发展的重要机制。

在互联网时代，网络动员成为隐藏于网络群体性事件背后的重要推手。本文主要研究了以下两个问题：第一，网络动员自身的规律性研究，即网络动员是如何成功发起的；第二，当涉及冲突的主体为强势群体和弱势群体的成员时，网络动员对冲突的双方有何不同影响。

认知、情绪、评价和意志等主观因素会影响到民众的网络参与。具体地说，影响公民卷入网络动员的主观因素包括判断相似、价值相同、情绪共振和目标趋同。同时上网条件和网络技能等客观因素也直接地影响着民众的网络参与。一些调节性的因素虽然不能直接地影响民众的网络参与,但是它们通过影响民众的认知和态度,也会间接地影响着民众的网络参与。这些调节因素主要包括公民参与的成本和收益计算、动员者的信誉和公信力、公民兴趣和公民的参与经历等。

一般地说,网络动员都会经历热场、归因、吁求和释疑等阶段,而网络动员能否成功发起在很大程度上取决于公民的动员策略。有效的网络动员策略往往包括具象化叙事、草根式表达和苦难式叙事。网络动员首先需要对事件的细节进行回顾和审视,让人有身临其境之感。虽然网络动员往往需要精英的引领,但是它必须符合"草根"的诉求,这就是网络动员中的"民粹化"现象。同时网络动员也往往以"悲"和"苦"作为话语策略,以此强调事件的道德震撼性,增强网民的情感投入程度。

当前中国社会的冲突以强势群体和弱势群体之间的博弈为主。网络动员可以迅速地改变冲突双方的博弈格局,它极大地改变了强势群体和弱势群体实力极不对称的现实,提升了弱势群体对抗强势群体的博弈能力。网络动员对强势群体和弱势群体的影响是不同的,它主要表现在认知、评价、情绪和意志四个方面。在认知方面,强弱双方首先对信息传播有着不同的取向,它表现为强势群体倾向于隐瞒信息或者说希望相关信息不要进一步传播,而弱势群体则希望公开信息,吸引更多人的关注。强势群体和弱势群体对相关的信息也采取不同的态度,强者能够相对理智地进行客观分析,而弱者更容易盲信他人;在评价方面,网络动员使得民众对强弱双方的评价结果截然不同。一般地说，强势群体更容易被“污名化”，成为憎恨的对象；而弱势群体的形象则有可能被美化，成为抗争的“英雄”，或者由于其悲惨遭遇而成为民众同情的对象。在情绪方面，情绪感染对强弱双方的影响是不同的。一般地说，面对着汹涌澎湃的民意，强者通常会采取隐忍策略。在民意沸腾之下，强者所能采取的态度只能是隐忍和道歉，并有可能反思自己的行为。而弱者则更容易受到情绪的感染，放大原来的不满和怨恨并会发泄不满情绪；在意志方面，强势群体和弱势群体对冲突解决的时间具有不同的取向，它表现为着急与不急。为了不至于使得冲突的结果完全失控，强者往往会倾向于迅速处置冲突，不让这种不利于自己的态势继续发展下去，而弱者则不急于达成协议，因为更多人的参与对他们而言是更多的收益，而不是损失。此外，强势群体和弱势群体对诉求内容也有不同的取向，它表现为让步与提价。面对沸腾的民意，为了把冲突“控制”在一定的范围之内，强者往往愿意做出一定的妥协和让步，以表明自己的心意。但对于弱者一方而言，他们往往会利用民意进行提价，从而追求更多的收益。

本书的创新主要有以下几点：

第一，研究了有效的网络动员策略。网络动员的成功发起需要采取有效的动员策略，这样动员信息才不至于湮没于网络信息的海洋之中，而无人问津。作者通过研究得出，成功的网络动员往往采取具象化叙事、草根式表达和苦难式叙事策略。

第二，研究了网络动员对于强势群体和弱势群体的不同影响。网络动员提升了弱势群体对抗强势群体的博弈能力，改变了冲突双方的博弈格局。这种影响主要是通过认知、情绪、意志和评价等冲突方的主观因素而实现的。

第三,强调要建立互联网的自我约束机制。目前我国的互联网管理主要采用法律控制和技术控制,这是一种硬性的控制方式。本书认为,要建立互联网的自我约束机制,发挥网络意见领袖的特殊作用,坚持“以网治网”,这应该是互联网管理的重要发展趋势。

本书的不足主要表现为以下两个方面:

第一,强势群体和弱势群体的分类不清晰。在网络社会,弱势群体和强势群体的界限已经不是非常清晰可辨,而且经常发生变化。特别在强势的政府面前,任何个人都有可能成为弱势群体的一员。

第二,研究方法上存在着不足。本书采用了虚拟民族志的研究方法,深入到网络论坛、博客或者QQ(群)去观察网络动员是如何发生的。但是这种研究方法无法管窥网络动员的全貌,因为一些有关网络群体性事件的重要动员信息,特别是以政府为抗争对象的动员信息大多都存在着被删帖的现象,这种研究方法使得一些重要的动员信息无法获知。因此,在以后的研究中,还应该采用访谈法,通过对网络动员行动者的访谈获得更为全面的动员信息。

参考文献

英文文献

[1] Aelst, Peter Van, Stefaan Walgrave, New media, new movements? The role of the internet in shaping the"anti-globalization"movement, Information, *Communication & Society*, 2002(5).

[2] Almeida, Paul D., Mark Irving Lichbac, To the Internet, From the Internet: Comparative Media Coverage of Transnational Protests. *Mobilization: An International Quarterly*, 2003(8).

[3] Andrew, Chadwick, Philip N. Howard, *Handbook of Internet Politics*, Routledge, 2003.

[4] Ayres, Jeffrey M., From the Streets to the Internet: The Cyber-Diffusion of Contention. *The Annals of the American Academy of Political and Social Science*, 1999(1).

[5] Berlet, Chip, Reevaluating the Net, *Intelligence Report*, 2001(102).

[6] Best, Samuel J., Brian S. Krueger, Analyzing the representativeness of internet political participation. *Political Behavior*, 2005.

[7] Bimber, Bruce, The Internet and Political Mobilization: Research Note on

the 1996 Election Season. *Social Science Computer Review*,1998(16).

[8] Bimber, Bruce, The Internet and Political Transformation: Populism, Community,and Accelerated Pluralism. *Polity*,1998(31).

[9] Bruce Bimber. The Study of Information Technology and Civic Engagement,*Political Communication*,2000 (17).

[10] Chowdhury,Mridul,The Role of the Internet in Burma's Saffron Revolution,Berkman Center Research Publication,2008—09—01.

[11] Clark,John D. ,Nuno S. Themudo,Linking the web and the street:Internet-based "dotcauses" and the "anti-globalization" movement,*World Development*,2006(34).

[12] Eltantawy,Nahed,Julie B. Wiest,Social Media in the Egypitan Revolution:Reconsidering Resource Mobilization Theory. *International Journal of Communication*,2011(5).

[13] Garrett,Kelly R. ,Protest in an Information Society:A Review of Literature on Social Movements and New ICTs. *Information,Communication and Society*,2006 (2).

[14] Gillmor,Dan,Here Comes"We Media". *Columbia Journalism Review*, 2003(6).

[15] Hara, Noriko, Internet use for political mobilization voices of participants. *American Journal of Sociology*,2009(5).

[16] Hara,Noriko,Zilia Estrada,Analyzing the mobilization of grassroots activities via the internet:a case study,*Journal of Information Science*,2005(31).

[17] Huang, BiYun, Analyzing a Social Movement's Use of Internet: Resource Mobilization,New Social Movement Theories and the Case of Falun Gong, ProQuest LLC,2009.

[18] Huang,Ronggui,Ngai-ming Yip,Internet and Activism in Urban China: A Case Study of Protests in Xiamen and Panyu. *Journal of Comparative Asian Development*,2012(3).

[19] Hughes,Christopher R. ,Gudren Wacker, *China and Internet:politics of the digital leap forward*. Rountledge Curzon,2003.

[20] Hooghea,Marc,Sara Vissersa,Dietlind Stolleb,The Potential of Internet Mobilization:An Experimental Study on the Effect of Internet and Face-to-Face Mobilization Efforts,*Political Communication*,2010(27).

[21] Kavada,Anastasia,Exploring the role of the Internet in the "movement for alternative globalization":The case of the Paris 2003 European Social Forum, *Political Studies Association*,2006(3).

[22] Krueger,Brian S. ,A Comparison of Conventional and Internet Political Mobilization,*American Politics Research*,2006(34).

[23] Krueger,Brian S. ,A Comparison of Conventional and Political Mobilization,*American Politics Research*,2006(34).

[24] Levin, Brian, Cyberhate: a Legal and historical analysis of extremists' use of computer networks in America, *American Behavioral Scientist*,2002(45).

[25] Lohmann,Susanne,The Dynamics of Information Cascades:The Monday Demonstrations in Leizing, East Germany, 1989—1991. *World Politics*, 1994(47).

[26] Lucy, Erik P. , Social Access to the Internet, *Harvard International Journal of Press/Politics*,2000(5).

[27] Lupia,Arthur,Osela Sin,Which Public Goods are Endangered:How Evolving Communication Technologies Affect the Logic of Collective Action. *Public Choice*,2003(117).

[28] McCarthy, John D. , Mayer N. Zald, Resource Mobilization and Social Movements:A Partial Theory. *American Journal of Sociology*,1977(82).

[29] Pandi,Asha Rathina,Blogging and Political Mobilization among Minority Indians in Malaysia[dissertation]. ProQuest LLC,2011.

[30] Postmes,Tom,Sunzanne Brunsting,Collective Action in the Age of the Internet:Mass Communication and Online Mobilization,*Social Science Computer*

Review,2002(20).

[31] Ritvala, Tiina, Asta Salmi, Value-based network mobilization: a case study of modern environmental networkers. *Industrial Marketing Management*, 2010(39).

[32] Rojas, Hernando, Mobilizers Mobilized: Information, Expression Mobilization and Participation in the Digital Age. *Journal of Computer-Mediated Communication*, 2009(14).

[33] Sandole, Dennis, Sean Byrne & Ingrid Sandole Staroste & Jessica Senehi, *Handbook of conflict analysis and resolution*, Routledge Taylor& Francis Group, 2009.

[34] Smelser, Neil J., *Theory of Collective Behavior*, NY: Free Press, 2006.

[35] Swanstrom, Niklas, Regional Cooperation and Conflict Management: Lessons from the Pacific Rim. ProQuest LLC, 2006.

[36] Taylor, Maureen, Shuktara Sen Das, Public Relations in Advocacy: Stem Cell Research Organizations Use of the Internet in Resource Mobilization. *Public Relations Journal*, 2010(4).

[37] Tolbert, Caroline, Ramona Mcneal, Unraveling the Effects of the Internet on Political Participation? *Political Research Quarterly*, 2003(56).

[38] Vissers, Sara, Marc Hooghe & Dietlind Stolle, The Impact of Mobilization Media on Off-line and On-line Participation: Are Mobilization Effects Medium-Specific? *Social Science Computer Review*, 2012(30).

[39] Weber, Lori M., Alysha Loumakis & James Bergman, Who participates and Why?: An Analysis of Citizens on the Internet and the Mass Public. *Social Science Computer Review*, 2003(21).

[40] Whitehead, Steven D., Auto-FAQ: An Experiment in Cyberspace Leveraging. *Computer Networks and ISDN Systems*, 1995(28).

[41] Xenos, Michael, Patricia Moy, Direct and Differential Effects of the Internet on Political and Civic Engagement, *Journal of Communication*, 2007(57).

[42] Xi, Ruiyun, The Internet, Freedom of Speech, and Social Transformation: A Examination of the Impact of Cyber-Forums on Policy-Making in China. ProQuest Information Learning Company, 2005.

[43] Yang, Guobin, The co-evolution of the Internet and civil society in China, *Asian Survey*, 2003(3).

[44] Zartman, William I., Towards the Resolution of International Conflict, *Conflict Resolution Review*, 2003(10).

中文文献

一　中文译著

[1] L·科塞. 社会冲突的功能. 孙立平等译. 北京:华夏出版社,1989.

[2] 阿尔文·托夫勒. 力量转移:临近21世纪的知识、财富和暴力. 刘炳章等译. 北京:新华出版社,1996.

[3] 艾尔东·莫里斯,卡洛尔·麦克拉吉·缪勒. 社会运动理论的前沿领域. 刘能译. 北京:北京大学出版社,2002.

[4] 安德鲁·查德威克. 互联网政治学:国家、公民与新传播技术. 任孟山译. 北京:华夏出版社,2010.

[5] 安德鲁·基恩. 网民的狂欢:关于互联网弊端的反思. 丁德良译. 海口:海南出版公司,2010.

[6] 奥尔波特等. 谣言心理学. 刘水平等译. 沈阳:辽宁教育出版社,2003.

[7] 奥尔森. 集体行动的逻辑. 陈郁等译. 上海:上海人民出版社,2004.

[8] 芭芭拉·A·布贾克·科尔韦特. 谈判与冲突管理. 刘昕译. 北京:中国人民大学出版社,2009.

[9] 查尔斯·蒂利,西德尼·塔罗. 抗争政治. 李义中译. 南京:译林出版社,2010.

[10] 查尔斯·蒂利.身份、边界与社会联系.谢岳译.上海:上海人民出版社,2008.

[11] 德·吉特林.新左派运动的媒介镜像.胡正荣,张锐译.北京:华夏出版社,2007.

[12] 德尼·塔罗.运动中的力量:社会运动与斗争政治.吴庆宏译.南京:译林出版社,2005.

[13] 弗雷德·简特.利害冲突.马黎、李唐山译.北京:中国人民大学出版社,2006.

[14]加布里埃尔·A·阿尔蒙德,小G·宾厄姆·鲍威尔.比较政治学:体系、过程和政策.曹沛霖,郑石萍,公婷等译.上海:上海译文出版社,1997.

[15] 简·芳汀.构建虚拟政府:信息技术与制度创新.邵国松译.北京:中国人民大学出版社,2004.

[16] 杰克·奈特.制度与社会冲突.周伟林译.上海:上海人民出版社,2009.

[17] 凯斯·桑斯坦.网络共和国——网络社会中的民主问题.黄维明译.上海:上海人民出版社,2003.

[18] 克莱·舍基.未来是湿的.胡泳、沈满琳译.北京:中国人民大学出版社,2009.

[19] 勒庞.乌合之众——大众心理研究.冯克利译.北京:中央编译出版社,2004.

[20] 鲁恂·W·派伊.政治发展面面观.任晓,王元译.天津:天津人民出版社,2009.

[21] 罗伯特·阿克塞尔罗德.合作的进化.吴坚忠译.上海:上海世纪出版集团,2007.

[22] 曼纽尔·卡斯特.认同的力量.曹荣湘译.北京:社会科学文献出版社,2006.

[23] 曼纽尔·卡斯特.网络社会:跨文化的视角.周凯译.北京:社会科学文献出版社,2009.

[24] 曼纽尔·卡斯特.网络社会的崛起.夏铸九等译.北京:社会科学文献出

版社,2003.

[25] 孟德斯鸠.论法的精神.张雁深译.北京:商务印书馆.2004.

[26] 密尔.论自由.程崇华译.北京:商务印书馆,1996.

[27] 让-诺埃尔·卡普费雷.谣言:世界最古老的传播.郑若麟译.上海:上海人民出版社,2008.

[28] 塞缪尔·亨廷顿.变化社会中的政治秩序.王冠华等译.上海:上海世纪出版集团,2008.

[29] 桑德拉·黑贝尔斯,理查德·威沃尔二世.有效沟通.李业昆译.北京:华夏出版社,2005.

[30] 威廉·W·威尔莫特,乔伊斯·L·霍克.人际冲突——构成和解决.曾敏昊,刘宇耘译.上海:上海社会科学院出版社,2011.

[31] 约翰·奈斯比特.大预测.郑荣译.北京:中国人民大学出版社,2006.

[32] 詹姆斯·C·斯科特.弱者的武器.郑广怀等译.南京:译林出版社,2007.

二　中文专著

[1] 蔡前.以互联网为媒介的集体行动研究.南昌:江西人民出版社,2009.

[2] 曹劲松.政府网络传播.南京:江苏人民出版社,2010.

[3] 邓万春.动员、市场风险与农民行为.武汉:湖北人民出版社,2006.

[4] 杜俊飞.沸腾的冰点:2009年中国网络舆情报告.杭州:浙江大学出版社,2010.

[5] 凡奇,李静,王力尘.网络政治动员方式与途径的探索和研究..

[6] 范逾.纠纷解决的理论与实践.北京:清华大学出版社,2007.

[7] 方兴东,王俊秀.博客——E时代的盗火者.北京:中国方正出版社,2003.

[8] 郭朝阳.冲突管理:寻找矛盾的正面效应.广州:广东经济出版社,2000.

[9] 郭良.网络创世纪——从阿帕网到互联网.北京:中国人民大学出版

社,1997.

[10] 何明修.社会运动概论.台北:三民书局,2005.

[11] 何显明.群体性事件的发生机理及其应急处置:基于典型案例的分析研究.上海:学林出版社,2010.

[12] 胡泳,范海燕.网络为王.海口:海南出版社,1997.

[13] 胡泳.众声喧哗:网络时代的个人表达与公共讨论.桂林:广西师范大学出版社,2008.

[14] 黄少华,翟本瑞.网络社会学——学科定位与议题.北京:中国社会科学出版社,2006.

[15] 匡文波.网民分析.北京:北京大学出版社,2002.

[16] 李琼.政府管理与边界——社会冲突中的群体、组织和制度分析.北京:新华出版社,2007.

[17] 李永刚.我们的防火墙:网络时代的表达与监管.桂林:广西师大出版社,2009.

[18] 刘力锐.基于网络政治动员态势的政府回应机制研究.沈阳:东北大学出版社,2012.

[19] 孟威.网络互动:意义诠释与规则探讨.北京:经济管理出版社,2004.

[20] 邱林川,陈韬文.新媒体事件研究.北京:中国人民大学出版社,2011.

[21] 汝信,陆学艺,李培林.2005 年中国社会形势分析与预测.北京:社会科学文献出版社,2004.

[22] 孙立平,晋军,何江穗等.动员与参与——第三部门募捐机制个案研究.杭州:浙江人民出版社,1999.

[23] 孙立平.博弈——断裂社会的利益冲突与和谐.北京:社会科学文献出版社,2006.

[24] 谭东生.战争动员学.北京:军事科学出版社,1997.

[25] 唐明勇,孙晓晖.危机与应对:新中国视野下的危机事件与社会动员个案研究.北京:中国党史出版社,2010.

[26] 王好.如何进行冲突管理.北京:北京大学出版社,2003.

［27］王四新.网络空间的表达自由.北京：社会科学文献出版社，2007.

［28］谢岳.抗议政治学.上海：上海教育出版社，2010.

［29］谢耘耕.新媒体与社会.上海：上海交通大学出版社，2011.

［30］叶皓.突发事件的舆论引导.南京：江苏人民出版社，2009.

［31］叶皓.正确应对网络事件：政府新闻学网络案例.南京：江苏人民出版社，2009.

［32］应星.“气”与抗争政治：当代中国乡村社会稳定问题研究.北京：社会科学文献出版社，2011.

［33］余红.网络时政论坛舆论领袖研究——以强国社区“中日论坛”为例.武汉：华中科技大学出版社，2010.

［34］喻国明.中国社会舆情报告(2011).北京：人民日报出版社，2011.

［35］臧国仁.新闻媒体与消息来源——媒介框架与真实建构之论述.台北：三民书局，1999.

［36］曾鹏.社区网络与集体行动.北京：社会科学文献出版社，2008.

［37］赵鼎新.社会与政治运动讲义.北京：社会科学文献出版社，2006.

［38］邹军.看得见的“声音”：解码网络舆论.北京：中国广播电视出版社，2011.

三　中文论文

［1］白淑英，肖本立.新浪微博中网民的情感动员.兰州大学学报(社会科学版)，2001(5).

［2］曹阳，樊弋滋，彭兰.网络集群的自组织特征：以“南京梧桐树事件”的微博维权为个案.南京邮电大学学报(社会科学版)，2011(3).

［3］常健，方扬.论公共冲突管理中表达渠道与互动平台的平衡.学习论坛，2011(5).

［4］常健，金瑞.论公共冲突过程中谣言的作用、传播与防控.天津社会科学，2010(6).

[5] 常健,李婷婷.我国现阶段的公共冲突及其治理.理论探索,2012(6).

[6] 常健,许尧.论公共冲突管理的五大机制建设.中国行政管理,2010(9).

[7] 常健,许尧.论公共冲突治理的三个层次及其相互关系.学习与探索,2011(2).

[8] 陈东冬.网络谣言的治理困境与应对策略.云南行政学院学报,2012(3).

[9] 陈虹,沈申奕.新媒体环境下的危机信息沟通机制研究.现代传播,2011(3).

[10] 陈虹,朱啸天.结构公共事件中的微博能量——以"微博打拐"事件为例.新闻记者,2011(5).

[11] 陈华.互联网社会动员的初步研究:(博士论文).北京:中共中央党校,2011.

[12] 陈洁.BBS:中国公共领域的曙光.中国青年研究,1999(5).

[13] 陈强,徐晓林.网络群体性事件演化要素研究.情报杂志,2010(11).

[14] 陈映芳.贫困群体利益表达渠道调查.战略与管理,2003(6).

[15] 陈映芳.行动力与制度限制:都市运动中的中产阶级.社会学研究,2006(4).

[16] 陈勇,王剑.群体性突发事件中的谣言控制——以"瓮安事件"为例.当代传播,2009(3).

[17] 邓希泉.网络集群行为的主要特征及其发生机制研究.社会科学研究,2010(1).

[18] 丁慧民,韦沐,杨丽.网络动员及其对高校政治稳定的冲击与挑战.北京青年政治学院学报,2006(2).

[19] 杜骏飞.网络群体事件的类型辨析.国际新闻界,2009(7).

[20] 范立国,王红斌.网络虚拟社会的现实化管理问题研究.东北师大学报(哲学社会科学版),2010(6).

[21] 费爱华.新形势下的社会动员模式研究.南京社会科学,2009(8).

[22] 甘泉,骆郁廷.社会动员的本质探析.学术探索,2011(12).

[23] 高恩新.互联网公共事件的议题建构与共意动员——以几起网络公共

事件为例.公共管理学报,2009(4).

[24] 高芸.网络场域中的青年动员研究.中国青年研究,2010(8).

[25] 关梅."网络暴力"现象的成因及对策.新闻世界,2010(5).

[26] 管勤积.动员、话语和机遇——以D厂为个案分析集体行动成功的核心因素.中国社会学网:http://www.sociology2010.cass.cn/news/378849.htm.

[27] 郭景萍.集体行动的情感逻辑.河北学刊,2006(2).

[28] 韩恒.网下聚会:一种新型的集体行动——以曲阜的民间祭孔为例.青年研究,2009(6).

[29] 韩鸿.参与和赋权:中国乡村社区建设中的参与式影像研究.国际新闻界,2011(6).

[30] 韩志明.利益表达、资源动员与议程设置——对于"闹大"现象的描述性分析.公共管理学报,2012(2).

[31] 何国平.网络群体事件的动员模式及其舆论引导.思想政治工作研究,2009(9).

[32] 胡春阳.欧美博客研究综述.现代传播,2006(4).

[33] 胡泳.谣言作为一种社会抗议.传播与社会学科,2009(9).

[34] 胡泳.中国的互联网与社会动员.二十一世纪,2011(3).

[35] 黄豁."体制性迟钝"的风险.瞭望,2007(4).

[36] 黄丽娜.论正在形成的网络公共领域.西南交通大学学报(社会科学版),2008(5).

[37] 黄荣贵,桂勇.互联网与业主集体抗争:一项基于定性比较分析方法的研究.社会学研究,2009(5).

[38] 黄荣贵,张涛甫,桂勇.抗争信息在互联网上的传播结构及其影响因素:基于业主论坛的经验研究.新闻与传播研究,2011(2).

[39] 黄荣贵.互联网与抗争行动:理论模型、中国经验及研究进展.社会,2010(2).

[40] 黄寿松.网络时代社会冲突与个人道德自律.学术论坛.2001(2).

[41] 黄淑贞,朱丽丽.网络事件中的阶层冲突.南京邮电大学学报(社会科学

版),2010(3).

[42] 黄卫星,苏国卿.受众心理视角下的网络谣言生成与治理——以"艾滋女"事件为例.中州学刊,2011(2).

[43] 计慧慧.微博呼吁何以引发现实集体行动——以"微博打拐"事件为例.青年记者,2011(12).

[44] 纪宝成.单纯"效率导向"导致冲突加剧.人民论坛,2011(8).

[45] 揭萍,熊美保.网络群体性事件及其防范.江西社会科学,2007(9).

[46] 赖光昌.试论网络规范的构建.广西民族学院学报(哲学社会科学版),2004(6).

[47] 蓝晨英.网络集结与网络动员.中华传播学会,2002(4).

[48] 乐国安,薛婷,陈浩.网络集群行为的定义、和分类框架初探.中国人民公安大学学报,2010(6).

[49] 乐国安.网络集群行为过程分析.人民论坛,2010(13).

[50] 李德满.十年来中国抗争运动研究述评.社会,2009(6).

[51] 李方.直斥网络暴民相当于以暴易暴.南方都市报,2006—06—16.

[52] 李金龙,黄峤.挑战与应对:网络群体性事件下的政府信息管理.湖南师范大学学报(社会科学版),2010(1).

[53] 李琼.转型期我国社会冲突研究综述.学术探索,2003(10).

[54] 李苏鸣.快闪族行动与群体突发事件.公安研究,2005(6).

[55] 李婷玉.网络集体行动发生机制的探索性研究——以2008年网络事件为例.上海行政学院,2011(2).

[56] 刘俊波.冲突管理理论初探.国际论坛,2007(1).

[57] 刘力锐,张雷.网络政治动员的消极影响及治理.石家庄学院学报,2006(1).

[58] 刘力锐.论我国网络民意的特征与政府回应.求实,2009(6).

[59] 刘力锐.西方网络动员研究的进程:领域、议题及启示.当代社科视野,2012(6).

[60] 刘能.怨恨解释、动员结构和理性选择——有关中国都市地区集体行动

发生可能性的分析.开放时代,2004(4).

[61] 刘琼.网络动员的作用机制与管理对策.学术论坛,2010(8).

[62] 刘威.慈善资源动员的权力边界意识:国家的视角.东南学术,2010(4).

[63] 刘旭涛,周晓燕.多少官员患有"网络恐惧症".人民论坛,2010(13).

[64] 刘毅.媒体微博的社会动员功能:一般策略及优势探析——以"海南蕉急"事件为例.人民网:http://media.people.com.cn/GB/22114/150608/224604/17215253.html.

[65] 刘勇.利益差异效能累加:群体冲突的触发根源——以斯梅尔塞的"价值累加理论"为解释框架.福建论坛(人文社会科学版),2011(1).

[66] 娄成武,刘力锐.论网络政治动员:一种非对称态势.政治学研究,2011(2).

[67] 芦红,吕庆华.冲突管理:研究动态与展望.广西财经学院学报,2009(2).

[68] 吕德文.媒介动员、钉子户与抗争政治:宜黄事件再分析.社会,2012(3).

[69] 罗楚湘.网络空间的表达自由及其限制——兼论政府对互联网内容的管理.法学评论,2012(4).

[70] 罗龙女.价值累加理论框架下的群体性事件解析——以石首事件为例.领导科学,2010(2).

[71] 罗艳.网络时代的多元化公共领域.青年记者,2007(10).

[72] 马新建.冲突管理:一般理论命题的理性思考.东南大学学报(哲学社会科学版),2007(3).

[73] 孟伟.建构公民政治:业主集体行动策略及其逻辑.华中师范大学学报,2005(5).

[74] 孟卧杰.论政府网络监管的正当性及其有效改进——以"谷歌事件"为表述对象.湖北行政学院学报,2010(5).

[75] 彭兰.媒体微博传播的策略选择.中国记者,2011(2).

[76] 彭兰.网络传播与社会人群的分化.上海师范大学学报(哲学社会科学

版),2011(2).

[77] 彭兰.现阶段中国网民典型特征研究.上海师范大学学报(哲学社会科学版),2008(6).

[78] 齐明山,陈虎,刘孋毅.论公共组织冲突管理机制的嬗变.新视野,2007(4).

[79] 齐杏发.意义与限度:华南虎照片事件中的公民社会视角.社会科学家,2008(7).

[80] 琼尼·琼斯.社会媒体与社会运动.陈后亮译.国外理论动态,2012(8).

[81] 裘丽,傅荣,陈碧玉.互联网大规模灾害响应中的志愿行动网络研究.公共管理学报,2012(3).

[82] 任孟山.政治机会结构、动员结构和框架过程——当代互联网与社会运动的一个分析框架及案例考察.中国青年政治学院学报,2011(6).

[83] 师曾志.沟通与对话:公民社会与媒体公共空间——网络群体性事件形成机制的理论基础.国际新闻界,2009(12).

[84] 施爱东.谣言的鸡蛋情绪——钱云会案的造谣、传谣与辟谣.民俗研究,2012(2).

[85] 石发勇.关系网络与当代中国基层社会运动:以一个街区环保运动个案为例.学海,2005(3).

[86] 宋维强.中国农民群体性事件研究(博士论文).天津:南开大学,2006.

[87] 孙健,徐祖迎.网络舆论监督及其规范.中国行政管理,2011(12).

[88] 孙静.网络群体性事件参与者心理特点与疏导.中国人民公安大学学报(社会科学版),2010(2).

[89] 孙炜."我们是谁":大众媒介对于新社会运动的集体认同感构建——厦门PX项目事件大众媒介报道的个案研究.新闻大学,2007(3).

[90] 孙晓晖.网络群体性事件中执政公信力的流失及其防范——基于社会动员的分析视角.理论与改革,2010(4).

[91] 孙晓晖.中国应对自然灾害的社会动员问题刍议.江西社会科学,2009(11).

[92] 唐超.网络情绪演进的实证研究.情报杂志,2012(10).

[93] 唐杰.互联网发展对社会抗议的影响研究.社会科学辑刊,2007(6).

[94] 宛恬伊.虚拟社会的集群行为:基于四个网络事件的分析.青年研究,2010(4).

[95] 汪建华.互联网动员与代工厂工人集体抗争.开放时代,2011(11).

[96] 王国勤.当代中国"集体行动"研究述评.学术界,2007(5).

[97] 王海明,任娟娟,黄少华.青少年网络行为特征及其与网络认知的相关性研究.兰州大学学报(社会科学版),2005(4).

[98] 王宏伟,董克用.应急社会动员模式的转变:从"命令型"到"治理型".国家行政学院学报,2011(5).

[99] 王晶晶,张浩.冲突管理策略理论述评.经济与社会发展,2007(10).

[100] 王扩建.网络群体性事件:特性、成因及对策.中共南京市委党校学报,2009(5).

[101] 王敏,覃军.网络社会政府危机信息传播管理的困境与对策.当代世界与社会主义,2012(1).

[102] 王锡锌.政府信息公开语境中的"国家秘密".政治与法律,2009(3).

[103] 王英.网络事件中的符号运作技巧——以"小百合 BBS 汉口路西延事件"为例.东南传播,2009(10).

[104] 王英.网络新社会运动中的集体认同感构建.人民网:http://media.people.com.cn/GB/137684/10595704.html.

[105] 韦长伟."问题化"逻辑:弱势群体抗争的一种解释.理论与改革,2011(5).

[106] 魏娟,杜骏飞.网络集群事件的社会心理分析.青年记者,2009(28).

[107] 翁定军.冲突的策略:以 S 市三峡移民的生活适应为例.社会,2005(2).

[108] 吴廷俊.新媒体时代中国舆论监督的新议题:网络揭黑.现代传播(中国传媒大学学报),2011(1).

[109] 谢建芬.论网络群体性事件中的社会建构机制构建.前言,2010(22).

［110］谢金林. 情感与网络抗争动员——基于湖北“石首事件”的个案分析. 公共管理学报，2012(1).

［111］谢进川. 互联网与群体性事件研究综述. 现代传播，2010(8).

［112］谢良兵. 厦门 PX 事件：新媒体时代的民意表达. 中国新闻周刊，2007(20).

［113］谢耘耕，荣婷. 微博舆论生成演变机制和舆论引导策略. 现代传播，2011(5).

［114］刑彦辉，丁咪. 群体性事件网络谣言形成、传播及控制. 中国记者，2010(9).

［115］徐武生. 政府—社会—公民的良性互动：政府应对网络群体性事件的善治之道. 当代世界与社会主义，2011(1).

［116］徐祖迎. 网络监督中应处理好的四对关系. 中州学刊，2011(4).

［117］许尧. 群体性事件中的冲突升级与政府应对(博士论文). 天津：南开大学，2011.

［118］阎志刚. 转型时期应加强对社会冲突的认识和调控. 江西社会科学，1998(5).

［119］杨斌艳. 网络群体事件中网民的心理分析. 网络传播，2009(9).

［120］杨飞龙，王军. 网络空间下中国大众民族主义的动员与疏导. 黑龙江民族丛刊，2010(1).

［121］杨国斌. 互联网与中国的公民社会. 二十一世纪，2011(4).

［122］杨菁，沈小蓉. 网络动员中国非政府组织的作用研究. 电子科技大学学报(社科版)，2010(2).

［123］杨渝南. 公共危机中的社会动员战略研究：以汶川大地震为例. 电子科技大学学报(社科版)，2010(2).

［124］杨卓超. 论人肉搜索的合法界限. 行政与法，2009(7).

［125］应星. “气场”与群体性事件的发生机制——两个个案的比较. 社会学研究，2009(6).

［126］应星. 草根动员与农民群体利益的表达机制——四个个案的比较研

究.社会学研究,2007(2).

[127] 于建嵘.当前我国群体性事件的主要类型及其基本特征.中国政法大学学报,2009(6).

[128] 于建嵘.集体行动的原动力机制研究——基于H县农民维权抗争的考察.学海,2006(2).

[129] 于建嵘.利益、权威和秩序——对村民对抗基层政府的群体性事件的分析.中国农村观察,2000(4).

[130] 于建嵘.中国的社会泄愤事件与管制困境.当代世界与社会主义,2008(1).

[131] 张加春.网络运动:社会运动的网络转向.首都师范大学学报(社会科学版),2012(4).

[132] 张健挺.网络暴力、信息自由与控制.中国地质大学学报(社会科学版),2009(5).

[133] 张荆红.价值要素:转型中国群体事件研究的重要维度.湖北行政学院学报,2011(4).

[134] 张荆红.价值主导型群体事件中参与主体的行动逻辑.社会,2011(2).

[135] 张雷,刘曙光.论网络政治动员.东北大学学报(社会科学版),2008(2).

[136] 张雷.思想政治工作是消解破坏性网络动员的有效途径.思想政治工作研究,2010(2).

[137] 张磊.业主维权运动:产生原因及动员机制——对北京市几个小区个案的考察.社会科学研究,2005(6).

[138] 张明善,占英春.网络舆情传播对群体性突发事件的影响模型.西南民族大学学报(自然科学版),2011(3).

[139] 张瑞孺."网络暴力"行为主体特征的法理分析.求索,2010(12).

[140] 张涛甫.网络动员:中国特色的社会动员.二十一世纪,2011(6).

[141] 张维平.突发公共事件社会力量的动员与参与机制的社会学分析.新疆社会科学,2007(2).

[142] 张小兵.网络表达与社会稳定.中国人民公安大学学报(社会科学版),2009(3).

[143] 张彦,马力.论网络犯罪及其社会控制.江苏社会科学,2001(1).

[144] 章友德,周青松.网络动员的结构和模式——以“小雪玲救助案”为例.政工研究动态,2008(8).

[145] 章友德,周青松.资源动员和网络中的民间救助.社会,2007(3).

[146] 赵金,叶匡政,张修智.网络群体性事件之上看下看.青年记者,2009(19).

[147] 赵鹏.“典型群体性事件”的警号.瞭望,2008(36).

[148] 赵万里,王菲.网络事件、网络话语与公共领域的重建.兰州大学学报(社会科学版),2009(5).

[149] 赵振祥,刘毅.微博救助行动的舆论动员结构探析.重庆工商大学学报(社会科学版),2012(3).

[150] 郑根成.人肉搜索的伦理反思.道德与文明,2010(5).

[151] 郑杭生,杨敏.当前我国社会矛盾的新特点及其正确处理.中国特色社会主义研究,2006(4).

[152] 郑萍.中国传媒公共领域探究——基于学界的争论.中国行政管理,2010(1).

[153] 郑永廷.论现代社会的社会动员.中山大学学报(社会科学版),2000(2).

[154] 郑永晓,汤俏.“网络暴力”喧嚣背后的政治与文化.西北师大学报(社会科学版),2009(6).

[155] 钟玉明,郭奔胜.社会矛盾新警号.瞭望,2006(42).

[156] 周葆华.突发公共事件中的媒体接触、公众参与与政治效能——以“厦门 PX 事件”为例的经验研究.开放时代,2011(5).

[157] 周裕琼.网络新谣言研究——以胡斌“替身”说为例.深圳大学学报(人文社会科学版),2010(4).

[158] 朱力,卢亚楠.现代集体行为中的新结构要素——网络助燃理论探讨.

江苏社会科学,2009(6).

[159] 朱力,谭贤楚.我国救灾的社会动员机制探讨.东岳论丛,2011(6).

[160] 朱力.暴雨下的中国式社会动员.人民论坛,2008(4).

附　录

案例 1:厦门 PX 事件

风波由来

厦门 PX 项目是指台资企业腾龙芳烃(厦门)有限公司投资的,将在厦门海沧区兴建的计划年产 80 万吨对二甲苯(PX)的化工厂的项目。

2007 年 3 月,北京人大、政协会议中,中国科学院院士赵玉芬为代表的 105 位全国政协委员联署了“关于厦门海沧 PX 项目迁址建议的议案”,成为本届政协头号议案。该议案认为,距离居民区仅 1.5 公里的 PX 项目存在泄漏或爆炸隐患,厦门百万居民面临危险,呼吁厦门 PX 项目立即停工并迁址。但本议案并未通过。该投资项目仍然得到厦门市委、市政府的鼎力支持。但政府却对外封锁消息,民众在很长时间内都不知情。

互联网和短信的介入

由于厦门政府对当地媒体的管制，厦门PX事件并未等到人们的关注。人们关于PX厦门的零星报道都是通过外地媒体而获知。网络论坛通过转载的方式披露了PX项目的全过程，在前期影响最大的是厦门的当地论坛——“小鱼论坛”，在“小鱼论坛”上，所有传统媒体的报道都被转载，并成为网民热议的对象。针对“小鱼论坛”的报道对当地政府造成的被动局面，厦门市政府不动声色地进行了反击——对其进行关闭。小鱼论坛于5月28日被关闭，首页的提示信息以红色字体写到社区部分帖子有违法行为，“在相关违法信息被清理完后，社区会重新开放”。之后厦门网民开始转战天涯论坛和猫扑等全国性的论坛进行发帖和讨论。

在反对厦门PX项目的行动中，QQ群也发挥了重要作用，其中影响最深远的是由吴贤等创立的“还我厦门碧水蓝天”群。由于参与QQ讨论人数的迅速增加，“还我厦门碧水蓝天”迅速扩展到了1、2、3群，而且往往通过群公告的形式进行引导。在PX事件的初期，该群主要讨论的是PX项目的危害，到了6月1日大游行之后，政府开始对PX项目进行环评，此时，“还我厦门碧水蓝天”适时地进行了动员和引导，群公告马上改成了“关注环评、反对PX”。

在厦门PX中，笔名为连岳的博客在动员中发挥了重要作用。连岳不仅在博客上转载了有关PX项目的报道，还通过博客协调人们的行动，告知人们应该怎么办。他在博客上刊登环评报告，揭露PX项目的危害，发表《厦门人民怎么办》鼓励厦门人民乃至全国人民如何捍卫应有的公民权利：

1. 首先，你不要怕，议论全国政协的头号提案不是罪，你不会被抓的。

2. 如果你有BLOG，上论坛，请转载这篇新闻：《厦门百亿化工项目安危争议》；转载国内合法发行的报纸上的新闻也不是罪，你不会被抓的。

3. 如果还是害怕，就在近期之内多跟你的朋友、家人、同事议论这件事——他们说不定全不知情。

4. 如果你还是怕，那就告诉最好的朋友及家人。

5. 如果你不怕，还应该告诉漳州、泉州的朋友，他们一样处于危险之中。

6. 说清楚下面几句话就可以了：

(1) 这是105位全国政协委员反对的化工项目，他们中包括了最权威的专家。

(2) PX项目至少应该离城市一百公里才安全。

(3) 厦门人至今被剥夺了PX项目的知情权，这反证了它是违反民意的。

(4) 它将使厦门经济倒退，物业贬值、游客减少；而且厦门人还将由此落下软弱与愚蠢的名声。

(5) 你得癌症的可能性大大提高了。

(6) 不需要你有太勇敢的举动，只要你让你身边的人都知道这件事以后，厦门之死你就没有责任了。

此后，连岳不断地将媒体报道张贴在博客上，并在事情发生的各个阶段以写“连十条”的独特形式进行总结。他的博客点击率迅速上升，他的看法和意见广为流传，被市民视为“精神支柱”。

在厦门PX事件中，短信大发权威，很多公民都收到过同样的一条短信：

“台湾陈由豪与翔鹭集团合资已经在海沧动工PX化工项目，这种化学剧毒产品一旦投入生产，意味着在厦门岛放了一颗定时原子弹，厦门人民的生活以后将在白血病和畸形儿中度过，我们要生活，要健康！国际组织规定这类专案要在距离城市100公里以外才能开发，而厦门最远距此项目才16公里，为了我们的子孙后代，行动吧，参加万人大游行，时间为六月一日八点起，由所在地向市政府进发，手绑黄丝带！一起来吧，为了厦门的明天！”

散步

2007年6月1日上午8时许，三三两两的市民自发上街，手系黄丝带，开始了在此后以来一直未被公众忘怀的集体“散步”。当事者回忆称，散步在平静的气氛中进行，无论市民还是警方，都没有过激行为。警察在人群前头的道路两侧封锁交通，为“散步“的人群开辟安全通道。示威人士占据主要街道，手上举着写有“反对 PX,保卫厦门”、“要求停建,不要缓建”、“爱护厦门,人人有责”、“保卫厦门,拒绝劈叉”、“STOP PX”、“抵制 PX 项目,保市民健康,保厦门环境”等字样的横幅及标语,领头者头戴一个防毒面具,要求政府终止兴建化工厂的计划。

持续到 6 月 1 日下午 3 点 30 分,市政府召开紧急新闻发布会,说明 PX 事件已经全面停工并正在重新组织区域规划环评,时间将在半年以上。其间市民若有建议,可以通过正常渠道向政府反映,由政府转达有关专家。6 月 2 日约下午 3 时,人群陆续散去。当日,市政府颁布禁令,要求撤除市面上一切有关 PX 项目的报道,清除互联网上有关 PX 项目的信息。

事件的解决

游行发生之后,厦门市政府将 PX 项目纳入厦门市城市总体规划环境影响评价,进行新的考量。自 5 月 30 日缓建启动,到 12 月中旬的环评座谈会,经过半年时间,终于有了令人满意的结果。来自厦门的消息称,福建省政府和厦门市政府上周末决定顺从民意,停止在厦门海沧区兴建 PX,将该项目迁往漳州古雷半岛兴建。落下帷幕的厦门 PX 之争,为中国的公共事件元年画上了一个几近完美的句号。

有评论称,这是庶民的胜利——网民的胜利、市民的胜利、公众舆论的胜利、公众行动的胜利。

资料来源:邹军:“中国内地都市社会运动中的网络表达——基于对厦门、上海两起社会运动的考察”,载于邱林川、陈韬文《新媒体事件研

究》，北京：中国人民大学出版社，2011；曾繁旭、蒋志高："年度人物：厦门市民 PX 的 PK 战"，南方周末：http://www.infzm.com/content/4640；袁越："厦门 PX 事件"，《三联生活周刊》2007 年 10 月 15 日。

案例 2：宜黄拆迁事件

"自焚"？—又一起由拆迁引发的极端事件

2010 年 9 月 10 日上午，江西省抚州市宜黄县城建部门工作人员在主管副县长的带领下，前往拆迁户钟家进行房屋拆迁动员工作。期间，工作人员与钟家发生争执，致使拆迁户钟家大伯叶忠诚、母亲罗志凤、二女钟如琴三人被烧成重伤，叶忠诚于 18 日凌晨因抢救无效死亡。

"又一起拆迁自焚事件"，媒体一开始就为宜黄事件贴上了标签。9 月 12 日，潇湘晨报上首先发表了"江西宜黄县拆迁起冲突，3 人疑自焚重伤入院"的报道，但是这报道并没有引起太多的关注。之后，腾讯网、新浪网等商业网站开始对其进行转载，引起了一定的网络围观。

微博直播：女厕攻防战

2010 年 9 月 16 日，钟如琴、钟如九姐妹早上 7 点来到昌北机场欲乘坐飞机到北京，但遇到宜黄政府人员阻拦。两姐妹进入厕所与媒体记者取得联系，讲述自身遭遇、表达恐惧。在这期间钟家姐妹通过手机与刘长取得联系。半小时后，刘长发布了第一条事关“宜黄强拆”的“求助帖”和“动员帖”，全文为：

> 【紧急求助!】今天上午7点，抚州自焚事件伤者钟家的两个女儿在南昌昌北机场，欲购买机票去北京伸冤，被一直监控他们的宜黄当地四十多个人控制在机场，家属报警无用，现仍在机场，处于被扣状态中，泣血求助网友。

这条微博发布之后起初并没有引起人们太多的关注，借助于其他同情钟家姐妹的旁观者的不断介入，这条微博才引起了轰动效应。“刘长这条微博起初只获得了寥寥数条转发。大概20分钟后，转机开始出现。网络意见领袖慕容雪村转发了刘长的这条微博。此后，转发开始以几何级数增加。不到一个小时，这条微博已被转载近千次，到当天上午，这条微博已被转发2700多次，并获得了超过1000条的评论。”

之后，邓飞接过了“女厕攻防战”的微博直播的接力棒，他在微博上的发帖和动员信息使得“宜黄拆迁事件”急速发酵，成为搅动中国的公共事件。2010年9月16日8点30分，邓飞正式开始发表了“直播”微博：

> 08:30【昌北机场直播一】被县委书记带队的40多名官员围住，自焚家属插翅难飞，航班耽搁，钟如九心力交瘁刚才晕倒，幸而医生现场抢救，现在已无大碍。

作为一个记者，邓飞敏锐地发觉到这个事件的新闻价值，他的良知和正义感迫使他有一种不吐不快的冲动。邓飞认识到要想动员人们持续地关注该事件，必须要借助于媒体的帮助。邓飞开始进入一个专业的记者工作 QQ 群，呼吁媒体一起关注。随后的 3 个小时里，邓飞一共发了 20 多条微博，其中九条以“昌北机场女厕攻防战”为标题，实时直播了昌北机场的情景。钟如九姐妹如何遇到“围攻”，如何退入厕所坚守，以及“攻守”双方的个人简介全部呈现在网友面前。

微博救母

9 月 26 日，严重烧伤的钟家母女，病情危急。为了救助目前病情，寻求更好的医生，钟如九直接在互联网上发布了求助信息：

> 各位网友，我妈现在情况非常危急，她从昨晚到现在都没睡觉，肚子胀得快要爆炸了，生命垂危。现在医院也拿不出解决办法，医术、设备已经达到极限。我们现在急需寻找最好的烧伤专家帮他们脱离危险，并且能有办法帮我妈妈和姐姐转院，接受更好的治疗！求求大家了，一定要帮帮我们啊！我向大家跪下，求求你们了。

正是这一条微博将网友对该事件的关注推向了高潮，许多网友通过微博和 QQ 号等各种途径，在一天之内联系了国内专家，通过微博，网友们发起一场午夜大救援：有人帮忙联系烧伤科的专家、有人用电话叫醒南昌卫生部门的官员以帮助敲定转院手续、有人联系红十字会的飞机以便于转院……最终“北京专家已在傍晚5点35分飞到南昌，随后上海的专家也抵达，晚上10点左右，两位专家一起到病房为钟妈妈和姐姐会诊”。

“宜黄反扑”：没有强拆就没有新中国

就在事件逐渐淡出人们的视野之际，10月12日，一位化名“慧昌”的宜黄当地官员投书财新网，为宜黄事件中的地方政府行为辩护。一石激起千层浪。“慧昌”的文章称“从某种程度上说，没有强拆就没有中国的城市化，没有城市化就没有一个个‘崭新的中国’”，是不是因此可以说没有强拆，就没有新中国哪？“慧昌”的那篇题为《透视江西宜黄强拆自焚事件》的文章，被普遍以“没有强拆就没有新中国”为题进行了报道，全国媒体又掀起了新一轮的批判、讨论。

这个帖子重新引发了人们对宜黄事件的关注，人们开始从制度层面上对官员的问责制度进行讨论。当时舆论的一般看法是，断定“现在谈收场还为时过早”；雅虎10月12日所做的网络调查似乎也证明，网民并不愿意宜黄事件就此收场，1700多名参与投票的网友中，94%的网民认为宜黄事件不能就此收场。

事件平息

9月18日，江西对宜黄强拆致自焚事件做出处理，宜黄县委书记、县长被立案调查；率队拆迁常务副县长被免职。钟家也就由拆迁导致的自焚与政府进行了谈判并获得了相应的赔偿，由此钟家和宜黄政府达成某种默契，再无抗争行动。媒体和互联网对宜黄拆迁事件的报道开始急剧减少，虽然10月12日，“没有强拆就没有新中国”的论调出现之后，网民又出现了暂时的围观和讨论，但由于责任人已经受到了惩罚以及钟家和政府达成了某种默契，之后该事件逐渐淡出人们的视野。

资料来源：周至美：“江西宜黄县强拆起冲突，3人疑自焚重伤入院”，腾讯网：http://news.qq.com/a/20100912/000214.htm；邓飞：“宜黄事件微博直播拓展言论边界”，新浪网：http://news.sina.com.cn/m/2013—02—19/152026300526.shtml；慧昌：“透视江西宜黄强拆自焚事件”，腾讯网：http://news.qq.com/a/20101012/001801.htm；吕德文：“媒介动员、钉子户与抗争政治：宜黄事件再分析”，《社会》2012年第3期；宫玉斐：“宜黄拆迁事件中的微博传播”，载谢耘耕：《新媒体与社会》，上海：上海交通大学出版社，2011。

案例3：石首群体性事件

厨师高坠引起民众的质疑和抗议

2009年6月17日，湖北荆州石首市永隆大酒店厨师涂远高从酒店坠落身亡。警方检查现场后，初步认定其为跳楼自杀身亡，但家属认为死者不可能有轻生念头，且跳楼后“躺的地方却很干净，一点血迹都没有”，死者“颈部有被掐过的痕迹，胸部还有一处较为明显的伤痕”，家属认为是他杀，拒绝警方接管尸体，将尸体停放在酒店大厅，引来众多围观群众。群众遂使用手机、相机等拍摄了现场的照片、视频，发布至网络。

6月18日，受害者家属在新浪论坛发表了一个质疑死者自杀的帖子：

我是被害人家属，我强烈要求各位网友发动舆论的力量还逝者一个清白！！！

事情经过是这样的：

被害人名为涂远高，石首市高基庙镇长河村人。本来在石首永隆酒店上班，昨天下午7点多钟离奇死亡，尸体在该酒店门口，老板把门锁了，整个酒店里面一个人都没有。我们立刻报了警，警察来了也没有说什么，声称是跳楼自杀。可是跳楼自杀，他躺的地方却很干净，一点都不像跳楼的痕迹，地上一点血迹也没有，现在我们找不到酒店老板，警察也没一个结果。

虽然我们并没有看到事发经过，但是凭对受害人的了解，并没有什么事能让他走上自杀的不归路。所以我们坚决认为，这件事绝对是有蹊跷的！最可疑的是公安部门凭什么就断定他是自杀，而且，事发之后我们给相关媒体打电话，至今却没有人露面！真相是什么！隐藏着什么！酒店老板到现在也不见踪影，现在只有借助舆论来讨回公道！！！

谁能替一个正值青春的人找寻真相！还一个公道！

现场照片我们家属都保留着，为日后侦破案件保留！

真相永远只有一个！活着的人要做的事就是揪出凶手!!!

这个帖子引发了人们广泛的关注，饭否、天涯、百度贴吧、各博客、论坛也都出现了有关死者尸体停放在酒店，以及死者家属与警察对峙的视频和图片，但是6月19日之前，官方并没有任何通报和回应，媒体也无报道。6月19日，石首市政府网站才发布“我市发生一起非正常死亡事件”的消息，其中“不明真相的群众”这个说法引起众多网民的不满，舆论开始讨伐政府行为。

6月20日，部分群众为“保护尸体“与警察发生冲突，致使酒店底层被纵火焚烧，多名警察受伤，多部消防车辆和警车被掀翻砸坏。群众和警察的对抗最终引发了群体性事件。

网络谣言促使冲突升级

案件的扑朔迷离以及政府回应的迟缓给谣言的产生提供土壤。在石首事件发生的各个阶段，谣言在互联网上迅速地传播，增加了人们的焦虑感和民怨沸腾。如在死者死亡的当天，互联网就充斥着“近年来永隆大酒店有至少3人离奇死亡”、“永隆大酒店专事贩毒”、“永隆大酒店有石首领导参股”等谣言，这些谣言随着图片和视频资料在网上愈演愈烈。

6月21，互联网上又出现“永隆大酒店又挖出尸体”的帖子，发帖者声称，有人看到永隆大酒店下水道里还有两具尸体，或称一具骷髅。帖子发布后，舆论很快扩散开，石首事件再次得到关注。22日早晨，又有大批群众来到酒店处聚集探查，造成了人群的再次聚集，大规模的肢体冲突和对抗一触即发。政府开始组织群众进入酒店进行实地察看，未发现传说中的尸体和尸骸。6月23日，“永隆大酒店又挖出尸体”的谣言制造者在荆州市某网吧被抓获。

强制断网和删帖引发民众的遐想

6月20日，部分群众和警察发生肢体冲突，造成了群体性事件。为了控制事件信息的传播，石首市区开始强制断网。该夜，石首市区网吧断网，永隆大酒店一带一度断电，路灯也被熄灭。部分网友的评论以及文字照片报道被删。这种强制断网和删帖的做法又引发了网民的各种猜测和质疑。“到底在隐瞒什么?”对政府作为的讨伐声愈演愈烈。6月21日凌晨，湖北石首市政府网站被黑，上面写着“真相只有一个！——BY柯南”的字样，而网页的标题则为“杨叫兽留言板V1.6”。这是网民在向政府的“信息不公开”行为进行严正抗议。

资料来源：杜骏飞：《沸腾的冰点：2009年中国网络舆情报告》，杭州：浙江大学出版社，2010；丁俊杰、张数庭：《网络舆情及突发公共事件危机管理经典案例》，北京：中共中央党校出版社，2010。

案例4：“淘宝伤城”事件

淘宝新政惹争议

“淘宝伤城”缘于淘宝新规则的发布和实施。10月10日，淘宝商城发布了《2012年度淘宝商城商家招商续签及规则调整公告》，核心内容是将技术服务年费从以往的6000元提高至3万元和6万元两个档次，涨幅为5倍到10倍。同时，商铺的违约保证金数额全线提高，由以往的1万元涨至5万元、10万元、15万元不等，最高涨幅高达150%。

公告还指出，续签时间为2011年10月17日至2011年12月20日18时止，且续签商家2012年度技术服务年费的交纳和保证金的冻结必须在2011年12月26日之前一次性完成。年内不能缴费签订新一年合同的卖家，将被清退出商城。

这条新规则给淘宝小卖家带来了极大的震动。这对于资金链极其紧张的中小卖家而言无异于一颗重磅炸弹爆开，很多人当时就懵了。当天，阿里旺旺和QQ群里就有大量中小卖家开始诉苦。其实早在新规则正式公布之前，一部分淘宝小卖家就开始了各种抗议活动。在杭州阿里大厦前，举红底白字的横幅抗议、静坐，在论坛灌水引导舆论等抵抗方式，淘宝小卖家都已尝试了遍，但相比于10月11日的“暴动”，这些影响力都十分有限。

“反淘宝联盟”的网络抗议和攻击

淘宝新政立刻遭到了一部分淘宝卖家的反对。淘宝新规则公布的当天，就有一部分淘宝卖家通过YY语音来商讨对策。10月11日晚上九点，YY语音34158频道云集了淘宝商城卖家七千人，这个群有个名称叫做“网商维权频道”，之后这个群名以

“反淘宝联盟”而广为人知。“反淘宝联盟”希望集中恶拍淘宝商城中部分大店的商品，并通过申请退款、打低分、给恶评，然后把所有的参团活动都拍下架的方式进行一场针对淘宝大卖家的网络行动，以此向淘宝商城平台规则制定者发泄不满。

10月11日晚上，韩都衣舍、欧莎、七格格、优衣库……这些淘宝商城年销售过亿的大卖家，在11日晚9点之后，突然涌进了难以计数的“顾客”。他们拍下几乎每件货品，付款或选择“货到付款”，当商家们正疑惑要不要发货时，他们发现刚刚付款的“亲”已经在“申请退款”。瞬间组建“反淘宝联盟”，集中恶拍淘宝商城部分大店商品。造成欧莎、韩都衣舍等网站一度全部产品被迫下架，退款次数均超过万次，欧莎更是接近两万。

随着淘宝商城提高准入门槛引起小卖家围攻大卖家之后，事态逐步升级。越来越多的小卖主加入“反淘宝联盟”，10月12日，逾3万人集结在“反淘宝联盟YY在线”，到10月14日，“反淘宝联盟YY在线”人数已经突破5万人。不仅如此，淘宝商城两大自主板块“直通车”、“聚划算”也遭遇攻击。10月12日，淘宝团购“聚划算”因受淘宝事件影响，导致系统繁忙用户无法正常购买，这是“反淘宝联盟”针对淘宝发起的第二波攻击。

10月17日下午，为了解决与中小商户之间的争端，阿里巴巴集团宣布，将向淘宝商城追加投资18亿元，同时还宣布针对商家的五项扶持措施。

在淘宝宣布调整新规后，18日，反淘宝联盟在声明中表示，虽然联盟不满意淘宝商城的5项新措施，但不会再次组织对淘宝商城进行攻击。

支付宝挤兑:冲突的继续升级

继10月11日之后几天“反淘宝联盟”的网络攻击之后,10月21日晚上,淘宝卖家“十月围城”上演第二季!小卖家们又确定了新的目标:支付宝。“蚂蚁”吃“大象”,这一次他们的方案是:通过支付宝集体提现。

这种针对支付宝挤兑的行动依然是通过YY语音34158频道来完成的。21日晚上,“反淘宝联盟”在YY语音34158频道的活动公告中写着“今天活动主题是你质疑支付宝了吗?”另外,在这个频道中还时不时有自称为“支付宝用户”的人士打出各种标语,比如,“马云无偿占有我们的支付宝利息”,“支付宝将用户资金挪作他用”等等。

21日晚上,YY语音34158频道更新公告称“今天晚上8点,惊喜活动持续不断!”有淘宝小卖家表示,晚上的活动应该还是继续对支付宝提现。但在晚上8点,该频道并没有再次对支付宝发起攻击,而是组织了一场“全球最大音频维权晚会”的彩排,据称这台晚会将申请吉尼斯纪录。一些“中小卖家”演唱了改编歌词的歌曲,以向淘宝方面抗议。

随着淘宝商城推出一系列卖家扶持计划,YY语音34158频道在线人数已经从最高峰时的5万多人大幅下降到四五千人。但21日宣布晚上有活动后,在线人数又有所回升。但是随着支付宝强大的支付实力的展现,针对支付宝的挤兑活动逐渐减少。

资料来源:“淘宝商城的‘十月围城’”,网易:http://focus.news.163.

com/11/1027/00/7HB6FKOF00011SM9.html;杨阳:“淘宝事件:一切刚刚开始”,网易:http://tech.163.com/11/1015/11/7GDDTJFE000915BF.html;“中小卖家挤兑攻击支付宝,支付宝回应其涉嫌违法”,新华网:http://news.xinhuanet.com/fortune/2011—10/23/c_122188005.htm?prolongation=1。

案例5:抵制家乐福事件

缘起:民族主义情绪的裹挟

如同全球化时代的绝大多数“战争”一样,攻击是从网络开始的。2008年4月8日,在天涯虚拟社区,一个“全程记录北京奥运会火炬传递活动”的帖子,发布了如下镜头:法国市政厅大楼挂出五环镣铐的旗帜;被撕碎的中国国旗;还包括一个“藏独”男子抢夺残疾姑娘金晶手中的火炬……“这与勃艮第人对圣女贞德的暴行如出一辙!”“聚焦奥运”版的一个跟帖说。

在这个当时拥有2000多万用户的网络论坛里,激奋的帖子骤增数十倍。特别是当火炬在美国旧金山和平完成交接仪式后,声音愈加愤慨:“原来法国比美国还坏!”

“梦罗宁馨”是最早提出抵制家乐福的人之一。4月10日,9:51,由她发出的《爱我中华 抵制法货》一帖,进入网民的视线。她在帖里列举了一些法国公司、产品,其中明确锁定“家乐福”——抵制这个在中国拥有2亿多客户的零售商,“普通人都能做到”。出于同样的原因,在另一大型社区——猫扑网上,27

岁的网友“水婴”此刻也发出了“抵制家乐福”的号召。

到了四月中下旬之后，网络上出现了大量的针对抵制家乐福的动员令：

> “在这不是要请大家抵制什么，想请大家做的只是在5月1日这天不去家乐福这家法国超市，全国各大城市的本地网络都有类似宣传，希望在5月1日能促成一次全国性的活动，如果您认可这个提议那么还请大家都行动起来吧，向您周围的朋友、亲人宣传一下这个提议吧，这样传十传百地让这成为现实，谢谢！！”
>
> “这个时候正是体现我们中华民族团结一致的时候，越是出现动荡的局面，我们的民族将会凝结得越紧密，相信我们，相信大家，四面楚歌，卧薪尝胆，我们13亿人的力量团结在一起将是多么的强大，问有谁能阻挡。”

网络谣言强化了网民对家乐福的负面评价

在抵制家乐福的活动中，充斥着各种谣言，虽然每一则谣言都存在文字表达上的不同，但在这起网络抵制活动中，主要存在着三大谣言，这三大谣言主要都是借助于网民的民族主义情绪，强化了“家乐福”的对立面形象。

第一则谣言的核心是家乐福资助过达赖集团。抵制家乐福活动源于一种民族主义情绪，即部分法国人对中国不友好，阻碍了奥运圣火的传播，因此必须要抵制法货。但是，抵制法货为什么必须要抵制家乐福哪？逻辑中缺失的一环，必须依靠谣言来填充。如作者就在QQ群上看到过这样的一条动员令：

> 5月8日—24日，正好是北京奥运会的前三个月，所有人都不要去家乐福购物，理由是家乐福的大股东捐巨资给达赖，支持“藏独”。

第二则谣言的核心是为了应对抵制，家乐福将在五一进行促销。为了激发网民的愤怒，造谣者甚至以一种阴谋论的腔调强调家乐福促销的不良动机：

> 法国政府准备拿出2000万美元，家乐福拿出500万美元，用于五一降价促销……，要让中国人在促销中挤破家乐福，最好踩死几个人。法国电视台也在积极作准备，拍摄中国人到家乐福疯狂购物。

第三个谣言的核心信息是家乐福降半旗。这个谣言通过强调把家乐福降半旗和刚刚发生的3·14事件联系起来，给大家树立一个家乐福一贯支持“藏独”，同情3·14事件中死亡的“藏独”分子的负面形象。

资料来源：周裕琼：“真实的谎言：抵制家乐福事件中的新媒体谣言分析”，载谢耘耕《新媒体与社会》，上海：上海交通大学出版社，2011；杨龙、李阳等：“‘抵制家乐福’是怎么传播起来的”，网易：http://news.163.com/08/0423/15/4A7NVUHN00011SM9_2.html；徐维强：“家乐福：我们是受害

者”，新浪网：http://news. sina. com. cn/c/2008—04—15/032815359910. shtml。

案例6：云南“躲猫猫”事件

由“躲猫猫”而引发的惨案

据当地公安部门通报，24岁男青年李乔明在看守所中与狱友玩“躲猫猫”游戏时头部受伤，后经医院抢救无效死亡。这一事件经媒体报道后，在网络上迅速发酵，众多网民纷纷质疑，一群成年男人在看守所中玩小孩子玩的“躲猫猫”游戏听起来非常离奇，而这种“低烈度”游戏竟能致人死亡就更加令人难以置信。于是，一场以“躲猫猫”为标志的舆论抨击热潮迅速掀起。

追求真相：成立网络调查团

面对各种质疑，云南省委宣传部副部长伍皓希望能够“网络的焦点，就要按照网络的规则解决”，2月19日下午，伍皓作出了一个大胆的决定：他在QQ群内发布了第一条信息：“为应对躲猫猫事件，我们拟采取一个行动，组建一个网民调查团……”在取得各部门领导的支持之后，伍皓又在自己的群名为“伍皓网络意见箱”的QQ群发布成立网络调查团的消息，并动员网民能够积极地参与网络调查。为吸引网民的参与，伍皓承诺让最先报名的人当网络调查团的主任，在该消息发布不到2分钟的时间，就有网民“边民”和“风之末端”报名参加，并成为网络调查团的正副主任。随后，当天下午，云南网发布《关于征集网民和社会各界人士代表参与调查“躲猫猫”舆论事件真相的公共》，公告被迅速转载。公告所留宣传部新闻处的电话被打爆，近千名网友报名参加，最终选择15人作为网络调查团的成员。

不了了之：无力的报告

由15人组建的网络调查团于2月20日下午来到晋宁县看守所进行调查。在办理好相关证件后，调查团成员仅仅被许可透过铁网和玻璃窗察看看守所的环境。当提出看监控录像的要求时，网络调查团被直接拒绝。这次调查，网络调查团并没有获得观看监控录像以及与犯罪嫌疑人见面的机会，因此，网络调查团并没有获得更多的真相。他们只能以当地派出所提供的文字资料来进行分析和判断。21日凌晨1点，报告整理完毕。凌晨2点左右，报告正式在网上发布。但是报告的内容不仅令网民很失望，同样沮丧的还有网络调查团的成员，这次调查并没有给出一个明确的结论，更不可能通过这种走马观花式的调查就使得躲猫猫事件揭秘或者真相大白。

资料来源：徐光朝：“网民调查躲猫猫事件，无法介入核心被疑作秀”，搜狐网：http://it.sohu.com/20090223/n262409925.shtml；“官方邀网友调查‘躲猫猫’事件”，腾讯网：http://news.qq.com/zt/2009/dmmdc/。

案例 7:2012 年的“抵制日货”运动

情绪激发:抵制日货被认为是一种爱国行为

2012 年 7 月 7 日,日本首相野田佳彦声称准备将钓鱼岛国有化,这立刻激发了国民的保钓热情和反日情绪。许多网民开始在互联网上发帖,声称要抵制日货,以实际行动来支持保钓运动。全国各地都建立了抵制日货群并成立“抵制日货同盟”。截止 2012 年 10 月 4 日,“抵制日货同盟”的圈友人数已经达到 2246 人,访问总量达到 666845 次。在“抵制日货同盟”群右上角的群公告栏中,有这样的动员信息:

> 如果中国人 1 个月不买日货,日本将有数千家企业面临破产。如果中国人 6 个月不买日货,日本将有一半人失业。如果中国人 1 年不买日货,日本经济结构彻底瓦解,日本还能这样嚣张吗?你如果是中国人,不用你上战场当炮灰,你要做的事很简单,就是不买日货,我们没有时间和权力去采取政治行动,我们只能做力所能及的事,拒买日货是我们对付日本人的最好行动,不但简单而且有效,作为一个有良知的中国人,来和我和许多爱国人士一起并肩战斗吧!最后我想说句话:向抗日/抗美/对印对越反击战及为国为民捐躯的英雄立正敬礼。

观点分化：反对抵制的声音出现

在日本提出钓鱼岛国有化的方针之后，网络上呈现出抵制日货，保卫钓鱼岛的方针，网络舆论呈现出一边倒的趋势。但是随着时间的推移，网络上逐渐出现一些反对抵制的帖子，对立的观点开始增多。这些观点认为爱国并不等于抵制日货，抵制日货恰恰是一种两败俱伤的选择。如网络论坛上开始大量转载著名经济学家茅于轼于广州大学的演讲：

> 一个人到底伟大不伟大，取决标准在于看是自己享受的同时，也能带给别人享受，还是破坏别人的享受。根据这个道理，我就不赞成抵制日货。因为我们买日货，对自己也有好处，没有好处的事情我们是不会做的。不买了，好处就没有了。用损害自己的办法来损害别人，何苦呢？因此抵制日货。那是很愚蠢的办法。

这个时候，抵制日货的声音依然处于主流，但是很多网民已经开始从理性的角度来讨论是否应该抵制日货。

由抵制日货走向打砸日货：冲突的升级

8月19日，为了抗议日本右翼分子登上中国钓鱼岛，成都、广州、深圳等多个城市爆发了反日游行示威，高喊抵制日货。但是在游行过程中出现了一些不理智行为：部分示威民众情绪激动，打砸路过的日系车辆，并推翻一辆日产警车。之后，打砸烧日系产品的行为在全国很多城市上演。之后，多名打砸烧日货的公民被警察逮捕，这种打砸抢的暴力行为才开始逐渐减少。

资料来源：全良波："深圳4人在抵制日货行动中打砸日系轿车被逮捕"，中国网：http://www.china.com.cn/news/law/2012—09/14/content_26528459.htm；"打砸日货很愚蠢，影响中国形象"，新华网：http://www.gs.xinhuanet.com/jiaodian/2012—08/20/c_112784130.htm；吴澧："谈谈'抵制日货'"，《南方周末》2012年8月21日，南方周末：http://www.infzm.com/content/52147。

案例8：山西黑砖窑事件

黑砖窑事件是如何揭开的

2007年的黑砖窑事件涉及拐卖儿童在砖窑做童工的黑幕。它主要是通过两种方式来揭开的，一种就是通过一条线从山西省内部，以零星个案逐个揭露而不断深入；另一条线是河南电视台都市频道记者由帮助走失孩子的家长寻人开始，逐步深入"黑砖窑"内幕。由于新闻媒体从两条线的不断深入报道，进而引起全国多种媒体的关注，形成"全国共讨之"的新闻风暴。

互联网的悲情动员和叙事

在互联网报道之前，河南电视台都市频道早在2007年5月19

日就播出了《罪恶的黑人之路》，最早对黑煤窑事件进行了报道。但是由于受到传播地域的限制，节目播出后反应平平。6月6日，《大河论坛》出现了一个题为《400位父亲泣血求救，谁来救救我们的孩子?》的帖子，引起了人们的关注，到6月18日，帖子点击率已突破30万。据笔者统计，网民"Lixy06"于2007年6月7日11点20分转载之后，截至2007年6月18日九点三十五分，计有访问量793739，回帖21858条，长达66页，平均每个页面331个回帖。

这个帖子通过悲情和苦难叙事激发了网民的同情心和愤怒感。在《谁来救救我们的孩子?——400位父亲沥血呼救》的帖子中，网民"Lixy06"通过对这些孩子悲惨遭遇的描述，牵动着亿万网民的心。

> 在这些手脚并用、头发长得像野人一样的孩子中间，有的已经整整和外界隔绝了七年，有的因逃跑未遂被打致残，这还不算，有的孩子还被监工用烧红的砖头把背部烙得血肉模糊(后被人救出在医院治了数月也未痊愈)，他们每天工作十四个小时以上，还不让人吃饱饭，有时因劳累过度，稍有怠工，就会被监工拿起的砖头砸得头破血流，然后随便拿起一块破布一裹了之，继续干活。至于拳打脚踢，棍棒伺候更是家常便饭，更有甚者有的孩子被打手打成重伤，也不给医治，让在窑厂自行治愈，如不能自愈或伤情恶化，奄奄一息时，黑心的工头和窑主就把被骗的苦工活活埋掉。这些孩子身上都因为长期不洗澡长满了牛皮癣似的头皮屑，他们最小的只有八岁，八岁的孩子为了一顿饱餐是那么顺

> 从，每天都干着成人难以承受的重活。他们被限制了人身自由，全天候有监工或打手巡逻站岗。看着他们一双双恐惧无助的眼睛，我们的心在滴血。

父亲寻找孩子的艰辛与孩子被虐待、摧残的描述以及当地政府与公安的冷漠形成了强烈对比，给人以极大的心理震撼。对于当地政府和公安部门的冷漠，父母们表示寒心：

> 我们的孩子随时都面临着生命危险，我们只有求助于政府。我们的足迹踏遍了山西方面的乡、县、市的公安、劳动部门，但令我们心寒的是，乡派出所不仅置之不理，还百般阻挠刁难我们带走已经解救出来的孩子，而且窑主对我们进行威胁恐吓时坐视不管。而且公安局领导在接到上级公安机关的敦促后，跟我们说，孩子是在河南丢失的，强制用工的窑主也是河南人，你们应该去河南报案，只要你们河南警方出面，我们会全力配合。无奈之下，我们只有风尘仆仆地赶回河南，而我们河南的警方却表示爱莫能助，他们解释说，我们的孩子只是被强制监禁非法用工，没有造成命案，够不上立案条件，再说按照法律规定，案发地在山西，应该由山西警方去解救。另外据我们了解，拐卖孩子的犯罪嫌疑人之一杨某因把拐卖来的人打伤致残已经被山西警方刑事拘留，而山西警方却还说证据不足。

面对两地政府和警方的相互推诿，失踪儿童的家长们在网上发出近乎绝望的呼喊：

> 孩子的生命安全刻不容缓，谁来救救我们的孩子？在被两地政府相互推诿之后，我们又该向谁求助？十万火急，人命关天，谁来帮帮我们？

中央领导人批示：严查黑砖窑

黑砖窑事件被报道出来之后，党和国家领导人非常重视，国务院也向山西派出了联合调查组，严查黑砖窑事件。2007 年 7 月 16 日，包括 18 名县处级在内的 95 名违纪党员干部、公职人员受到党纪政纪处分，该事件逐渐开始淡出人们的视线。

资料来源：杨国斌："悲情与戏谑：网络事件中的情感动员"，载于邱林川、陈韬文《新媒体事件研究》，北京：中国人民大学出版社，2011；刘宇："我省严肃查处'黑砖窑'事件违纪人员"，山西新闻网：http://www.daynews.com.cn/zthj/xwzt/gzsxhzy/295851.html；部落："上千孩子被卖山西黑砖窑，最小 8 岁，400 父亲网上呼救"，人民网：http://society.people.com.cn/GB/1062/5857893.html。

案例 9：浙江"钱云会事件"

意外死亡引发猜测

2010 年 12 月 25 日上午 9 点 45 分左右，位于浙江东部沿海的乐清市蒲岐镇寨桥村发生了一起车祸。53 岁的村主任钱云会被一辆大型工程车碾压，当场死亡。死者系浙江乐清蒲岐镇寨桥村人，有多次上访的经历。2004 年 4 月，浙能乐清电厂低价强征寨桥村土地时，钱云会曾带着失地农民去市政府上访，随后被判缓刑；2005 年 4 月，钱当选村长后继续带领失地农民奔走再度被捕判刑。而今年钱云会出狱后，依旧在网上不断发帖揭发关于当地一些工程的违法征地情况。当地公安机关经过再三调查证明，钱云会死于交通事故。但是由于钱云会的这些上访经历，很多人认为钱云会的死亡是一场蓄意的谋杀，各种质疑和“阴谋论”猜测持续不断。

网络谣言推动冲突升级

在“钱云会”事件中，网络谣言随处可见，这些谣言以相互佐证的方式，刻画了一个敢于为民请命的好村长却为公权力所不容，最终被政府所谋害的悲惨形象。在互联网上最早出现的“阴谋论”出现于乐清的当地论坛“乐清上班族论坛”上。12 月 25 日 12 时 50 分左右，昵称为“ZF 公然 sha 人”的网民在这个论坛上发出了题为《（浙江）蒲岐一苦难的村长　为民办事的好村长　今早被杀》的首帖，称：“死者是寨桥村的村长，当时有人打电话叫他出去，5 个特警把他抓住按在地上，给车压的，有照片后我将会发上来。明明是 ZF 官员在现场指挥杀人，到现在变成了交通事故了。”该帖随后又出现在天涯社区，1 小时后被转到温州当地网站“703804”。

26日上午8时40分左右，拥有数亿用户的腾讯QQ“弹出窗口”出现一条新闻，标题为《浙江乐清一村长遭撞死，传被5人按住碾死》，内容基本与上述首帖相同。钱云会事件随即传播、蔓延、升温，仅一两天就“爆棚”到舆论普遍热议的程度。

同时有两个据称是目击者的村民也声称钱云会是被谋杀的。一个名叫钱成宇的村民描述道：“四个人把钱云会按住碾死”，而另一个目击证人黄迪燕也向媒体描述：“3个男人推着钱云会将他的脖子推向车轮下。”

这些网络谣言通过目击者对案件的具体细节描述，再加上钱云会的多次上访经历，以及政府不能提供事发时摄像头所拍下的录像，大部分的网民开始相信这场事件根本不是一场普通的交通肇事案，而是一场蓄意已久的谋杀。

意见领袖的推波助澜使得网民认知恶化

在“钱云会事件”中，意见领袖对于舆情的引导起到了重要作用。左小祖咒是最早在新浪微博上对“钱云会事件”作出强烈反应的意见领袖。2010年12月26日上午他发帖称：“浙江乐清蒲岐寨桥村村长钱云会告发贪污犯在圣诞节被碾压。当时现场的杀人指挥是一个官员，名字叫谢祥忠。照片残酷。”同时提供了有关图片论坛链接。左小祖咒的这个帖子得到了人们的广泛关注，在2010年12月26日，他的粉丝数约为14万，截至2011年2月12日，他的粉丝剧增到16万。

在“钱云会事件”中，另外一个较为著名的意见领袖就是诗人赵丽华。12 月 26 日晚 9 点，赵丽华微博贴出了钱云会的遇害照片，用一贯的梨花风格写下了他的愤慨："钱云会在天涯发的帖子，4 个多月的时间，没有一个人顶帖。直到他被几个人光天化日按在路上强行轧死，这个帖子才火爆起来。在他被轧死的头一天，该路段的视频监控被拆除。如此的蓄谋杀人！如此恐怖！如此悲惨！历史会记住这个人！历史会记住这段历史！"截至第二天早上 9 点，这条微博就被一传十、十传百地转发 24277 次，评论 6330 条，与此相应，是粉丝的暴涨。

在政府不能提供有效证据证明该事件确实是一场普通的交通肇事的情况下，面对着互联网上的各种谣言，网民本来就倾向于对政府作出负面的评价。在左小祖咒和赵丽华的微博发布之后，网民更加相信"阴谋论"的观点，正如有的网民在《车轮滚滚》的帖子中声称："就是现在钱云会亲口对我说是普通的交通事故，我也不信。"

手表记录揭示事件的真相

2012 年 2 月 1 日，浙江省乐清市人民法院对"钱云会"案进行了公开审理。庭审现场公布了钱云会出事当天所戴微录手表中摄制的画面，手表中的微录设备记录下了 2010 年 12 月 25 日出事当天的情况，进一步印证了警方对于钱云会案件的侦查结果。

资料来源：施爱东："谣言的鸡蛋情绪——钱云会案的造谣、传谣和辟谣"，《民俗研究》2012 年第 2 期；"'钱云会'案：警惕网络推手误导网上舆

论”，新华网：http://news.xinhuanet.com/legal/2011—02/06/c_121052650_3.htm；“新华发文回顾钱云会案：钱成宇否认钱死于谋杀”，人民网：http://society.people.com.cn/GB/13845607.html；“围观‘乐清观察团’”，网易：http://news.163.com/11/0201/15/6RQNCCR200014KFS_2.html。

案例10：南京天价烟事件

不当言论

2008年12月，南京市江宁区房产局局长周久耕因发表“将查处低于成本价卖房的开发商”的不当言论，受到网民的关注和人肉搜索。12月11日8时，网友“小花半里”在焦点南京房地产网“恒大绿洲论坛”发出《八问江宁房产局周局长》的帖子，对其言论进行质疑。当日，网名“宣传寄生6”的网友发表了《遍撒英雄帖，追查南京市江宁区房产局局长周久耕》的帖子出现在“凯迪社区”网站上，网友开始对周久耕进行人肉搜索。

戏谑手段

12月14日，网民“华阁”发现了周久耕抽“九五之尊”的事实，他以一种轻松调侃的方式在论坛上报道了这一消息。“华阁”在“天涯社区”网站的经济论坛中，发表了《赞一下那个要处罚低价售房的局长，看人家抽的烟》帖子中写道：“在网上无意搜到周局长开会的照片，仔细一看，果然看到了这位公仆的本色，一条烟就可以抵下岗工人三个月的低保了。”在配发的照片中，注明“这是南京卷烟厂出产的顶级‘九五之尊’烟，一条就要1500元！”“天价烟”一登上“天涯社区”，就成为网站头条。在发现该帖巨大的新闻价值之后，“天涯社区”网站的编辑在帖子前面加了“红脸”，以示推荐。在对帖子进行加精之后，该帖吸引了网民的大量关注，一天之内，网友的点击率就超过了7万，回复近2000条。

谣言传播

12月17日，网络谣言开始产生。针对周久耕提出的“将查处低于成本价卖房的开发商”的不当言论，网友“伟大的人民”发帖指出周久耕的弟弟是开发商，即天创置业副董事长、天元吉地项目部的总经理周久忠。而周久耕之所以提出房屋的价格不能以低于成本价出售，正是为了保护其弟周久忠。这种谣言的传播，固化了人们对周久耕的负面认识，即周久耕肯定会以权谋私。

冲突激化

周久耕因“天价烟”事件，正在等待处理。就在人们的关注度开始转移之时，《南方都市报》出了一篇“南京纪委：偶尔抽一包天价烟有何不可？”的报道。根据这个报道，南京市纪律检查委员会“10号接待员”表示，目前并没有证据证明周久耕有任何违纪问题。“偶尔抽一包‘九五之尊’香烟，尝尝鲜有何不可？”之后，周久耕又被曝出戴名表的消息，针对这一情况，周久耕的副手公开为周久耕喊冤，被网友讽为“2008 最感动人的辩护”。这两个报道出来之后，引发了人们的普遍批判，认为这是一种官官相护的官场文化痼疾。

资料来源：喻国明：《中国社会舆情年度报告》(2010)，北京：人民日报出版社，2010；“‘江宁知情人’透露：周久耕和周久忠并非兄弟”，焦点南京房地产网：http://nj.focus.cn/news/2008—12—21/592659.html。

案例 11：互联网助推官民“争水风波”的解决

“取水如取命，天理难容”。贵州省思南县杨家坳乡下官阡村路口，标语下聚集着众多村民，试图阻止乡政府在该村实行的引水工程，认为这将使村里水源枯竭。一边是意志坚决，誓死保卫水源的村民，一边是志在必得，决意开拓水源的乡政府，双方剑拔弩张，冲突眼看就要升级。这时，网上一篇帖子使得这一事件悄然改变了发展轨迹，并于近日得到解决：乡政府表示放弃该工程，重新寻找水源。

一个求助的热帖

10 月 21 日，天涯社区出现一则帖子《乡政府官员要喝干灌溉水源，近千村民面临绝收》，引起网民关注。帖子称，黔东北铜仁地区西部的小山村——杨家坳乡下官阡的半山坡有个水洞，长期以来,村民饮水和庄稼灌溉都靠从这个山洞中取水。而乡政府为解决乡镇饮水困难,决定从水洞口引水,实施乡集镇饮水安全工程项目。这遭到了该村村民的集体反对。

该帖作者“响水洞听洞水响”用照片展示了下官阡村正面临的危机,向网民求助:“善良的人呀,请你们给无助的下官阡、小泥溪、黎家寨等村民出出主意,应该怎么办,才能让他们的基本生存权利不受侵害,他们世代耕种的良田不会荒芜,他们的兄弟姐妹不要因此而流离失所、背井离乡”。

有网友看完帖后问:“又是贵州,这个地方离瓮安有多远?”

发帖者回应说:“离瓮安不太远,家乡的人不希望出现瓮安的局面,那样会两败俱伤,只希望能有地方可以阻止乡政府的野蛮行径。但如果形势所迫,将会不得不走上那条路。村民们发誓:要用生命捍卫水洞口!”

有网友建议村民直接向县、地区及省政府网站写信反映此事,但作者说已经“给省长信箱、地区专员信箱都发过内容,没有应答”。

政府网上回应,村民逐条反驳

乡政府强调这是“一项顺民意、合民情,促发展的民心工程”,政府是在集中精力为地方搞建设,是在科学合理利用水资源,并不是乡政府的干部要抢群众的水喝,只是与一部分人的愚昧、落后、保守思想相违背。但原帖作者“响水洞听洞水响”很快作出回应,对此逐条进行批驳。“‘为群众修建高位蓄水池,架设供水管，新修和改造城头盖水库至水洞口的引水渠道’，让村民从几里外的水库取水，好比从饥肠辘辘的人手中抢走馒头，然后告诉他，百里之外有一桌丰盛的午餐在等着他。到过贵州的人都知道，贵州山区大部分是多沟壑、易渗漏的喀斯特地形，不要说几里，就是几十米，对于务农为生、没有任何工程机械设备和技术的村民来说都是不可能完成的任务。还有，今年这几个水库放水是在什么时候？收割前还是收割后？在水稻收割之后放水，为谁放的水？对农民百姓还有什么意义？15 元/小时的价格，在如此偏僻落后的地区，哪个百姓能用得起如此昂贵的水去灌溉大面积的农田？”

网上直播“双方一触即发”

“响水洞听洞水响”在网上不断报告此事进展：

> 10 月 19 日晚，直径达 8 寸的水管架起，要将水洞口水源输往乡政府。恐慌在村庄上空弥漫，大家寝食难安！村民们决定团结起来，坚决捍卫祖祖辈辈留传下来的命脉，绝不让水洞口在自己手中消失，给子子孙孙留下无尽后患！

10 月 21 日早上十点多，乡政府派出的施工人员强行前往水洞口测量，愤怒的村民们夺下测量工具，赶走了施工人员。在当地派出所调解下，村民们归还了测量仪器。

村民们组织起来，要给政府递交请愿书，所有村民在请愿书上签字按手印，恳求政府给大家一条活路。

赶集现场政府让步

10 月 25 日，是杨家坳乡赶集的日子。早上，乡政府车队在公路上停下，闻讯后的村民迅速赶去，将车队包围起来。后来，乡党委书记胡国志表示："如果不能取得老百姓同意，我们就不搞了，水源问题会另想办法。"后来乡政府作出让步，停止了工程方案，决定另选水源，从河道里取最低位的水。

资料来源：王俊秀："一起官民冲突是如何通过网络化解的"，中青在线：http://zqb.cyol.com/content/2009—11/04/content_2919091.htm。

案例 12：深圳市民抗议垃圾焚烧厂事件

2015 年 1 月 5 日，广东省深圳市数千市民打出"坚决反对垃圾场建在龙岗上坑塘，要健康不要癌症！"、"支持垃圾分类处理，做到垃圾不落地"、"今天不抵制，明天准备做癌症病患者"等标语到深圳市民中心集会，抗议日烧 5000 吨的大型垃圾焚烧场选址龙岗区坪地街道。集会被大批警察强行驱散，多人被抓捕。

选址网上公布惹争议

深圳市规划和国土资源委员会 2014 年 12 月 26 日在其官方网站上公布关于深圳市东部垃圾焚烧处理厂项目选址方案，

方案称深圳市东部垃圾焚烧处理厂项目申请用地拟选址于坪地街道四方埔社区上坑塘地段。获悉消息后，市民发起数次示威抗议，尤其是以互联网作为抗议的前沿阵地。

网友@李少卿表示，选址区位于坪地街道四方埔社区上坑塘，靠近居民聚集区。北距马塘村居民区500米，东北距牛眠岭居民区800米，西南距吓坑村居民区1000米，东南距浪背村居民区960米。选址区附近为居民聚集区，3公里范围内现生活近十万居民，5公里范围内生活数十万居民。

@脆批：反对！在一个距居民区1公里，周边9公里内十家医院，8所中小学及无数幼儿园，又紧靠数座水库/河流，且在龙岗坪山新区上风向地方作为有严重污染项目的选址，请重新选址。

互联网凝聚网民意见

之后，很多人在网上提出各种疑问，质疑政府的选址行为。如有网民在互联网上提出12问：

1. 为什么这个据称世界上最大的垃圾焚烧厂要选址在四周是几十万居民的生活密集区和国家一级水源保护区旁边——四方埔和尚径与松子坑水库？公示为什么不提及原因，以及为什么这个地方比其他地方更合适？国家一级水源保护区不是明令禁止建这种污染设施吗？还要建世界最大的？不相信不会受影响。怎么可以让居民喝污水？

2. 会不会是因为垃圾运输成本高，不方便运输到人口密度低的地方，那么试问居民健康和运输成本哪个重要些？运输成本有多高，几十万人每月缴税、交物业管理费，还要守着超大垃圾焚烧厂？对这些人不公平吧。

3. 四方埔和松子坑水库旁几公里的本地居民每年都发赔偿金，具体是几公里会发（要考虑这么大规模的焚烧厂），为什么会发，多少赔偿可以透明吗？为什么不让他们搬迁，身体受污染影响怎么办？钱可以换来更长的寿命吗？几公里之外也受焚烧厂影响的那些居民怎么赔偿？

4. 现在才公布这个垃圾焚烧厂的位置并且打算立马开工；而附近已有不少楼盘包括刚刚开建的新楼盘（政府已经批地拿钱），许多人已经购买甚至已有业主入住，他们怎么办，可以按当前市场价甚至原价卖给政府吗？让他们买单不公平，都是血汗钱！不能随便就说“不会受焚烧厂影响”（看看红花岭，当初也这么说），那好，业主不愿卖不强求，愿意卖的话政府必须接收，给业主选择的基本权利！因为这是政府的规划并且已批地拿钱！

5. 考虑过人口不密集的地方作为更好的选址吗？深惠交界人口较少、山区较多，建“深惠共用的垃圾焚烧厂”可以吗？前提是提前足够时间安置好当地居民。另外坝光社区居民已于2010年搬迁到葵涌，在那里建可以吗？代表GDP政绩的“生物谷”和人生存的权利相比，取舍可见。还不明白请看上面“为人民服务”几个大字。

6. 四方埔和松子坑水库离两个中心区和坪山火车站都不远,10年后这里可以很繁华,建了超级垃圾焚烧厂,10年后要重新搬迁一次吗?还是花纳税人的钱,屁民买单。

7. 央视报道的龙岗红花岭污染事件现在解决了吗?有改善吗?有解决方案了吧,如果期限内达不到目标,谁来负责,有负责的吗?让民众又如何信服?

8. 这个新的日处理5000吨的东部垃圾焚烧厂(规模大概七八倍于红花岭)会成为第二个“龙岗红花岭”吗?如何保证?希望责任人是深圳市市长或市委书记或更高职务,否则难以服众,人心惶惶。

9. 此次公示为什么要“寄信才能反映不同意见”,政府应该知道现代人几乎已经不“寄信”了,寄信成本高屁民消费不起,试问这样的限制目的何在?坦率地说,是不是不想让大家提意见?用网络实名投票或评论等较符合现代人操作的方式是不是更好?现场凭证件来投票也不错,可以领个“回执”,如果“寄信”后石沉大海,找谁说去?

10. 奥一网(南方报系主办)的网络问政平台上有大量网友提问给领导,点击量、支持率都排在前三位的关于“这个日处理5000吨垃圾焚烧厂的选址问题”领导们看了还是没看,这么久了领导怎么一点指示没有?好像还被和谐了,屁民们还傻等着,容易让人想起古代草民跪请官老爷为民做主还被看作刁民用杀威棒轰出去的场景,心酸!

11. 说说政府近两年的治理垃圾焚烧的功绩,也让屁民们长长见识。有担当的屁民也许会帮忙出谋划策，智慧也可以来自民间而不一定是所谓的专家精英。

12. 政府会封掉居民和业主维权使用的QQ群等交流工具吗？会封掉某个人的发言吗？有水军帮忙宣传吗？请如实回答。

垃圾焚烧厂内环境颠覆市民认识

针对网民的质疑，政府和企业部门决定邀请市民走进老虎坑垃圾焚烧发电厂，和垃圾焚烧发电进行了一次“亲密接触”，打消公民的疑虑。2015年3月2日上午10点30分许，在讲解员的带领下，40名来自各区的热心市民进入老虎坑垃圾焚烧发电厂的垃圾吊控室，家住宝安中心城片区的陈女士在昨日的参观中有感而发：“没想到这么大的厂内气味却没有小区垃圾中转站的气味大，垃圾焚烧发电是政府行为，也是为民服务，市民也应该尽义务，提供方便。”家住福田的罗先生带着女儿来参观，他表示，对于二恶英的排放若有严格的检测，能达到国家标准，作为市民，相对而言会比较放心，回去后会将了解到的情况告诉更多的人让大家都来了解垃圾处理事业。

后　记

本书是在我博士论文的基础上进一步修改而成。本书的研究主题是以互联网为媒介的冲突管理，这一主题的确定既来源于我对网络冲突管理的持续关注，也得益于我的博士生导师常健教授的鼓舞和启发。

回首做博士论文的 2 年，其间的彷徨、迷惑和顿悟令人印象深刻。博士期间的求学历程可以说是一次刺激但并不轻松的奇妙之旅，其中有许多的收获和乐趣，也有很多的彷徨和无奈。还记得在博士论文的写作期间，经常是身居斗室，深居简出，不敢有丝毫的懈怠，饶是如此，论文的进展并不顺利。犹记得多少次的茶饭不思、半夜梦中的忽然惊醒，其中的酸甜苦辣只有个人知晓。令人庆幸的是，在诸多老师和同学的帮助之下，文章最终得以完成。

感谢导师常健教授。即使工作异常繁忙，常老师仍然坚持每周召开研究生例会，为我们解疑答惑。我对网络冲突管理的浓厚兴趣就得益于了研究生例会的热烈讨论。我的论文从选题到成文，从框架结构到字句标点，每个环节都凝聚着常老师的指导和心血。常老师治学严谨、要求严格，以至于我读博期间曾经怀疑自己的能力。现在，我无法用语言表达自己对常老师的感谢。如果没有常老师对论文选题的建设性批判、对研究方法的质疑、对研究思路的厘清，也就没有本书的顺利面世。

感谢南开大学周恩来政府管理学院的金东日教授、沈亚平教授、朱光磊教授、杨龙教授、孙涛教授、孙晓春教授、谭融教授、王骚教授，他们的精彩授课开拓了我的视野，丰富了我的学识。

感谢我的师兄许尧。师兄工作十分繁忙，但却能容忍我多次的“骚扰”，我的论文的部分章节就是在和师兄多次讨论的过程中形成的，感谢师兄多年的关心和帮助。感谢同门韦长伟。同窗四年，见证了失意和挫败，也分享着幸福和快乐。毕业多年依然保持密切联系，人生因你而更加精彩。感谢同门郭薇师姐、赵伯艳师姐、李婷婷师妹、刁大明师兄以及好友花贵如、郭鹏、鲁敏、刘建军、郑春勇、朱光喜、左宏愿、闫文博、袁维杰等，他们的善良和幽默给我的求学生涯平添了几多乐趣，减去了若干烦恼。

感谢我的父母。父母年事已高，依然帮助我照看孩子，这让我感激的同时也惭愧难当。我能够在求学的道路上一直坚持下去，离不开他们始终如一的支持。我还要感谢我的爱人朱玉芹女士，她的理解与支持是我写作的重要支撑。她总是在我最彷徨、最无助的时候给我安慰和鼓励，使我能够安心写作。感谢我的儿子徐睿祺小朋友，他给我枯燥的博士生活平添了许多乐趣，也是我写作的最大动力所在。

感谢淮北师范大学学术著作出版基金的资助；感谢我所在

单位淮北师范大学管理学院的各位领导和同事对我工作的帮助。

学习是一种坚持，也是一种信仰。要想学有所成，唯有孜孜不倦、一丝不苟、锲而不舍。书山有路勤为径，学海无涯苦作舟，谨以此作为我今后学术生涯的座右铭。

徐祖迎

2016年5月12日

图书在版编目(CIP)数据

以互联网为媒介的冲突管理:基于网络动员的视角/徐祖迎著.
—上海:上海三联书店,2016.

ISBN 978-7-5426-5605-6

Ⅰ.①以… Ⅱ.①徐… Ⅲ.①网络营销—研究 Ⅳ.①F713.36

中国版本图书馆 CIP 数据核字(2016)第 120948 号

以互联网为媒介的冲突管理

——基于网络动员的视角

著　　者　徐祖迎

责任编辑　钱震华
装帧设计　魏　来

出版发行　上海三联书店
(201199)中国上海市都市路 4855 号
http://www.sjpc1932.com
E-mail:shsanlian@yahoo.com.cn

印　　刷　江苏常熟东张印刷有限公司

版　　次　2016 年 6 月第 1 版
印　　次　2016 年 6 月第 1 次印刷
开　　本　640×960　1/16
字　　数　350 千字
印　　张　26
书　　号　ISBN 978-7-5426-5605-6/F・746
定　　价　58.00 元